JN301029

Firms, Contracts, and Financial Structure

by Oliver Hart

オリバー・ハート

鳥居昭夫=訳

企業 契約 金融構造

慶應義塾大学出版会

Firms, Contracts, and Financial Structure
was originally published in English in 1995.
This translation is published by arrangement with Oxford University Press.
Copyright © Oliver Hart 1995

ベンジャミン，ダニエル，リタ，フィリップ，ルースへ

謝　辞

　本書は1993年5月にオックスフォード大学にて行われたクラレンドン・レクチャーを基にしている．第1，2，6，7章は講義内容であり，第3，4，5，8章は新たに書き下ろした．

　本書を執筆するにあたって，多くの方々から助言，提案，励ましをいただいた．Sandy Grossmanとはここで紹介する多くの研究をともに始め，負うところが多い．John Mooreとはずっと研究をともにしてきた．2人がいなければ，本書におけるさまざまな着想を形にすることはできなかったであろう．John Mooreの提案によって本書は大きく改善した．心理的なサポートを提供し続けてくれた彼に，感謝を捧げたい．（John Mooreとともに）第7章の破産分析を共同して行ったPhilippe Aghionに対しても，とくに感謝しなければならない．彼には，本書の草稿を読んでもらい，とても貴重な助言をいただいた．

　何年にもわたって，何人かの親しい同僚と不完備契約と企業理論について議論し，学ぶところが多かった．とくに，Patrick Bolton, Mathias Dewatripont, Bengt Holmstrom, Andrei Shleifer, Jean Tiroleには感謝したい．私の理論を構築するにあたって，大きく役立った．Patrick Bolton, Andrei Shleifer, Jean Tiroleには本書の草稿を読んでもらい，詳細なコメントをいただいた．また，Rabindran Abraham, Raj Aggarwal, Lucian Bebchuk, Maija

Halonen, Ilya Segal, Steve Tadelis からも同様な恩恵をいただいている．Steve Tadalis には加えて研究を手伝っていただき，とても助かった．

　本書の考え方を形成するにあたって，同僚や学生，友人たちと交わした議論は貴重であった．Fabrizio Barca, Morten Bennedsen, Erik Brynjolfsson, Leonardo Felli, Donald Franklin, Martin Hellwig, Henrik Lando, Eric Maskin, Meg Meyer, John Mitchell, Geoffrey Owen, Ying Yi Qian, Matthew Rabin, Charles Sabel, Klaus Schmidt, Lars Stole, Peter Swann, Aaron Tornell, John Vickers, David Webb, Birger Wernerfelt, Chenggang Xu, Xiaokai Yang, Luigi Zingales, Jeffrey Zwiebel には感謝したい．

　他の形で私を助けてくれた方々にも感謝したい．私の妻，Rita Goldberg からは執筆について多くを学んだ．彼女からは，本書の部分部分において多くのコメントをもらった．もし本書のできがよかったとしたら，彼女の貢献が大きい．また，秘書の方からすばらしい手助けが得られたことは幸せであった．ハーバード大学の Yvonne Zinfon による原稿のタイプは見事というしかない．彼女は，本書を期限に間に合わせるために残業を厭わず，混乱の極みにあっても穏和な姿勢を崩さなかった．

　最後に，さまざまな機関からも多くの助けをいただいたことに感謝したい．本書は，MIT から研究休暇を得てロンドン・スクール・オブ・エコノミクスに滞在しているときに執筆を開始した．そして，ハーバード大学に移籍した後も執筆を続けた．この3大学には，刺激的な研究生活を送らせていただいたことに感謝したい．米国 National Science Foundation(Grant No. SBR 9320845), the National Bureau of Economic Research,（LSE への滞在を援助してくれた）British Petroleum からは貴重な財政的支援を受けた．

　オックスフォード大学出版局とオックスフォード大学には，クラレンドン・レクチャーの機会を与え，本書の出版の可能性を気づかせ実現させてくれたことにとくに感謝したい．

本書を手にとった幸運な読者に向けて

一橋大学大学院商学研究科教授
伊藤秀史

　まずは本書を手にとったあなたの幸運をたたえよう．本書は，著者オリバー・ハートが，オックスフォード大学での講義録をベースに，企業の境界と企業金融の分野への自身の先駆的な学術貢献を分かりやすく整理した名著である．

　本書は2つのパートから構成されている．第I部「企業を理解する」のテーマは，企業と市場を分かつ境界とは何か，どのような取引を企業内で行い，どのような取引を市場で行うか，という問題である．第II部「金融構造を理解する」では，資金調達契約，破産手続き，株式の議決権などをどのように設計すべきかという問題を扱う．どちらも現実の企業にとって切実な問題である．たとえば前者は，分社化，持株会社，会社分割，選択と集中などの事業再編，後者はコーポレート・ガバナンス（企業統治）の設計と密接な関連がある．しかしまた，現代の経済学でも主要な研究課題として成果が蓄積され続けている，一筋縄ではいかない深遠な問題なのである．

　なぜ「企業を理解する」ことは一筋縄ではいかないのか．標準的なミクロ経済学に登場する企業は，資本，労働力，原材料などさまざまなインプットを製品やサービスに技術的に変換して，アウトプットとして販売する．しかもこの企業は，常に最小費用・最大利潤を達成する非常に優秀な経営を行っ

ているものとみなされている．このように単純化された企業像も，市場における複雑な資源配分の仕組みを分析するうえでは大変有効なものであった．しかし，その内部で経営者・従業員がどのように関与してインプットからアウトプットへの変換を行っているのかは，何も記述されていないブラック・ボックス企業である．そして市場は，多数の企業から構成される経済モデルと解釈することもできれば，多数の事業部・工場を所有・経営する1つの巨大な企業が存在する経済のモデルと解釈することも可能となり，企業の境界はまったく意味のないものとなってしまう．

標準的なミクロ経済学はまた，少数企業間の不完全競争，外部性，情報の非対称性など，市場がうまく機能することを妨げる要因についても，多くの分析を行ってきた．しかし「市場の失敗」によって直ちに企業の存在が正当化されるわけではない．市場の失敗を引き起こす要因の多くはまた，企業内においても組織の非効率性を生み出す要因となるためである．事業部間では顧客や資源をめぐる競争，業績格差の内部補助を起因とするただ乗り，シナジーのような外部性の問題が山積している．さらに組織の中で分業が進めば，組織全体で情報を共有することは容易ではない．市場の失敗の源泉は，また組織の失敗の源泉ともなるのである．

企業の「金融構造を理解する」ことも一筋縄ではいかない．モジリアニ＝ミラー定理によって，ある条件の下では企業の資金調達と配当の決定は企業価値に影響を与えないことが知られている．この重要な定理の背景にも，標準的なミクロ経済学のブラック・ボックス企業像がある．そのような企業像の下では，企業の金融行動が企業価値に影響を与える余地はないのである．

現代の経済学は，以上のようなきわめて有益なしかし単純化された企業像から出発して，2つの方向で企業理論を拡張した．第1に，企業というブラック・ボックスを開けて，企業の内部組織のさまざまな特徴・機能を明らかにするという方向である．第II部と関連づければ，資本提供者や利害関係者（ステークホルダー）と，企業家や経営者との関係を詳しく分析することによって，企業家・経営者の規律づけの視点から，企業金融の重要性が新たに見え

てくる．第2に，企業を消費者とともに市場に参加する意思決定主体と見なすだけではなく，企業を市場と対比させ，市場と同様にさまざまな人々の交わる場であるが市場とは異なるルールで機能する資源配分の仕組み，と考える方向である．この拡張は，コースの古典的論文によってもたらされたもので，第I部の企業の境界の分析の出発点となるものである．

以上の2つの方向での拡張は，組織の経済学と呼ばれる分野をも確立した．本書は組織の経済学の包括的な教科書ではないが，必読文献の1つであることに疑いの余地はない．また，2つの方向での発展過程において，情報の非対称性による市場の失敗，エージェンシー関係や取引関係におけるインセンティブ設計の問題を分析するための一群の分析ツールは「契約理論」という名称で手短によばれるようになり，ミクロ経済学の教科書や授業に取り入れられるようになっていった．本書は契約理論の包括的な教科書ではないが，「不完備契約の理論」と呼ばれる契約理論のサブフィールドの必読文献と位置づけられる．

企業の境界については，コースやウィリアムソンによる重要な先行研究が存在する．彼らは「取引費用」という概念に依拠して，関係特殊性や複雑性・不確実性の程度が高い取引の場合には，統合して取引を組織内に取り込むことで取引費用を節約できると論じた．しかし彼らのアプローチは，市場取引がそれほど困難ではない状況，すなわち関係特殊性が低い，複雑性・不確実性の程度が低いときに，なぜ組織よりも市場が望ましいのかを統一的に説明できなかった．ウィリアムソンはこの問題を，以下のような思考実験によって説明している．「買手のメーカーが売手の部品サプライヤーを垂直統合して，部品製造事業部にする．しかし，市場取引が効率的である限り，かつて独立なサプライヤーであったときと同様の取引関係を，内部化された部品製造部門と続ける．そして，市場取引が効率的でない状況が生じたならば，そしてそのときのみ，統合の利益を実現するために取引関係に介入する」．このよう

な選択的介入が可能ならば，統合は市場取引が実現できることをすべて達成し，かつ統合の利益がある場合にはその利益をも得ることができるので，どのような取引も，内部化してしまうことによって悪くなることはない，という結論に導かれてしまう．

本書第I部の基礎となる，ハートがグロスマンやムーアと展開した理論は，上記の問題点を克服して統合の便益と費用をはじめて統一的に説明することに成功した．彼らの理論の鍵となるのは，完全な契約を書くことができないという「契約の不完備性」と，その前提の下で，資産を所有することによって獲得する権利である「残余コントロール権（序章ではパワーと呼んでいる）」という2つの概念である．

折しもこの翻訳書が出版される前年の2009年に，ウィリアムソンが企業の境界の分析でノーベル経済学賞を受賞した．本書およびその基礎となる研究が，ウィリアムソンの受賞を後押ししたことは間違いない．実際，本書で登場する概念の多くは，ウィリアムソンらの先行研究に依拠しており，一見両者は類似の理論に見える．ハートらの理論に対する反応として，「ウィリアムソンの理論を定式化したにすぎない」という評価と，「ついにウィリアムソンの理論が定式化された」という正反対の評価とが共存するほどである．しかし，両者の理論の間には実は重要な相違があることが明らかになりつつある．ハート自身も，現在では本書で整理した理論を再検討して，コースやウィリアムソンの理論に立ち返り，新たな理論を模索している．企業の境界は決着がついた研究テーマではなく，今なお現在進行形なのである．

第II部の企業金融についても同様である．「契約の不完備性」と「残余コントロール権」は，企業の金融構造を理解するためにも鍵となる．たとえば負債契約では，企業の経営状態に依存して，経営コントロール権が経営者と債権者の間で移転するという特徴を持つ．この見方は日本のメインバンク制や世界金融危機の理解にも重要な役割を演じた．今日「契約の不完備性」に基づく企業金融の研究は，ビジネススクールに属する研究者を中心に活発に行われており，こちらもまた，現在進行形と言える．

詳細は本書を読んでのお楽しみとしておくことにして，最後に，さらなる勉強のために参考文献をいくつか紹介しておこう．柳川 (2000) は，本書の内容をさらに分かりやすく説明した入門書である．組織の経済学と企業の境界については，伊藤 (2010a, b) をあげておこう．本書の次に企業金融の本を勉強するならば，大部だが Tirole (2006) に挑戦してほしい．

文 献

Tirole, J. (2006). *The Theory of Corporate Finance*, Princeton: Princeton University Press.

伊藤秀史 (2010a)．「組織の経済学」中林真幸・石黒真吾（編）『比較制度分析・入門』有斐閣，所収 (2010 年出版予定)．

─── (2010b)．「契約の経済理論（発展）」中林真幸・石黒真吾（編）『比較制度分析・入門』有斐閣，所収 (2010 年出版予定)．

柳川範之 (2000)．『契約と組織の経済学』東洋経済新報社．

目　次

序　　　　　　　　　　　　　　　　　　　　　　　　　　　　1
 1　所有権の意味 ……………………………………………… 7
 2　企業の境界 ……………………………………………… 8
 3　金融証券 ………………………………………………… 11
 4　パワーの分散 …………………………………………… 13
 5　触れなかった問題——公的所有 ……………………… 15

第 I 部　企業を理解する　　　　　　　　　　　　　　　17

第 1 章　既存の企業理論　　　　　　　　　　　　　　　19
 1　新古典派理論 …………………………………………… 19
 2　エージェントという視点 ……………………………… 23
 3　取引費用の理論 ………………………………………… 28

第 2 章　所有権アプローチ　　　　　　　　　　　　　　39
 1　概説 ……………………………………………………… 39
 2　統合のコストと利益についてのモデル分析 ………… 46
 3　理論から直接説明される事象 ………………………… 67

第 3 章　所有権アプローチの諸問題　　75
1　非人的資産の役割と権限の特性 ･･････････････････････　75
2　従業員のインセンティブ ････････････････････････････　79
3　権限委譲およびその他の中間的所有権形態 ････････････　83
4　残余コントロール権と残余所得 ･･････････････････････　85
5　評判の効果 ･･　89
6　物的資本への投資 ･･････････････････････････････････　91
7　資産の形成 ･･　93
8　統合・情報の伝達・協力 ････････････････････････････　94

第 4 章　不完備契約モデルの基礎に関して　　97
1　ホールドアップ問題に関して ････････････････････････　98
2　第 2 章で分析した所有権モデルについて ････････････　114
3　ホールドアップ問題の役割分析に加えて ････････････　117
　付録——メッセージ依存型所有構造 ････････････････････　119

第 II 部　金融構造を理解する　　123

第 5 章　金融契約と負債の理論　　125
1　Aghion-Bolton モデル ･････････････････････････････　127
2　私的流用モデル（Hart and Moore [1989] に基づく） ･････　135
3　多期間モデル ････････････････････････････････････　141
4　不確実性を伴う場合 ･･････････････････････････････　149
5　複数投資家の存在とハード・バジェット制約 ････････　153
6　関連する研究 ････････････････････････････････････　157
　付録——CSV モデル ････････････････････････････････　161

第6章　公開企業における資本構成の決定　　169
　1　モデルの説明 ･････････････････････････････ 173
　2　モデル1 ･･････････････････････････････････ 174
　3　モデル2 ･･････････････････････････････････ 183
　4　モデル3 ･･････････････････････････････････ 189
　5　資本構成の実際 ･･････････････････････････ 190
　6　資本構成についてのその他の理論 ･････････ 197
　　付録——短期債務のもう1つの役割　モデル3 ･････ 204

第7章　破産手続き　　211
　1　正規破産手続きの必要性 ･････････････････ 213
　2　破産手続きの目標 ･･･････････････････････ 215
　3　現在の破産手続き ･･･････････････････････ 219
　4　代替的破産手続き ･･･････････････････････ 229
　5　評価 ･･････････････････････････････････････ 239
　6　考察 ･･････････････････････････････････････ 242
　7　結論 ･･････････････････････････････････････ 246

第8章　公開企業における議決権構造　　249
　1　非効率性：例示 ･･････････････････････････ 253
　2　モデル ････････････････････････････････････ 256
　3　モデルの拡張 ･･････････････････････････････ 271
　4　結論 ･･････････････････････････････････････ 277

訳者あとがき　　281
参考文献　　283
索　引　　297

序

　経済学者は，市場取引についてとてもよくできた理論をすでに持っており，契約をめぐる取引についても，同じぐらいよくできた理論を，もうすぐ持てるところまできている．しかし，組織・制度の経済分析についてはまだ端緒についたばかりとしか言えない状態にある．

　本書では，企業およびその他の経済組織・制度について考察するための枠組みを提示する．適切な契約を結ぶことができないとき，パワーとコントロール権の配分が重要になる．このような場合に企業が発生するという発想を，基本的なアイデアとしている．本書は2部構成となっている．第I部では企業の境界を論じ，第II部では企業の金融構造を論じている．この序では，主要な論題の概略を示す．最初に，著者自身の経験談から始めよう．

　最近私たち夫婦は，ある業者と土地購入の交渉をすることとなった．業者にはその土地に家を建ててもらうつもりである．この業者に対する私たちの第一印象は好ましいものであった．私たちは，業者も同じように感じてくれていたものと思っている．しかしながら，取引をどのように進めていくべきかを話し合うにあたって，お互いにもっともな心配を抱えていることが明らかだった．心配したことのいくつかをあげてみよう．私たち夫婦は多大な資金を費やすことになるのに，できあがった家が気に入らないかもしれない．期日までには完工できないかもしれない．業者が途中で仕事を投げ出してし

まい，完成するためには，他の業者に依頼しなければならないかもしれない．一方で，業者も心配をしていた．私たち夫婦の望むとおりに設計した家を建てても，支払いをしてもらえないかもしれない．建築途中で解雇され，他の業者に取って代わられてしまうかもしれない．われわれが台所やバスルームに常識はずれの高価な内装を望み，費用がひどく高くなってしまうかもしれない．

　ごく単純な方法によってこういった多くの心配をうまく処理できる理想的な状況を考えることもできる．われわれ3人は，拘束力のある契約を締結する．その契約には，すべての起こるかもしれないと考えられる状況下で各自が果たすべき義務について記されている．しかも，もし誰かが契約を遵守できなかったときには，重大な罰則が科されることになる[1]．たとえば，契約には風呂の栓や照明設備などに至るまで，詳細に特定化されることになるだろう．また，私たち夫婦が何らかの変更を行った場合には，住宅価格がどのように変更されるべきかも記されている．もしもう1つバスルームを加えたらいくらになるか，作りつけの衣装用納戸をもう1つ加えたらいくらになるか，等である．もし建築中に資材価格が高騰したら，住宅価格がどのように変わるかという条項もあるだろう．引き渡し日も特定しているはずである．ただし，もし異常なほどに極寒の冬日が続いた場合や，現場監督が健康を害した場合には，猶予されることになる．こういった形の契約である．

　残念ながら，これほど細かいところまで記した契約を締結するのは不可能である．ただ単に，起こりうるきわめて多くの状況をすべて予測することが不可能だからというのが理由である．これから締結しようとしている契約では多くの状況を特定することになるが（この時点では，最終的な契約がどのようなものになるかについていまだ合意してはいない！），それでも何らかの

---

[1] もっとより理想的な状況の下では，契約さえも一切締結する必要はない．なぜなら，われわれはお互いをただただ信頼できる関係にあり，それぞれ公正に行動することを期待して裏切られることがないからである．

事態が発生した場合の対処が、特定されないまま多く残っているだろう[2]．業者が私たちに邪気なく言ってくれたところでは、経験を重ねながら試行錯誤で契約書の書き方を学んでいくということであった．最近別の顧客と交わした契約を考えても、書かれていない条項が数多く残っているそうである．この契約では、そうした条項をできるだけ少なくしたいということであった[3]．

不完備な契約しか書けないのであるから、契約の見直しと再交渉はどうしても避けられない．実際のところ、契約には、再交渉の出発点、ないしは再交渉を始めるにあたって、その前提とするところが記されていると考えた方が適切である．最終的な帰着点が特定されているとは考えない方がよいだろう．このようにして、契約について思いをめぐらしながら、私たち夫婦は、最悪の事態が起こった場合を考えておいた方がよいと思うに至った．そして業者自身も、同じ結論に至ったのは確かだと思う．何が起こったとしても安心していられる契約に守られることを求めていたのである．相手方の機会主義的な行動があっても、何らかの不運な状況の変化があっても、大丈夫と思えるべきである．最初に、われわれ3人が決してサインすることがありえ**ない**契約を例として2つ示す．

契約1 私たち夫婦は、土地と家屋の対価を前払いする．その後、建築業者は家屋を完成させる義務を負う．建築業者が追加的支払いを受け取ることはない．

契約2 われわれはあらかじめ前払いすることはない．しかし、直ちに土地

---

[2] 言うまでもないが、契約書そのものは弁護士など法律にたずさわるものだけが理解できる言葉で記されることになる．

[3] 予測できない事態が起こりうるということについて、たとえば次の例はよい例だろう．本書の最初の草稿と第2稿との間のことであるが、車を乗り入れるための私道をどう設置するかを決めなければならなくなった．土地は2本の公道の間に位置していた．私たち夫婦は、私道を細い方の道路につなげるつもりでいた．しかしこれは町の条例に違反するということが後になって分かった．私道は、太い方の道路につなげなければならなかったのである．今考えてみても、こうした事態を3人のうち誰かが予測しえたとはとても思えない．

の所有権を取得する．家屋が完成された時点で，家屋と土地の対価を支払う．

　なぜこういった契約に同意が得られないかは言うまでもない．第1の契約の下では，私たち夫婦は気がかりでならないだろう．土地と家屋の代金を支払った後に業者が雲隠れしてしまい，土地だけしか手許に残らないかもしれない．業者が文字どおり消えてなくなることはないとしても，工事を意図してひどく遅滞されてしまうかもしれない．第2の契約の下では，業者が不安に駆られることになるだろう．われわれが所有権を持つやいなや，土地から締め出され，他の誰かが雇われて家屋を建設することになるかもしれない（その場合，われわれは業者の仕事が満足できるものではないとの理由を立てて，正当化するだろう）．
　このような「過激な」契約ではなく，結局は，以下に示す契約に近いものを作成することになるのではないだろうか（この契約は，建築業者が以前に用いていた契約に近いものとなっている）．

契約3　われわれは，土地の価格に相当する金額を最初に概算で支払う．この時点で土地の所有権を取得する．引き続いて，われわれは建築業者に，特定の金額の前金を少しずつ分割して支払う．支払いは，それぞれ特定の部分が完成する都度行われる（たとえば，業者は基礎工事が完了した時点で家屋代金の20％を受け取り，煙突が構築された時点で10％を受け取るなど）．最終的な支払いは，家屋の建設が完了した後の特定の時点で行われる．

　こうした契約の利点は，最悪の事態が起きても，双方ともに何らかの形で守られていることにある．ないしは，双方ともに相手より過度に優位に立つことがないように作られていると言ってもよい．もし建築業者がいずれかの時点で手を引いてしまったとしても，それほどの追加的費用をかけずにわれわれは建築を完了できる．なぜなら，われわれが業者から受け取ったものにおおよそ相当する分だけしか，支払っていないことになるからである．一方

で，もしわれわれが建築業者をいずれかの時点でお払い箱にしたとしても，業者はそれほど損失を被らないだろう．なぜなら，完成した分の仕事については，すでに支払いを受けているからである．

　もちろん，自宅の建築についてのエピソードは，経済的交渉の1例にすぎない．しかし，経済的関係について，ごく一般的な特性を2点ほど持っている．第1に，契約は不完備である．第2に，不完備であるがゆえに，事後的なパワーないしはコントロール権の配分がものを言うことになる．ここで，パワーとは，相手側が期待される行動をとらないとき（たとえば，機会主義的に行動したとき）の，双方の形勢を，おおよそ示している言葉である．自宅の建築の例では，契約3において，建築業者と私たち夫婦とにパワーがほどよく配り当てられていると考えてよいだろう．対照的に，契約1では建築業者に，契約2では私たち夫婦に，パワーが過度に配分されている[4]．

　本書において，私は，契約の不完備性とパワーという2つの概念を用いることが，経済の組織制度や問題解決への手続きをいくらか理解することに役立つと論じるつもりである．この点についてさらに論を進める前に，経済学の理論の中では，パワーという概念は必ずしも標準的ではないということを指摘しておきたい．たとえば，経済学者が経済的主体の行動を分析するために用いる枠組みを考えてみよう．一般均衡理論，ゲーム理論，メカニズム・デザインないしはプリンシパル・エージェント理論，取引費用理論である．一般均衡理論では，競争市場では誰でもが匿名で取引し，取引条件は参加するすべての主体によって忠実に守られると仮定されている．このような構成の下では，パワーという概念は意味を持たない．ゲーム理論では，対象とする

---

[4] 自宅の取引については，悲しい後日談がある．本書の第2稿と第3稿の間に，取引はうまくいかなくなってしまった．理由はというと，土地区画が湿地に隣接しており，地元の保護委員会から建設許可を得ることが，私たち夫婦の予想より（ないしは，信じ込まされていたものより）ずっと難しそうだということが明らかになったからである．建築業者とわれわれの双方ともに損失を被ったが，業者の損失の方が大きかったように思える．この自然保護によって発生した問題は，予期せぬ事態がいつでも生じうるということについての，もう1つの例となってしまった．今回の場合には，決定的なほど大きな影響を及ぼしている．

主体が市場支配力 (market power) すなわち価格に影響を与える力を持つことがある．しかし，市場支配力という概念は，本書で用いているパワーという考え方とは異なる概念である．建築業者が，他に競争相手となる業者が多くはないことを楯に，私たち夫婦に対し高い価格をふっかけることがあるかもしれない．市場支配力は，そのような事態を表す概念である．したがって，われわれの取引関係において，どうパワーが配分されるかについて，何も説明してはいない．メカニズム・デザインないしはプリンシパル・エージェント理論では，契約を作成するのに費用はかからないと仮定している．この仮定によって，最適な契約は「完備な (comprehensive)」契約であることになる．すなわち，理想的な家屋建築契約がそうであるように，すべての予期しうる事態について双方の義務が記述され，それらを実行することができない場合には多額の罰金が科されるというものである．しかしこの場合もやはり，パワーという概念は意味を持たない．なぜなら，最適化された完備契約は不履行となることはなく，再交渉されることもないからである．

ここで説明する分析の枠組みに最も近いのは取引費用理論である．取引費用理論では，契約を作成するための費用が重要であるととらえられ，また結果として契約が不完備となることも明らかにされている．しかし，パワーという概念が重要であること，また，制度手続きが，経済主体間のパワーをうまく配分して問題解決できるように形作られていることには，それほど着目していない[5]．

契約の不完備性とパワーという概念を用いることによって，種々の重要な経済現象を理解することができる．序の残りの部分では，この感覚を摑んでもらえるよう試みる．第1章は文献のサーベイであり，第4章は不完備契約

---

5) パワーの重要性に着目することにおいて，本書で提唱するアプローチには，資本家と労働者との関係を論じたマルクス理論に共通するところがある．とくに，雇用者が労働者に対してパワーを持つことができるのは，労働者の使用する物的資本を雇用者が所有するからである（そしてそれゆえに，労働者の余剰を収奪することができる）とするところに共通点がある．たとえば Marx [1867] 第7章を参照せよ．しかし，この2つのアプローチの関係については，いまだそれほど研究が進んでいるわけではない．

の基礎理論を説明する．ここでは，それ以外の章について内容をざっと紹介する．

1　所有権の意味

　経済学者たちは，なぜ所有権が重要となるのかを，かなりの程度論じてきた．たとえば，ある機械が，個人に所有されているのか，それとも共有されているのかという違いが，なぜ重要であるのかを論じてきた．しかし，一私的財産を**誰が**所有するかによって，なぜ違いが生じるのかを，うまく説明できたとは言えない．この課題がなぜ難しいのかは，次の例を考えれば理解できよう．私は，あなたが所有している機械を使いたいと考えている．1つの可能性は，私があなたからその機械を買い取ることである．もう1つの可能性は，あなたからその機械を賃借することである．もし，契約に費用がかからなければ，賃借契約には，所有権の移転と同じぐらいの有効性を持たせることができる．その賃借契約には，借用人である私がその機械を使用できる範囲，使用期間，故障時の措置，所有者であるあなたがその機械を使用する権利などについて，厳密に特定することができる．しかし，こういったことを考えると，なぜ所有権の移転がそもそも必要なのかが分からなくなってしまう．

　一方，契約において費用が発生すると考えると，賃借と所有とはもはや同一ではない．契約が不完備であると，対象となる機械の使用形態を，すべての起こりうる事態について特定することができなくなる．そうなると，特定されていない場合の使用形態を決定するのは誰なのだろうか．その機械の所有者が決定権を持つというのが，1つの合理的な考え方である．すなわち，所有者が当該機械の残余コントロール権を握る，ないしは残余のパワーを握るのである．たとえば，機械が故障するか，ないしは調整が必要になったが，契約には明記されていないとき，所有者が修理ないしは調整の方法と時期を決定することができるというものである．

ここまでくると，私があなたから機械を賃借するのではなく，買い取ることになぜ意味があるのかを理解することができるようになる．もし私が機械を所有すれば，あなたとの取引や交渉においてより大きなパワーを持つようになる．なぜなら，私が残余コントロール権をすべて握ることになるのだから．言い換えると，もし機械が故障したり調整が必要になったとしても，迅速に修理され調整されるかどうか気にせずにすみ，その機械を生産的な形で使用し続けることができるようになる．それを理解していれば，私は機械を注意深くだいじに使用し，操作方法に習熟し，この機械の性能を向上させる周辺装置を入手したりするなどのインセンティブをより強く持つようになるだろう．

第2章と第3章では，このような考え方に基づいて，資産所有権の理論を定式化する．

2　企業の境界

組織理論において長く課題となっていた問題に，企業境界の決定問題がある．ある特定の取引が，企業の内部取引として行われるのか，市場を通した取引として行われるのか，ないしは長期継続取引として行われるのかがなぜそれほど問題となるのだろうか．言い換えると，任意の2企業AとBとが与えられた場合，それらの企業が，それぞれ独立した企業として契約を結んで(arm's-length contract) 取引をするのと，合併して1つの企業となって内部取引を行うことの間に，どのような違いが生じるのであろうか．

標準的理論だけでは，この問いに答えることが難しいことが分かっている．なぜ資産所有権のあり方が問題となるのかを説明するのが難しいのと，同じ理由による．もし契約費用がゼロであるとすると，企業Aと企業Bとは，すべての起こりうる事態について，当事者すべての義務を明記し，関係を律する契約を作成することができる．そうした契約にはすべてが記述されており，両者の関係に，合併までして管理制御しなければならないことが，まだ残っ

ているのかどうかは分からない．このことは，企業 A と企業 B とが垂直的関係にあるのか，すなわち企業 A は投入財を企業 B から購入しているのか，ないしは水平的関係や補完的関係にあるのか，たとえば，企業 A と企業 B とが補完的な財を販売しており，重複した生産費用を節減しようとしているのかによらない．

　しかし，いったん契約が不完備であるということを承知してしまえば，なぜ合併が望ましいことがあるのかを説明できるようになる．よく知られたフィッシャー・ボディの例を考えてみよう．フィッシャー・ボディは長年にわたってゼネラル・モーターズに車体を供給してきた．フィッシャー・ボディと GM とは，長期契約によって密接な関係を持ちながらも，それぞれ独立した企業であった．1920 年代になると GM の車体需要は急増した．フィッシャー・ボディは取引価格決定方法の見直しを拒否し，その後 GM はフィッシャー・ボディを買収することになる[6]．

　なぜ，GM とフィッシャー・ボディとは，単により望ましい契約を締結することではすまなかったのだろうか．おそらく GM は次のように考えたのではないだろうか．たとえフィッシャー・ボディとの間に，よりましな契約を締結できたとしても，今回経験したのと同じような状況が再び出来ることは避けられないのではないか，と．すなわち，どのような契約をもってしても，想定していない事態が発生することを避けられないと考えたのである．GM は，次に交渉する機会があるときには，より強い立場を確保しようと望んでいた．とくに，追加発注を認めてもらえるよう望んでいたし，追加発注の対価も法外に高くならないよう望んでいた．フィッシャー・ボディの所有権を獲得したことによって，フィッシャー・ボディの資産に対し残余コントロール権を得て，より強いパワーを GM が獲得したと考えるのは自然である．極端な場合として，フィッシャー・ボディの経営者が GM の要求に従うことを

---

[6] GM とフィッシャー・ボディとの関係について，興味深く有益な議論が Klein *et al.* [1978] および Klein [1988] にある．参照されたい．

拒否したら，経営者を解雇することができるようになったのである[7].

買収によって GM のパワーは増大し，フィッシャー・ボディとの関係もより安定なものとなった．もちろん，その一方で，フィッシャー・ボディには逆の効果が働くことは間違いないだろう．合併後フィッシャー・ボディはおそらく多くの課題をかかえることになっただろう．たとえば，フィッシャー・ボディの費用水準が低下したとすると，GM は強い立場を背景に，車体の（取引）価格を低下させることを強い，フィッシャーの経営者が得られる収益を減少させることになるだろう．フィッシャーの経営者たちはこうした事態を予測し，コスト削減の具体案を案出するインセンティブを失ってしまうだろう．このように，合併にはコストと利点の両方がある[8].

第2章と第3章では，取引に参加するさまざまな当事者たちに最適にパワーを配分するように，企業の境界が決定されるという考え方に基づいて，企業の理論を展開する．パワーとは決して無駄にしてはならない希少資源の1つであると論じている．そこで展開される理論によれば，高度に補完的な資産を所有する企業どうしの合併は企業価値を高めるが，互いに独立な資産を所有する企業どうしの合併は企業価値を減じてしまう．理由は以下のとおりである．高度に補完的な2企業が異なる所有権の下にあると，どちらの企業の所有者も相手の合意なしでは何もできないので，双方ともに実質的パワーを持たない．この場合には，合併によってどちらかの所有者にすべてのパワーを与える方がましである．一方，互いに独立した資産を持つ企業が合併しても，買収する企業の所有者が有益なパワーを得ることはない．なぜなら買収される企業の資産によって，買収する企業の所有者が利益を得ることはない

[7) フィッシャー・ボディを買収することによって，GM はフィッシャー・ボディに対するパワーを強めることができたのか否かについては，若干の論争がある．Coase [1988] p.45 を参照せよ.
[8) ときには，合併のコストが利益を上回ることがある．長年にわたって GM にフレームのかなりの部分を供給してきた A.O.Smith を，なぜ GM が合併しなかったのかを，このことによって説明することができる．A.O. Smith のケースについては Coase [1988] pp.45-6 および Klein [1988] p.205 を参照せよ.

からである．その一方で，買収される企業の所有者は，有益なパワーを失ってしまう．なぜなら，それまで業務を行ってきた資産について，もはや権限を持たなくなってしまうからである．このような場合には，企業を分離したまま，異なる所有者にパワーを分与しておいた方が望ましい．

3　金融証券

負債

ベンチャー・ビジネス向きの面白いアイデアを持っているが，手持ち資金が十分ではないとしよう．銀行へ出かけて，ローンを組もうとする．そのプロジェクトに資金を提供するかどうかを検討するにあたって，銀行はプロジェクトからの収益の流れだけではなく，あなたがすでに所有している資産と，銀行資金を用いて獲得する資産の再販売価値がどれだけあるかを精査するだろう．言い換えると，銀行は貸出に際して，担保になりそうなものに関心を持つ．さらに加えて，資産の耐用年数や収益がどれだけ早く実現し始めるかに応じ，貸付の満期構造が決定される可能性が高い．銀行は，在庫の形で貸付が担保される場合よりも，不動産や機械などの資産で担保される場合の方が，長期貸出を行いやすいだろう．同様に，収益がすぐに実現する場合よりも遠い将来に実現する方が，長期貸出を行いやすいだろう．

こういった事実は，本書で強調している考え方と整合的である．銀行は，最悪の事態が起きた場合にも，何らかの形で保護されていることを望んでいる．これは，前述の家屋取引の当事者と同じである．貸付にあたって担保となるものがほとんどなければ，銀行は，資金がまともに使用されないのではないかと憂慮することになる．極端な場合として，貸出相手が資金を持ったまま逃げてしまった場合のことも考えてしまうだろう．同様に，担保が急速に減損する場合，ないしは収益が直ちに実現する場合に，長期の貸出を行ってしまうと銀行は気が気でなくなるだろう．なぜなら，担保がもはや相当するだけの価値を持たなくなってしまったり，プロジェクトの収益が早々に実

現して（そのまま「費消されて」）しまった場合には，貸出相手に機会主義的な行動をとられても，まず保護されることはないのだから．基本的に，銀行は，すべての時点において債権残高と担保価値を含んだプロジェクトの残存価値とのおおよその均等が保たれることを望むものである（家屋取引の例で契約3が支持されるのは，同様の理由による．すなわち，取引の任意の時点において，どちらも相手側に対して，大きく債務を負うことも債権を持つこともない）．第5章では，これらの考え方に基づいて負債による資金調達モデルを構成し，どのようなプロジェクトで資金調達が可能かについての分析の結果を紹介する．

株式

　投資家がベンチャー・ビジネスに出資するにあたって，債券ではなく株式を取得することがある．株式の場合には，債券と異なり，固定された弁済があるわけではない．また，支払いが滞ったからといってデフォルトが発動されるわけではない．その代わりに，株主は，企業が配当の分配を選択したときにかぎって配当を受け取る．この意味で，株主の命運は企業を運営する者に委ねられてしまっている．企業利益があったとしても，配当として支払われることなく，給料支払いや再投資に向けられてしまうかもしれない．したがって，株主には何らかの保護が必要である．通常，議決権が与えられるという形で，この保護が実現されている．経営状況が一定程度悪くなると，株主は，その時点で企業を運営している主体（取締役会）を排除し，他の誰かに置き換える権限を持っている．

　しかし，外部の株主に議決権というパワーを与えることには，利点だけではなくコストも伴う．株主はパワーを行使して，企業内部の主体に属する（正当な）利益を無視した選択をすることができる．たとえば，実績のある家族経営の事業を閉鎖に追い込むかもしれないし，長期に雇用していた従業員を解雇させるかもしれない．企業内部の者と外部の者とに，どのようにパワーを配分すべきかについても，やはり第5章で論じる．

4　パワーの分散

　ここまで，私はパワーを持つ者は，その力を必ず行使すると仮定してきた．すなわち，資産所有者は資産に対する残余コントロール権を行使する意志を持つと仮定してきた．たとえば，株主は，ひどい経営者を置き換えるために，議決権を用いる等の例である．しかし，多くの人間がパワーを持っているときには，誰も自発的にパワーを行使しようとするインセンティブを持たなくなってしまうことがある．そうなると，パワーを持っていても実現できないことや，自らの手を汚してまで実現したいとは思わないことを，自動的に実現するような，機械的メカニズムの存在が重要となってくる．

　パワー分散の典型的な事例は，多くの小規模株主からなる株式公開企業に見ることができる．株主は，企業の日々の業務を自ら遂行することができないので，取締役会と経営者にパワーを委譲する．このパワー委譲において，フリーライダー問題が発生する．すなわち，株主のうち誰かが経営陣を監視する行動をとった場合，その費用は実際に監視した株主だけが負担する．その一方で，この監視行動によって経営が改善された場合には，すべての株主が利益を受けることができる．そのため，個々の株主は経営陣を監視するインセンティブを持たないのである．このフリーライダー問題があるため，株式公開企業の経営者は，帝国のような巨大企業の建設や役得満喫など，経営者の個人的な目的を実現するうえで，十分な自由裁量権を持つことになる．

　第6章と第8章では，経営上の業績を高めるように働く「機械的」メカニズムを2つ考察する．（破産と結びつけた）負債と企業買収である．負債が存在することによって，経営者はハード・バジェット制約を押しつけられる．企業に十分に大きな負債があれば，経営陣には2つの選択肢しか残らない．企業帝国の建設を控え役得を削減するなど贅肉部分を削るか，破産するかである．破産に陥ったとき，経営者が追われてしまう可能性が十分に高ければ，第1の選択肢が選ばれるだろう．

　企業買収がうまく働けば，株主側に存在する集合行為問題 (collective action

problem) を克服することができる．ある企業の経営に問題があるとき，誰かがその企業への出資比率を大幅に増やしたうえで業績を向上させ，取得した株式や議決権に発生した利益を獲得しようというインセンティブを持つだろう．そのような行動がとられるかもしれないということが脅威になって，経営陣は株主の利益のために行動するようになるかもしれない．

　負債と企業買収の役割をこのようにとらえると，インプリケーションをいくつか得ることができる．第6章では，負債には以上のような抑制メカニズムというべき働きがあるととらえている．こうとらえることによって企業が発行するさまざまな負債の機能が説明できる（債権に付随する優先権や，繰り延べ返済の可能性等の問題である）．第8章では，企業買収の可能性によって，なぜ多くの企業では議決権と配当請求権とが一体となっているのか，すなわちなぜ1株1票制が採用されているのかを説明できることが示されている．1株1票制によって，株主の財産権が保護される．すなわち，この制度によって，コントロール権をめぐる競争において，私的利益を獲得するのに長けた経営陣ではなく，株主にとっての価値をより高めることができる経営陣が勝つチャンスを最大化することができるのである．

　もちろん，企業が債務を負うことになると，常に破産の危険がつきまとう．もし契約費用がゼロであるなら，正規の (formal) 破産手続きを設定する必要がない．なぜなら，もし誰かが負債にかかる責務を果たすことができなかったとしたらどうなるかということが，すべての契約には明記してあるはずだからである．しかし，不完備契約の下では，破産手続きの出番が残ることになる．第7章では，破産手続きには達成すべき課題が2つあることを説明する．第1に，破産企業の資産は最も高い価値を実現する目的に使用されるべきことである．第2に，破産とともに経営陣のパワーが失われるべきことである．これは，破産を避けようとする当然のインセンティブを，経営陣に持ってもらうためである．第7章では，1つの手続きを提案している．この手続きに従うことによって，この2つの目的を達成することができ，あわせて現在の米国および英国の破産手続きに残っている非効率性を避けることができる．

5 触れなかった問題——公的所有

本書では，私的資産の最適配分問題を考察した．しかし，公的所有と私的所有との最適なバランスの問題が残っており，非常に重要な問題であるにもかかわらず，本書では考慮されていない．どのような資産が公的に所有され，どのような資産が私的に所有されるべきなのか．この問題は，経済学的にも政治学的にもずっと議論の中心となってきた．さらに，西欧および北米で大規模産業がいくつか民営化され，東欧および旧ソビエト連邦諸国で社会主義秩序が崩壊したここ数年，とくに新しく注目を浴びている．

公共選択と私的選択との関係を，不完備契約とパワーの考え方を用いて分析するのは，自然である．もし契約費用がゼロであるなら，私企業を最適な形で規制することと，企業を国有化するかないしは公的所有とすることに何らの相違もない．どちらの場合にも，政府は，将来起こりうるすべての事態を予測した「完備な」契約を，企業ないしは経営者と締結すればよい．契約には，経営者の報酬規定も，費用が削減されたときの産出物価格も，技術革新や需要変動があったとき生産物の特性がどう変わるべきか等々も記述されているはずである．

対照的に，不完備契約の下では，公的所有と私的所有とは異なったものとなる．なぜなら，前者では政府が企業資産に対する残余コントロール権を握り，後者では民間所有者が握ることになるからである．しかしながら，公的所有と私的所有との違いは，私的所有権のモデルを単純に拡張することによって分析されるものではない．少なくとも2つの新しい問いに答えなければならない．第1に，政府の目的関数は何かという問題である．ほとんどの既存研究では，政府を一枚岩の主体と見なしている．しかし，このような見方は不十分である．なぜなら，政府は公務員，政治家，市民自らなど，互いに対立する目的を持つ主体の利益を代表している．この性質は，企業の場合よりも顕著でさえある．第2に，財産権の配分について合意を形成し，その合意された配分を政府が尊重して意思決定することをいったい誰が保証するのか

という問題がある．私的主体と異なり，政府は行動原理を常に変更することができる．すなわち，民営化した企業を国有化することができ，国有化した企業を民営化することもできるのである．

　不完備契約という視点から，公的所有と私的所有とを分析した文献は少ないが，増えつつある[9]．しかし，多くの問題が分析されずに残っている．中でもとりわけ，政府の目的関数と，所有権についての政府によるコミットメントの問題を扱った理論を満足のいく形で開発することは，将来の研究計画として，難しいが魅力のある課題である．

---

[9] とくに，Schmidt [1990], Shapiro and Willig [1990], Shleifer and Vishny [1994], そして Boycko *et al.* [1995] を参照せよ．

第 I 部
企業を理解する

　本書の第 I 部，第 1 章から第 4 章までをかけて，企業の特性とその範囲について考える．すなわち，市場経済において企業の境界は何によって決まるかについて考える．第 1 章では，新古典派による企業理論，プリンシパル・エージェント理論，および取引費用理論など，既存の企業理論について論じる．これら既存の理論は，それぞれ一定の目的に有用であることは明らかである．しかし，その一方で，これらの理論だけでは企業の境界（ないしは，内部組織）について十分に説明することはできない．その理由を詳しく説明する．第 2 章と第 3 章では，より最新の議論である不完備契約ないしは「所有権」アプローチについて説明する．これらの理論によって，企業の境界問題について，一定の方向性を見いだすことができる．資産所有権が持っている意味，および所有権の重要性について説明することもできる．最後に，第 4 章で不完備契約モデルの基礎理論を説明する．このモデルは本書第 I 部で用いられており，さらにある程度形は変わってしまうが，第 II 部を含む本書全体で用いられているものである．

第1章 既存の企業理論

本章では経済学者が企業をどのようなアプローチで見てきたかをいくつか説明する．最初にすべての教科書に載っている標準的なアプローチである新古典派理論から始める．次にプリンシパル・エージェント理論，さらに取引費用の理論に進んでいく[1]．

1 新古典派理論

この100年ほど発展を続けてきた新古典派理論は，主に技術的な側面から企業を見ている．単一生産物を産出する企業が1つの生産関数によって表現される．生産関数は，n種の投入財の組み合わせ$x_1, x_2, \cdots, x_n$が与えられるとQだけの産出物が得られるという形で特定される．仮定により，生産関数によって特定された企業は，私利私欲のない1人の経営者Mによって運営される．この経営者は，利潤を最大化するように投入と産出の水準を決定する．このとき，経営者は同時に費用を最小化していることになる．

最も単純な設定では，経営者Mはn種の投入財を競争的市場において所与の価格$w_1, w_2, \cdots, w_n$で購入する．総費用は$\sum_{i=1}^{n} w_i x_i$となる．企業の生

---

[1] 読者には，たとえばHolmstrom and Tirole [1989]，Milgrom and Roberts [1992]，Radner [1992] 等の最近の企業理論の説明が有用であろう．

図 1-1

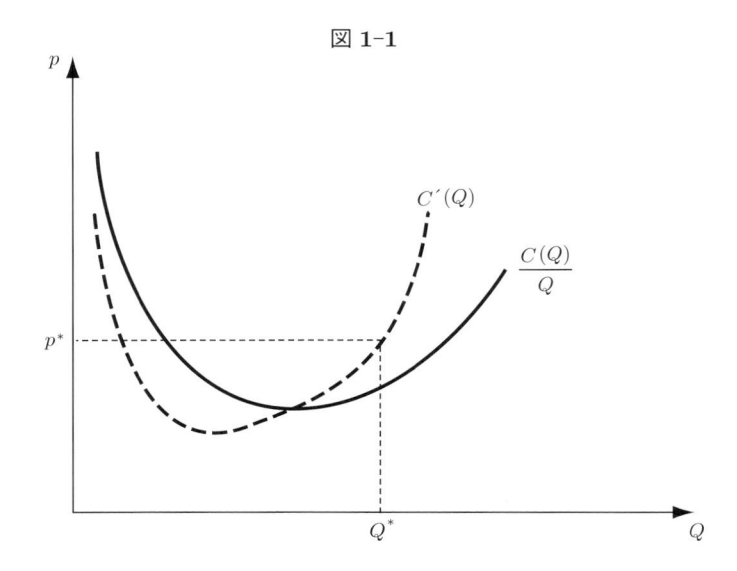

産関数を $Q = f(x_1, \cdots, x_n)$ で表す．経営者 M は，ある目標産出水準 Q が与えられると，問題：

$$\text{Min} \sum_{i=1}^{n} w_i x_i \qquad \text{s.t.} \ f(x_1, \cdots, x_n) \geq Q$$

を解き，費用最小化を実現する．すべての Q の値についてこの問題を解くことによって総費用曲線 $C(Q)$ が与えられ，この総費用曲線から平均費用曲線 $C(Q)/Q$ および限界費用曲線 $C'(Q)$ が導かれる．平均費用曲線および限界費用曲線は，図 1-1 に示される，よく知られた形をとると仮定される．

経営者 M にとって，次の課題は，産出量水準を決定することである．生産物市場は完全競争市場であり，市場価格は p^* であるという仮定の下で，M は $p^*Q - C(Q)$ を最大化する．この最大化によって，価格と限界費用が等しくなるという，よく知られた関係が導かれる．図 1-1 にこの関係が示されている．

なぜ平均費用曲線が U 字型になるのかというのは，以下のように説明され

る．生産活動には，生産水準に依存しない何らかの固定費用（工場，機械設備，建物）が伴う．生産水準が増大するにつれて，変動費用は増大するが固定費用は増大しない．したがって，単位あたり費用は減少する傾向を持つ．しかしながら，ある一定値を超えると，それ以上に規模を拡大することが難しくなる．規模の拡大に伴って，容易には拡大できない投入要素があるからである．このような投入要素として，経営者の管理能力がある．すなわち，産出量が増大するに従って，いずれかの規模で経営者に負担がかかりすぎるようになり，ついには生産性が低下するに至る．その結果，企業の平均費用曲線は右上がりとなる[2]．

こういった新古典派理論をどう評価すべきだろうか．まず肯定的に評価する側面を考えよう．この理論では企業規模の決定要因として，一般的には生産技術的要因が，より特定すると規模の経済ないし不経済の役割が強調されている．これはたしかに正しい方向であると思われる（たとえば Chandler [1990] pp.26-8 を参照せよ）．さらに，投入財や産出財の価格が変化すると企業の最適生産水準がどう変化するかを分析するうえでも有用であるし，産業全体の集計的な生産水準がどう変化するかを理解するうえでも有用である．また完全競争の仮定がはずされた場合に，企業の戦略的相互依存関係の結果何が起きるのかを研究するうえでも有用である（たとえば Tirole [1988] を参照せよ）．

けれども，新古典派理論にはいくつかの重大な弱点がある．第1に，この理論では，企業**内**で発生するインセンティブ問題がまったく無視されてしまっている．企業は完全に効率的な「ブラック・ボックス」として扱われる．ブラック・ボックスの内部ではすべての工程が円滑に操業され，構成員全員が指示に従って行動している．現実の企業をほんの少し垣間見るだけでも，こうした想定が非現実的であることが分かるだろう．第2に，新古典派理論は企業の内部組織について，すなわち企業内の階層的構造について，どのように意思決定が委譲されるか，また誰が権限を持つのかについて，何も語って

---

[2] 新古典派企業理論について，より一般的な説明は Mas-Colell *et al.* [1995] 第5章を参照せよ．

いない．第3に，といってもこれは第1，第2の問題に関連したことだが，この理論は企業の境界について明確な議論をしていない．とりわけ，生産活動において経営者の管理能力は固定要素であるとされているが，なぜ固定要素であるのかは曖昧なままである．平均費用が増大することの根拠として，企業管理における規模の不経済性があげられているが，この不経済性は経営者をもう1人雇うことによって避けられないのだろうか．

　この最後の問いは十分に考察されねばならない．本書前半の議論の核心に触れる問題だからである．新古典派理論は，企業規模の理論であると同時に，工場規模または事業部規模の理論でもある．図1-1をもう1度参照する．（それぞれ完全競争を行っている）2つの「企業」を想定する．それぞれの企業は，まったく同じ生産関数 f および費用関数 C の下で操業し，同じ産出物価格 p^* で市場に供給しなければならない．新古典派理論によると，均衡ではそれぞれ Q^* だけ生産すると予測する．それでは，それら企業がより大きな1企業の事業部としてそれぞれ操業し，全体で $2Q^*$ だけ生産している状態を想定できないのだろうか．

　こうした推論を突き詰めていくと，企業の複製的拡張ができない理由として，その企業の経営者が特殊な技能を持っており，経営者をもう1人雇うとその経営者は技能において劣ってしまうと考えるだけでは十分でないと気づく．実際問題として，この追加的な経営者は同一企業内の他の事業部や子会社に雇用されるときには能力において劣るが，企業**外部**で雇われた場合にはなぜ同等の能力を発揮できるのだろうか．あるいは，最初の企業と2番目の企業が別々の経営者をそれぞれ雇用している状態を出発点としたとき，第1の企業が第2の企業を傍系企業等の形で合併することによって，複製的な拡張を実現することはできないのだろうか．

　極端な話，世界にただ1つの巨大な企業が生まれ，（ゼネラル・エレクトリック，エクソン，ユニリバー，ブリティッシュ石油等の）現存の企業はそれぞれこの巨大企業の各事業部を構成すると想定しても，新古典派の理論のうえでは矛盾がない（もともと Coase [1937] に示唆されている話である）．そ

の一方で，現存の企業のすべての工場や事業部が分離し独立した企業となると想定しても，やはり矛盾がない．これらの極端な想定が結局どのように異なるのかということを分析するためには，新古典派の理論においてこれまで考慮されていなかった要因を導入する必要がある．

2 エージェントという視点

前述のとおり，新古典派理論は企業内のインセンティブに関する問題をすべて無視している．1970年代頃より，プリンシパル・エージェント理論が発展してきており，この流れを正そうと試みている．プリンシパル・エージェント理論によって，企業はより中身のある主体として，またより現実に即して描かれるようになった．その一方で，企業の境界はどのような要因によって決定付けられるのかという基本問題については，解決されないまま残っている．以下ではこの2点について考察する．

前節で紹介した新古典派理論に，インセンティブの考え方を組み入れることを考える．そのため，単純に，投入財の1つ，たとえば財 i の品質が外生的に与えられるのではなく，内生的に決まるものとする．さらに問題を特定し，この投入財 i は，別の「企業」から供給を受けると考える．投入財 i は1つの機械部品であると考えてもよいが，ここではユニットと呼ぶ．ユニットを供給する「企業」は，独立の経営者所有企業である．投入財の品質 q は，ユニットを納品する企業の経営者がどれだけ努力したかを示す水準 e に依存し，同時にその経営者が制御できない何らかの外部擾乱要因 ϵ にも影響される：

$$q = g(e, \epsilon).$$

ここで，ϵ は，経営者が e の水準を選択した後で確定すると仮定する[3]．

---

[3] プリンシパル・エージェント問題の定式化には，経営者による e の選択に先立って ϵ が実現されると仮定する場合もある．たとえば Laffont and Tirole [1993] 第1章を参照せよ．

品質 q の水準は観察可能 (observable) であり，法廷で立証可能 (verifiable) でもあると仮定する．しかし，仕入側の経営者は，納入側の経営者の努力水準を観察することもできないし，外部擾乱要因 ϵ の水準を観察することもできないものとする[4]．ここで，品質はユニットの良品率であると考えてもよい．さらに，納入側の経営者は，高い水準の努力を好まず，できれば避けたいと考えていると仮定する．この性向は努力コスト関数 $H(e)$ によって表される．最後に（分析を単純にするため）以下の仮定をおく．仕入側は，このユニットを1つだけ必要とする ($x_i = 1$)．仕入側は，このユニットを使って $r(q)$ の収入を得る．さらに，納入側の経営者はリスク回避的である一方，仕入側の経営者はリスク中立的であるとする[5]．

仕入側が e を観察でき，その水準を立証できるとしたら，仕入側は次のような契約を納入側に提示するだろう．「貴社が努力水準 e^* を選択する限りにおいて，当社は貴社に一定額 P^* を支払う」という契約である．ここで，e^* は仕入側と納入側の双方にとって効率的な水準に選択され，P^* は取引から発生する利益を，両者に適当に分配するように決定される．たとえば，代わりとなる販売先や，代わりとなる仕入先を，どちらがどれだけ見つけやすいのか，ないしは相対的な交渉力などに応じて分配される[6]．

支払いを定額 P^* とすることによって，最適なリスク・シェアリングを実現できる．この措置の下では，ϵ がさまざまな値をとることによって発生するリスクを，すべて仕入側が引き受けることになる．仕入側がリスク中立的

---

[4] 本文では，q の水準が観察可能かつ立証可能であるとしている．これは，2つの企業が q の水準について，強制的に執行可能な契約を結ぶことができることを意味している．

[5] 仕入側の経営者の効用関数を $U_p(r(q)) - P = r(q) - P$ とおき，納入側の経営者の効用関数を $U_s(P, e) = V(P) - H(e)$ とする．ここで，V は凹関数であり，P は仕入側の経営者が納入側の経営者に支払う代金である．プリンシパル・エージェント問題が意味を持つのは，納入側の経営者がリスク回避的な場合に限られる．仕入側の経営者がリスク中立的であるというのは，単に分析を単純にするための仮定である．

[6] 注5において示された効用関数を所与とし，納入側の経営者が期待効用 U を受けると仮定すると，e^* は $E[r(g(e, \epsilon))] - V^{-1}(U + H(e))$ を極大化し，$P^* = V^{-1}(U + H(e^*))$ であることを容易に示すことができる．ここで，E は期待値を示すオペレータ（作用素）である．詳細は，Hart and Holmstrom [1987] を参照されたい．

であり，納入側はリスク回避的であるから，この措置が効率的となる．

残念ながら，仕入側が e の水準を観察できないと，こうした契約は実現できない．なぜなら契約を強制的に執行できないからである（仕入側は納入側が $e = e^*$ という契約に背いたかどうかを知ることはない）．もしくは，上述の契約の下で納入側が仕事嫌いであれば，$e = 0$ とするだろう．納入側に努力させるためには，**観察される**品質 q の実現値に応じた額を，仕入側が納入側に支払わなければならない．すなわち，仕入側は納入側にインセンティブ・スキーム $P = P(q)$ を提示しなければならない．このインセンティブ・スキームを形作るにあたって，双方は最適なインセンティブの実現と最適なリスク・シェアリングの間のトレード・オフという，よくある課題にぶつかることになる．「強い (high power)」インセンティブ・スキームとすると，すなわち $P'(q)$ が $r'(q)$ に近いように設計すると，納入側に強いインセンティブを与える．なぜなら，納入側が努力 e を少しでも増やすと，その努力によって発生する利益のうちより大きな部分を，納入側が獲得することになるからである．しかし，一方で納入側は大きなリスクにさらされることになる．反対に弱い (low power) スキームの下では，納入側はリスクから保護されるが，懸命に働くインセンティブを失ってしまう[7]．

このような設定の下で，どのようなインセンティブ・スキームを与えるべきかという問題については，これまでに数多くの文献が発表されている．さらに，上述の単純なプリンシパル・エージェント問題は，さまざまな方向に発展してきた．エージェンシー問題の理論家たちは，とりわけ，繰り返し取引，複数エージェントの存在，複数プリンシパルの存在，エージェントの多

[7) 最適なインセンティブ・スキームの1つは，

$$\text{Max}_{e, P(\cdot)} E[r(g(e, \epsilon)) - P(g(e, \epsilon))]$$
$$\text{s.t.} \quad (1) \quad e \in \text{argmax}_{e'} \{E[V(P(g(e', \epsilon)))] - H(e')\},$$
$$(2) \quad E[V(P(g(e, \epsilon)))] - H(e) \geq U$$

という問題の解によって与えられる．詳細は Hart and Holmstrom [1987] を参照されたい．

元的行動,キャリア・コンサーン(出世願望)と評判の問題等をカバーするようにモデルを拡張している[8].

こうした仕事が重ねられた結果,最適なインセンティブ・スキームについて,多くのことが分かってきた.経営者報酬の決定要因について,また生産組織について,貴重な視点が提供されている.しかしながら,エージェンシー・アプローチは,新古典派の理論と同じ批判にさらされる.すなわち,このアプローチでは企業の**境界**について(ないしは企業の内部組織に関わる種々の問題について)明確な解答を与えていないのである.

上述のインセンティブ問題をもう1度振り返ってみよう.最適なインセンティブ・スキームが $P(q)$ という形をとっているものとする.これを解釈する1つの方法は,仕入側と納入側がそれぞれ独立した企業であり, $P(q)$ という契約によって一定の距離を置いた関係にある (arm's-length) とするものである.たとえば,前章で示した例に従い,仕入側はゼネラル・モーターズであり,納入側はフィッシャー・ボディであるとしよう.互いに独立した企業である場合には, $P(q)$ を,双方が取り交わす中で最適な契約であるととらえることができる.しかしながら,別の解釈も可能である.仕入側も納入側もそれぞれより大きな企業の一事業部であり, $P(q)$ は納入側管理職に与えられているインセンティブ・スキームを表すと考えてもよい.この後者の解釈の立場に立つと, $P(q)$ は,ゼネラル・モーターズに合併された後にフィッシャー・ボディの経営者が受け取る,最適なインセンティブ・スキームとなる.エージェント理論では,これらの2つの状態の違いは識別されない.しかしながら,経済学的には,この2つは大きく異なっているように思える.コースの表現を繰り返すと,プリンシパル・エージェントという見方は,ある1つの巨大企業が世の中にあり,非常に多くの部門が最適なインセンティブ契約によって結ばれている状態と考えても整合的であるし,同時にまた,世の中に小規模な独立した企業が数多くあり,一定の距離を保ちつつ最適な契約で結

---

8) この点についてのサーベイは Hart and Holmstrom [1987] と Sappington [1991] に当たられたい.

ばれていると考えても整合的である．明らかに，企業をエージェントとしてとらえる見方には，何か重要な要因が欠落してしまっている．新古典派の理論と同様に欠落が存在しているのである．その欠落しているものは何かが問題なのである．

次の議論に進む前に，この問いかけに対する回答の候補となる，2つの考え方について触れておく．第1に，企業の内部では，情報の非対称性の問題が緩和されていると主張されることがある．たとえば，投入財 i の仕入側が納入側と合併した場合，納入側の管理職の努力水準を仕入側がより正確に監視（モニター）できるようになるのではないか，この情報を用いてより望ましいインセンティブ・スキームを作り出すことも可能となるのではないか，というものである．こうした議論には，**なぜ従業員を監視する方が，独立な契約相手を監視するより易しいか**について説明していないという問題がある．実際のところ，情報の非対称性は，企業の内部では緩和されるのかもしれない．しかし，もしそうだとしても，なぜ，どうして，そうなるのかを知ることが重要である．この問題に関して，第2章と第3章において示す理論が，いくらか手がかりを与えるだろう（とくに，第3章第8節を参照されたい）．

第2に，企業が合併した状態の方が，費用ないしは利益シェアリングを容易にできるという議論がある．前述の例について考えると，仕入側と納入側が同一の企業内にあれば，仕入側は納入側が費やした費用について，努力のための費用を含めて補償することができるが，2つの企業に分かれていれば容易ではないとするものである．この議論は，前の議論と同様に，なぜ費用ないしは利益シェアリングが同一の企業内でのみ可能なのか，2つの独立した企業間では可能でないのかを説明していない[9]．第2章および第3章において説明する理論は，この問題にも一定の手がかりを与えるだろう（とくに，第3章第4節を参照されたい）．

---

[9] 2つの企業が同一の投入財か産出財市場で競合する関係にあるときには，利益シェアリングが違法であるとすれば1つの説明が可能である．このことによって，いくつかの合併事例において，その経緯を説明できるかもしれない．

3　取引費用の理論

完備契約と不完備契約との違い

（適切な）契約を作成することそれ自体にかかる費用を認識することは，プリンシパル・エージェントのモデルに取り上げられていない重要な論点の1つである．この論点こそ，1937年に発表されたロナルド・コースの有名な論文によって始まり，オリバー・ウィリアムソンの貢献によって大きく発展した取引費用理論の中心をなす主題である（とくに，Williamson [1975] [1985] や Klein et al. [1978] を参照されたい）．

最初に指摘しておくが，エージェント理論自体に，すでにある種の契約費用が組み込まれている．前述の簡単なモデルにおいては，経営努力の水準 e はエージェントにしか観察できないので，この水準を強制可能な契約条項とすることはできないと仮定した．言い方を変えて，この仮定は，e の水準をインセンティブ契約の条項に入れるコストが無限大であると仮定しても同等である．しかし，このようにとらえたとしても，取引費用を理解するうえでは，おそらくはそれほど有用ではない．エージェント理論では，すべての契約費用は，何らかの変数を**観察する**時点で発生すると見なす．もし取引する双方がある変数を観察できれば，後はその変数について費用ゼロで契約できると仮定している．しかしながら，このような契約費用のとらえ方と，契約を**作成する**のに費用がかかるとする仮定は，同一ではない．

この点については以下のように考えると，もう少し鮮明にとらえることができる．標準的なプリンシパル・エージェントのモデルにおける最適契約はファースト・ベスト（最善）ではないが，「完備 (comprehensive)」である．努力などの変数は，片方の当事者にしか観察ができない．そうした片方の当事者しか観察できない変数に，契約の条件を直接関連付けるわけにはいかないから，ファースト・ベストとはならない．一方，ここで完備と言うのは，すべての当事者の責務を，想定しうるすべての将来の状況に応じて特定し記述する，という意味において用いている．したがってこの場合には，当事者た

ちは，将来の状況が次第に現実に展開されていくに従って，契約を改訂したり，再交渉したりする必要はまったくない．なぜなら，契約の当事者たちが契約の条項を変更したり加えたりする状況を想定する必要がないからである．もし契約を変更したり追記する状況があったとしても，それら変更条項・追加条項は予想することができたはずであり，もともとの条項に組み込まれているはずでもあったからである[10]．

この点は，もう少し丁寧に説明しておいた方がよいだろう．第2節で紹介した簡単なモデルを考える．ただし，このモデルの世界には2つの状況 $s=s_1$, $s=s_2$ しかなく，世界は常にこのどちらかの状況にあると考える．どちらの状況にあるかは立証可能であるとする．状況 s が2つの状況のうちどちらであるかに応じて，生産段階における品質が影響を受けるものとする．すなわち，

$$q = g(e, \epsilon, s)$$

である．

状況変数 s の値は，生産活動が行われる前，第1日に当事者双方に分かるものとする．当事者双方は，それ以前の第0日に契約を結ぶ．一般に，当事者双方にとって，インセンティブ・スキームを特定した条件付き契約を結ぶことが最適である．すなわち，$s=s_1$ となった場合にはインセンティブ・スキーム $P(q,s_1)$ を適用し，$s=s_2$ となった場合にはインセンティブ・スキーム $P(q,s_2)$ を適用するように指定しておけばよい．

ここで，$s=s_1$ であることが分かってから，当事者であるプリンシパルとエージェントが，第2日に適用されるインセンティブ・スキーム $P(q,s_1)$ を $\hat{P}(q,s_1)$ と入れ替えた方が望ましいと判断したと考えよう．そうなると，当事者たちは将来を完全に予見できるという仮定により，第2日のインセンティブ $P(q,s_1)$ は有効ではないと認識していたはずだということになる．しかし，

---

[10] 完備契約の下では，法的に争わなければならないことが生じるかもしれないと考える必要はない．なぜなら完備契約では，すべての可能な状況に応じて当事者たちの責務を特定しているから，争いが生じている契約において，法廷は単純にその契約を強制すればよいからである．

そうであれば，当事者たちは最初の第0日に結ぶ契約において，インセンティブ・スキーム $P(q, s_1)$ を $\hat{P}(q, s_1)$ と入れ替えることができたのではないか．言い換えると，均衡経路上で再交渉される契約が存在するとすれば，そのすべての契約について，再交渉されない同等の契約が存在することになる[11]．

取引費用の源泉

現実には，契約は完備であることはなく，不断に見直され，再交渉の対象となるものである．取引費用を論じた文献に従うと，こうした現象は3つの要因によって生じる．これらの要因は，標準的なプリンシパル・エージェントの文脈では触れられていなかったものである．第1に，複雑で予測がとても困難な世界では，遠い将来のことを**予見**し，起こりうるさまざまな状況のすべてについて計画を立てるのは非常に困難である．第2に，たとえ個別の計画が立ったとしても，契約にあたる当事者が，そのような計画の詳細について**交渉**することは難しい．なぜなら，とくに，彼らがおかれることになる状況や行為を，どのように規定し表現するかというところから合意しなければならず，しかもその合意形成には過去の経験がそれほど役に立たないからである．第3に，たとえ当事者たちが将来について計画し，交渉することができたとしても，計画を適切に**記述**し，いったん争いとなったとしても，た

---

[11] 実際，再交渉は標準的なプリンシパル・エージェント・モデルに何らの要素も加えないだけでなく，再交渉できるという可能性はモデルの機能を損なってしまうかもしれない．Dewatripont [1989] を参照せよ．議論は難解でとらえがたいが，以下の説明によっておおよその考え方をつかめるだろう．プリンシパル・エージェント・モデルの中には，より後の時点で非効率が発生することによって，初期時点におけるエージェントのインセンティブが改善するモデルがある．こうしたモデルでは，後の時点における非効率が一概によくないものであるわけではない（このインセンティブは，真実を申告する (truth-telling) インセンティブか，ないしは努力水準を向上させるインセンティブである）．しかし，後の時点における非効率は確実に起きるものではない．そこで，将来の時点が実際に到来したとき，当事者たちは，この非効率を解消するため契約内容を再交渉しようとすることができる．このような状況では，再交渉しないことにコミットし，再交渉できないよう自己の行動を制約できれば，双方にとって利益となることがある．ただし，どうやって実現するかが明確ではないという問題は残っている．

とえば法廷のような外部当局がその意味するところを理解し，強制執行できるような形にしておくことは非常に難しい．言い換えると，当事者たちは当事者間で意思疎通を十分にしておかなければならないだけでなく，当事者たちが活動している状況についてほとんど何も知らない外部者とも，意思疎通しておかなければならないのである[12]．

　これらの3種類の契約費用が存在することにより，当事者たちは不完備なままの契約を結ぶことになる．すなわち，契約には適切に言及されない条項や，欠落した条項が残ることになる．とりわけ，当事者たちの責務について契約に何も言及されていない事象も起こりうるし，言及はされていたとしても，大雑把にか，ないしはきわめて曖昧にしか記されていない場合も起こりうる．たとえば，納入側の工場が火事で焼失してしまった場合にどうするかは，予期できないという理由で契約に明記されないかもしれない．また，たとえば，契約にはどのような状況でも納入側はユニットを1個だけ納品するとしか記されていないかもしれない．この場合，変化する状況に応じて納品する個数を特定しようとすると，状況を識別し区分するのに費用がかかりすぎるから特定しないのである．さらに，契約は短期の契約となっているかもしれない．すなわち，当事者たちの責務をある時点 T までしか特定していないかもしれない．

　これらの諸点について，序章で紹介したゼネラル・モーターズとフィッシャー・ボディの例に即して説明しておこう．事業環境がほとんど変化しない場合には，フィッシャーが供給する車体の数量，品質，価格を特定した長期契約を容易に作成できることに，GMとフィッシャーの双方が気づくことになるだろう．たとえば，フィッシャーは，ある特定の型の車体を，ある特定の価格で，毎日2,000台ずつ将来にわたって供給するということに合意するのが望ましい，ということであるかもしれない．

---

[12] これらの要因はすべて「限定合理性」のそれぞれ異なった形の表現として理解することができる．この点についてより進んだ議論については，Coase [1937], Williamson [1985], Klein et al. [1978] を参照せよ．

ここで，状況が変化していく場合を考えよう．車体の取引数量，取引価格，およびどの型式を供給するか，という事項について，最適な取引条件は，それぞれ多様な要因に依存するだろう．たとえば，GM 製品への需要，フィッシャー・ボディの費用水準，競争相手の動向，自動車による大気汚染に対する規制，日本メーカーとの貿易協定が合意されたかどうか，自動車と車体生産における技術革新のいかんなどに依存するだろう．

　上述のすべての外的要因について，取引数量や，品質，価格を条件付けた契約を作成しようとしても，コストがかかりすぎて不可能だろう．必ずしも，いくつかの変数が特定の当事者にしか分からないから，というだけではない．そういった変数は本来特定が難しく，たとえ誰もが観察できたとしても，曖昧さを排除した形で事前に特定できないからである．たとえば，自動車に対する需要を客観的に特定する方法はないだろうし，技術開発の水準，政府規制の強さ，競争相手の行動についても同様であろう．したがって，これらの要因に条件付けた契約を作成しようとしても，法廷の力で契約を強制的に執行できるとは期待できない．以上のことに加えて，たとえ当事者たちが，いくつかの要因について予想を行い，双方にとって妥当な形で契約を作成できたとしても，予想しない他の要因が多く残ってしまう．たとえば，当事者たちが新しい貿易協定の可能性を予測することができたとしても，自動車に対する新しい汚染規制を予想することは難しいかもしれない．このような状況の下では，当事者たちは不完備な契約を結ぶ可能性が高い．たとえば，契約を短期のものに限ることなどがあるだろう．GM とフィッシャーは向こう 5 年先まで予測する力があるが，5 年を超えて予測するのは難しいというようなことがあるかもしれない．そうなると，フィッシャーはある特定の型式の車体を，ある特定の価格で毎日 2,000 台分ずつ 5 年間だけ供給するという契約を結ぶことになるだろう．これから 5 年間にわたって，双方は，需要，費用水準，競争相手の戦略，規制などについて情報を共有しつつ蓄積していき，5 年経った時点で翌 5 年間についての新しい契約を結ぶことができ，そのまた 5 年後にも，ということを互いに理解しているのである．

契約の不完備性によって経済学的に意味されるもの

ここまで紹介してきたように，不完備契約は，未来の事項が次々に展開され明らかになっていくにつれ，見直され，もしくは再交渉されていくものである．実際，とにかく何とか実行していくうちに，当事者たちは欠落していた条項を補っていけるようになる．そうなると，なぜ不完備性をわざわざとりあげなければならないのかと疑問が生じるかもしれない．再交渉の過程で費用が発生するからというのがこの疑問に対する答えである．これらの費用のうちには，再交渉の段階で発生する事後的な費用があり，また再交渉があることを予想することによって発生する事前的な費用もある[13]．

第1に，当事者たちは契約を見直すにあたって，その条件について執拗な価格交渉を繰り広げるかもしれない．利益をどのように分配するかを争っても生産的なことは何もない．時間と資源を浪費するだけであるという意味で非効率でもある[14]．

第2に，事後的な交渉費用はとても高くつくだけでなく，交渉の結果そのものを効率的な合意ではなくさせてしまう可能性がある．この可能性は，両者の間にどれだけ情報の非対称性が存在するかによる．たとえば，次のような事例を考えてみる．フィッシャー・ボディは再契約の段階で，その時点での車体の生産コストを把握しているが，GMには分からないとする（GMは費用がどのように分布するかという確率分布関数だけを知っているとする）．GMはフィッシャーに納得のいく価格を提示することによって，車体の供給を確保することができる（確率1でフィッシャーのコストをまかなえる価格を提示すればよい）．しかし，この契約はGMにとって高くつくものとなる．

---

[13] 後に明らかにするが，厳密には，これらの費用が再交渉それ自体がもたらす費用であるとするのは，適切ではない．契約が不完備であることを前提すれば，これらの費用は再交渉が**可能でない**と，かえって高くなる傾向を持つことさえある．たとえば，当事者たちがもともとの不完備契約に拘束される場合を考えてみよ．

[14] 加えて，不完備契約は曖昧さを残した契約であるので，この曖昧さを解消するために当事者たちが法廷に持ち込むとしたら，法廷での争いに非常に費用がかかることを考えておかなければならない．

なぜなら，もし実現した費用水準が低ければ，GMは費用以上の支払いをすることになるからである．GMは，もし費用水準が現実に高かった場合にはフィッシャーからの供給を受けられないと知りながらも，あえて低い価格を提示するかもしれない（たとえ車体費用がGMにとっての価値より低かったとしてもである）．言い換えると，GMが利潤最大化行動をとるということは，利益を生み出す取引を正の確率で逃してしまう可能性を受け入れるということを，意味するのである[15]．

　ここで注意してほしいのは，もし再交渉の段階において，当事者たちが取引相手を容易に新しい相手にスイッチできるということであるのなら，以上の2つの事後的な費用は，ともにそれほど大きくはないということである．フィッシャーが分け前を増やそうと執拗な価格交渉を試みても，GMがフィッシャーと同じ程度に効率的な取引相手に容易にスイッチできたとしたら，その試みが成功することはないだろう．逆に，GMが執拗な価格交渉を試みても，フィッシャーがGMと同じ程度に効率的な取引相手に容易にスイッチできたとしたら，その試みが成功することもないだろう．同じように，交渉が決裂した後に，当事者たちが新しい同等な取引相手と（コストをかけずに）最初からやり直すことができたとしたら，情報の非対称性があったとしても必ずしも事後的な非効率が発生するわけではない．すなわち，GMの低価格の要求が拒絶されても，GMは結局は低コストの新しい納入業者を見つけることができるか，もしくはたとえすべての納入業者が高コストであったとしても，GMはそれを学習して，提示価格を高めればよいのである．

　このように，ここで説明した2種類の費用が高い場合には，何らかの当事者たちの行動を拘束してしまう要因が存在し，再契約の過程で取引相手をスイッチするのが難しくなっているはずである．これははたして「何もの」で

---

[15] このことについては，たとえば Fudenberg and Tirole [1991] 第10章，もしくは Myerson and Satterthwaite [1983] を参照せよ．もし，契約について交渉を行う事前の段階ですでに情報の非対称性が存在する場合には，当事者たちは合意に達することもできないかもしれない．

あろうか．第1の候補は**事前の関係特殊的投資**である．この投資は，取引に先立って実行される投資であり，当事者たちの関係が継続されれば価値を生み出すが，関係が破綻してしまうと価値を失ってしまう投資である．GMとフィッシャーのケースで考えると，フィッシャー・ボディの工場に隣接して組み立て工場を建設しようとするGMの意思決定，GMの組み立て工場に隣接して工場を建設しようとするフィッシャーの意思決定，フィッシャーから車体の供給を受けることをあてにして新車開発に資金を投入するGMの意思決定，そしてGM向けの車体をいかに安く製造するかという課題に対して資金を投入するフィッシャーの意思決定（この投資はGM以外の一般の自動車製造業者への供給には効果がないものとする）が，関係特殊的投資の例としてあげられる[16]．

関係特殊的投資の存在がいったん認識されると，不完備契約に付随する3番目の費用が存在することが明らかとなる．この費用は非常に大きく，ここまで説明した執拗な価格交渉に伴う費用も事後的非効率も，この費用に比べれば無視できるほどである．この費用とは，契約が不完備であるがゆえに，当事者たちが「ファースト・ベスト」を実現するための最適な関係特殊的投資を，実行できなくなることによる費用である．たとえば，フィッシャーは，GM向けに特別にあつらえた機械を導入することによって，車体製造において高い効率性を実現する機会を持っていると仮定する．もし完備な契約を結ぶことができる状況であれば，GMとフィッシャーの双方は，フィッシャーがその投資を行うインセンティブを維持するような契約を構成するであろう．具体的には，特定しない将来の時点まで車体の納入価格を一定の値に固定し，投資にみあった利益をフィッシャーが確保できるよう保証するような契約が考えられる．

しかしながら，不完備な契約しか結べない状況であると，そのような措置を講じるのは不可能となってしまう．品質や取引数量を，かなり以前からあ

---

[16] Williamson [1985], Klein *et al.* [1978], Joskow [1985] において，関係特殊的投資について洞察力に満ちた議論が展開されている．

らかじめ特定しておくことは難しい．そこで，双方とも長期契約は不完備な契約となり，再交渉は避けられないと認識する．たとえもし，再交渉の過程が円滑に進んでいくとしても，すなわち執拗な価格交渉や情報の非対称性に伴う問題が生じないとしても，取引において発生する利益の分配は，残念ながら，当初の契約にどのように記述されていたかによって決まるものではなく，経済効率性を反映して決まるものでもない．むしろ，事後的に当事者たちがどのような交渉力を持つかに依存して決まるものである．結果として，どちらかの当事者は，再契約の段階で相手に利益をさらわれてしまうかもしれないと危惧し，投資を躊躇することになるだろう．投資費用を回収できるかどうか心配になるからである．

　たとえば，フィッシャーは，いったん特別あつらえの機械を設置してしまうと，GMが交渉力を駆使して車体の納入価格をフィッシャーの変動費に近い水準まで下げてしまうのではないかと心配になるだろう．そうなると，フィッシャーは当初投資費用を回収できない．GMが，フィッシャーは高すぎる品質水準を設定していると言い張っても同じことである．同様に，GMがフィッシャーからの車体供給をあてにした自動車を開発し，その費用をいったんサンクさせてしまうと，フィッシャーは交渉力を使ってGMの製造利益をほとんど吸収してしまうくらい高い価格を設定してくるかもしれない．そうなると，GMは当初固定投資費用を回収できない．

　当事者それぞれが再交渉過程で取引相手が「ホールドアップ」を行うのではないかと恐れるとすれば，双方とも比較的汎用性のある投資を行う傾向が強くなるだろう[17]．たとえば，フィッシャーは一定の範囲の自動車メーカーに供給することができるように，汎用性のある機械を設置する決定をするだろう．そうすれば，フィッシャーは再契約の段階で，取引相手の自動車メーカーを他のメーカーと競わせ，高い納入価格を勝ち取ることができる．同様に，GMは，フィッシャーにかぎらず，いくつかの異なった納入業者によっ

---

17) ホールドアップ問題については，Williamson [1985], Klein *et al.* [1978] を参照せよ．この問題の定式化については，Grout [1984], Tirole [1986a] を参照せよ．

て製造された車体を使えるような自動車を開発しようと決断するかもしれない．このような決定を行うと，投資を特殊化することによって得られる効率性がある程度犠牲になる．しかし，不完備契約しか結べない状況では，このようにして生じる非効率は，汎用的な投資を行うことから得られる安定性によって，十分に相殺され余りあるものである．

　ここまでは，独立な，すなわち統合されてない2つの企業を悩ませる費用について説明した．次に答えるべき問題は，もし2つの企業が合併して1つの企業になってしまったとしたらこれらの費用はどう変化するかという問題である．この問題になると，取引費用の理論ではやや曖昧な答えしか提供できない．よく言われるのは，1つの企業になると，執拗な価格交渉やホールドアップ行動は低下するということである．しかし，なぜそのようになるのかというメカニズムについて，正確なところはほとんどの場合示されることはない．プリンシパル・エージェント理論について説明したときに，合併の直接の結果として情報の構造が変化すると仮定するだけでは不十分であるとした．同様に，合併の直接の結果として，エージェントが機会主義的行動を自動的に抑制すると仮定するのも不十分である（同じく，機会主義的行動は同一企業内で常に抑制されるとはかぎらない．なぜなら，もしそうだとすると，すべての経済的活動は，1つの巨大企業に集約されるのが最適であることになってしまうからである）．合併した企業で，もし執拗な価格交渉やホールドアップの問題が抑制されることがあるとしたら，それは**なぜなのか**を考えなければならない．取引費用理論は，現在のところ，この問いに答えを与えてはいない．

第2章 所有権アプローチ

　第1章で説明した理論は，どの理論も，2つの企業が合併したときに，どういった変化が生じるのかということを説明していない．この意味で，すべて同じ問題をかかえている．ここで所有権アプローチという理論を紹介しよう．この理論は，合併によって何が変わるのかという問題に，正面から取り組んでいる[1]．この章は3つの部分からなっている．第1節は，所有権アプローチを，数式を使わずに文章で説明している．第2節は，広く認められている仮定をおき，その仮定の下で理論モデルを構成する．最後に第3節では，このアプローチをとることによって，現実の組織や制度を理解するうえで何が得られるのかを説明する．

1　概説

　企業 A と B があり，企業 A が企業 B を買収しようとしていると考える．ここで次の質問を立ててみる．企業 A はその支出の対価としていったい何を得るのだろうか．少なくとも法的には，答えは明白であると思えるだろう．企業 A は，企業 B の資産を獲得する，すなわち所有することになる．ここで

---

[1] 以下は Grossman and Hart [1986], Hart and Moore [1990] を基にしている．とくにこの章の最初の部分は Hart [1989] を用いている．

所有の対象となるものは，機械，在庫，建物，土地，特許，顧客リスト，著作権など，すなわち企業Bの物的資産ないしは非人的資産である．対象とならないものは，企業Bで働いている従業員という人的資産である．奴隷制が存在しないので，従業員という人的資産は，企業買収の前にも後にも従業員自身に帰属している．

なぜ，物的資産あるいは非人的資産の所有権が問題となるのだろうか．契約が不完備のとき，所有権はパワーの源泉となるからというのが，その答えである．このことを理解するために，不完備契約には明記されない点が残ったり，欠落している条項があったり，曖昧さが残っていること，そのため非人的資産の使用形態について，あらかじめ想定されていないような状況が起こりうることに注意しなければならない．たとえば，ゼネラル・モーターズとフィッシャー・ボディとの間の契約には，フィッシャーが設置する機械設備の保守について，明記していない部分があるかもしれないし，フィッシャーの生産ラインのスピードや，従業員にどのようなシフトで働いてもらうのかということを特定していないかもしれない．さらに，フィッシャーの製品を円滑に受け入れることができるよう，GMの生産工程が変更可能な仕様になっているかどうかについても明記されていないかもしれない[2]．

すべての起こりうる状況に対して資産がどのように使用されるべきかが，契約に1つ1つ明記されていないとしたら，記載されていない状況が起きたとき，いったい誰が決定する権利を持つのであろう．所有権アプローチによれば，権利を保有するのは，当該資産の所有者である．すなわち，資産の所有者には資産に対する**残余コントロール権**（residual control rights）がある．

---

[2] 対照的に，完備契約であれば，起こりうる状況がすべて列挙され，すべての資産がそれぞれの状況の下で，どのように使用されるべきかを明記した詳細なリストを付帯しているはずである．たとえば，契約書には「機械1は以下のとおり使用されねばならない（ボタン1は『オン』に，ボタン2は『オフ』に，ダイヤル3は45度の位置に，…）．機械2は以下のとおり使用されねばならない（機械2のボタン1は『オフ』に，機械2のボタン2は『オン』に，機械2のダイヤル3は60度の位置に，…）．」などのように記されているだろう．不完備契約では，このように詳細に記載されることはないし，もともと記載することもできないのである．

この権利は，あらかじめ締結されている契約，慣習，もしくは法律に背反しないかぎり，資産の使用にかかわるいっさいをどのようにでも好きなように決定できる権利である[3]．実際に，残余コントロール権を保有することが，事実上，所有権の定義ともなる．標準的には，所有権は，残余コントロール権ではなく，資産から発生する残余所得を確保する権利として定義される．ここで示した定義は，この標準的な所有権の定義とは対照的である[4]．

　所有権をこのように考えることは，常識にも違わない．たとえば，私があなたに6ヶ月間自動車を貸し，その間あなたはCDプレーヤーをぜひとも取り付けたくなったと考えよう．もし契約に何も明記されていなければ，私に取り付け許可を願わなければならないということは，当然として一般に受け入れられる考え方であろう．すなわち，車の内装を変えるという残余権は所有者である私に帰属するものであって，借り手であるあなたに帰属するものではない．さらに，もしたとえCDプレーヤーの場合には契約に明記してあったとしても，契約に明記されておらず私の許可を得なければならない事項や行為は他に多くあるだろう[5]．

　そこで，ゼネラル・モーターズとフィッシャー・ボディの例では，もし2つ

---

[3] GMのような大企業の場合には，所有者は残余コントロール権を経営者ないしは取締役会に委譲する．本章では，委譲に付随する問題を無視し，企業を経営者所有の企業であるかのように扱う．しかしながら，本章以外ではそのかぎりではない．第3章第3節および第6章から第8章までを参照されたい．

[4] 残余所得と残余コントロール権との関係については，本書第3章第4節の議論を参照せよ．所有権を有する者は残余コントロール権を有するという考え方は，法律家が所有権を以下のように解釈する標準的な見解と整合的である．すなわち，

　　しかしながら，所有権という権利はいったい何であろうか．所有権は，何らかの事物を占有することに付帯する権利とおおむね同一である．約款によって規定された範囲内で，所有者は干渉されることなくその事物に対し当然のコントロール権を行使することを許される．他者による干渉は排除され，文字どおり保護されているのである．所有者には他者をすべて排除することが許され，誰に対しても責任を負わない（Oliver Wendell Holmes, *The Common Law 193* (1963年版))．

の企業がそれぞれ異なる企業に分かれていれば，GM は GM の生産工程をどのように変更するかを決める権利を持ち，一方フィッシャーはフィッシャーの生産ラインの稼働スピードや労働者が何回のシフト体制をとるか，ないしは機械設備の保守について意思決定することが許されるのである（以上のことは，これらの事項について契約に明記されていないということを前提としている）．しかしながら，もし GM がフィッシャーを買収していれば，GM が上記の問題をすべて決定する．同様に，フィッシャーがもし GM を買収することになれば，すべての意思決定はフィッシャーに託されるだろう．

所有権のあり方が異なることによってどのような経済的問題が発生しうるのかを考えるにあたって，第1章で説明した，契約が不完備であることによって発生するコストのうち，3番目のコストに着目したい．すなわち関係特殊的投資に与える影響を考える[6]．GM とフィッシャーが結んだ当初の契約では，フィッシャーが毎日一定数の車体を GM に供給することになっていたと仮定する．ここで，GM の自動車に対する需要が上昇し，GM が供給車体数の追加を要請する状況を考えてみる．なお，当初の契約ではこの可能性について言及していないとする．たとえば，需要の増大という状況が発生することを予期することが難しかったためであるとしよう．もし，フィッシャーが別

---

5) もちろん，私の車の借り手として，あなたは一定の残余コントロール権を持っている．たとえば，あなたがどこに運転していくか，助手席に誰を乗せるかなどについて，もし契約に明記されていなければ，自由に決定することができる．このことは，広く理解されているだろう（しかし，もし車をサファリに使うとすれば，たぶん私の許可を願わなければならないだろう）．所有者が残余コントロール権をすべて持つわけではなく，所有者は残余コントロール権のうち経済的に最も重要なコントロール権を持つということが，後の分析で重要となる．借り手も残余コントロール権のうちいくらかを有しているという事実は，この見解とも整合的である．賃貸借契約に一定の期限が設定されているかぎりにおいて，所有者はその期限が終了した後（始まる前）には，措置行為などについてのすべての残余コントロール権を持っているということを認識することも重要である．だからこそ，車の賃貸の例では，6ヶ月が経過した後には，どこに運転していくか，誰を助手席に乗せるかということについて私が決めることができるのである．

6) しかし，契約が不完備であることに付随する他のコストについても，同様の議論が成り立ちうることに注意されたい．この点については，第4章第3節においてさらに説明するつもりである．

の企業であれば，GM はフィッシャーから供給増大を許諾してもらえることを確実にしておかなければならない．すなわち，契約について再交渉を始める時点で現況（ステイタス・クオ，status quo）とするものは，フィッシャーが車体の供給増に応じ**ない**状態である．GM はフィッシャーの工場に入り込んで生産ラインを増産体制に設定し直す権利を持たないし，フィッシャーは所有者として残余コントロール権を握っている．この状況は，フィッシャーが GM の一部門であるか子会社であり，GM がフィッシャーの工場を所有している場合とは対照的である．GM が所有している場合には，フィッシャーの経営者が追加車体の供給を拒絶するようなことがあれば，GM は経営者を解雇して他の経営者を雇い入れ，追加車体を供給するよう工場を監督させるだろう（短期的には，GM がフィッシャーそのものを運営することもありうる）．このように，契約を再交渉する出発点となる現況は，大きく異なるのである．

　簡単に言ってしまえば，フィッシャーが別会社であれば，フィッシャーの経営者は，フィッシャーの資産も労働力もどちらも，契約に書かれていない供給増のために利用させることはないと脅すことができる．それに対して，もしフィッシャーが GM に属していたとしたなら，フィッシャーの経営者はその部門の労働力の利用を拒絶すると脅せるだけである．一般的に考えても，後者の脅しの方が前者の脅しより弱いだろう[7]．

　契約の再交渉にあたって GM とフィッシャーが 1 つの企業なのか，それとも別々の 2 つの企業なのかによって再交渉の出発点とする現況が異なるとしても，必ずしも再交渉の結果行き着く結末が異なるとはかぎらない．実際，もし車体の増産によって GM に発生する利益増が，フィッシャーの供給費用増を上回るなら，現況がどう設定されるかにかかわらず，双方が増産に合意す

---

[7] もちろん，もし現在のフィッシャーの経営・管理を行っている主体が，フィッシャーの資産の運営に必要不可欠であったとしたら，2 つの脅しに差異はない．しかし，経営主体を置き換えることがまったくできないという状態は稀であろう．

るだろうと予測できる[8]．しかし，利益がどう分配されるかは2つのケースで大きく異なる．もし，GMとフィッシャーが別会社であれば，GMは増産への合意を得るためフィッシャーに多額の支払いをしなければならない．逆に，もしGMがフィッシャーの工場を所有していれば，フィッシャーの経営者の交渉力や脅しのパワーは限られるため，GMはより低いコストで供給増を強いることができるだろう．

　フィッシャーが独立している場合と，GMがフィッシャーを所有している場合とを比べた場合，GMにとって，どちらがフィッシャーから供給された車体用に特別に調整された機械へ投資しやすいだろうか．利益がどのように分配されるかを考えると，通常はGMがフィッシャーを所有している場合に投資しやすいだろう．なぜなら，いざとなったとき収益をさらわれる恐れが少ないからである．たとえば，前述のとおり，フィッシャーの経営者があまりに多大な利益分配を要求したとしても，GM自身がいつでもフィッシャーの工場を代わって操業できるのである．しかしながら，フィッシャー側のインセンティブにとって，事情はまったく逆である．フィッシャーの経営者が，よりコスト節約的な，もしくは高品質をもたらすための新機軸を導入しやすいのは，フィッシャーが独立した企業である場合の方だろう．なぜなら，フィッシャーの経営者にとって，独立している場合の方がそれら革新的行動に対する報酬を確実に見込めるからである．もしフィッシャー・ボディが独立した企業であれば，GM以外の他の自動車製造業者へ供給する車体にも，技術革新を織り込んだ新機軸を導入することによって，一定の利益を引き出すことができる．対照的に，もしGMがフィッシャーを所有していたとしたら，技術革新を組み込むために必要な資産の利用が制限され，フィッシャーの経営者は革新の成果を一部しか得られなくなるか，ないしはまったく得られなくなってしまう．利益を確保できる程度は，GMがどの程度フィッシャーの経営陣に資産利用を制限できるかに応じて決まる（技術革新が，特定の経営者

8）これはコースの定理の応用問題である．Coase［1960］を参照せよ．

に依存するものではなく，むしろ資産に体化されるものである場合には，新しい経営者チームを雇い入れることによって，技術革新を実現することさえも可能だろう)[9]．

要約すると，統合による利益は，買収を実行する企業において関係特殊的投資を行うインセンティブが高まるところにある．なぜなら，買収する企業がより大きな残余コントロール権を持つことになるので，関係特殊的投資から生み出される事後的な利益のより大きな割合を，買収する企業が獲得できるようになるからである．他方，統合のコストは，買収される企業において関係特殊的投資を行うインセンティブが失われてしまうところにある．なぜなら，買収される企業は残余コントロール権をそれだけ失ってしまうので，関係特殊的投資から生み出される事後的な利益のうちより小さな割合しか獲得できなくなってしまうからである[10]．

---

[9] フィッシャーの経営者が利益の収奪から免れる1つの方法は，ゴールデン・ハンドシェーク（もしくは，ゴールデン・パラシュート，特別退職金）を用意することである．しかし，ゴールデン・ハンドシェークによって金銭的な安全性は確保されるが，フィッシャーの経営者が関係特殊的な投資を進んで行うようにさせることはできないだろう．ハンドシェークの金額を関係特殊的な投資の水準に関連づけることは難しいからである．

[10] 一定の条件の下では，利益の略取という問題は，所有構造にかかわらず回避されうる．1つの方法は，当事者たちが事前的に利益分配について合意しておくことである．しかし，利益のシェアリングのあり方に合意があったとしても，事前的投資を促すに十分でない可能性が2つある．第1に，利益が立証可能でない場合である．たとえば，どちらかが費用が高く利益が低かったと申し立てる場合などである．第2に，フィッシャーがGMの1部門となり，技術革新による利益の一部が分与されるという事前的合意があったとしても，その合意にはそれほど意味がないかもしれない．フィッシャーの資産所有者であるGMが，分与分の一定割合を放棄することに合意しないかぎり技術革新を実現させないと，フィッシャーを脅すことがあるかもしれないからである．利益の略取問題を回避させる第2の方法は，投資支出を分担することである．たとえば，もしGMとフィッシャーが独立であれば，フィッシャーはGMの初期投資のうちフィッシャーとの関係に特殊な投資部分を支出することによって，後に起きるかもしれないホールドアップの効果をあらかじめ補償しておくことができる．しかしながら，この戦略は，GMがそのような投資を行うと契約上合意するか（ただし投資行為を特定することや立証することに困難があればやはり難しい），もしくはフィッシャーがGMに代わって投資の一部を執行できるような場合にだけ有効となることに注意しなければならない．さもないと，GMはフィッシャーから前払いされた資金を，関係特殊的で**ない**投資に振り向ける

ここで，以上の考え方を定式化したモデルを提示する．その前に，ここまではコントロール権構造の変化について，トップ経営者に与える影響に限定して論じてきたことに注意されたい．一方で，労働者のインセンティブもやはり所有構造の変化によって影響を受けるのである．労働者のインセンティブについての議論は第3章まで残しておく．第3章では，統合に際する意思決定について，他のいくつかの問題とあわせて論じる．

2　統合のコストと利益についてのモデル分析

モデルを定式化するため，ここでは，GMやフィッシャーなど実在する主体間の現実的な経済的関係を，きわめて抽象化してしまう．資産は$a1$と$a2$の2つだけであり，2人の経営者M1とM2が操業管理している．このような，通常分析において広く認められている状況に限定して考える．経営者M2は資産$a2$を用いてM1に対してM1の投入財（ここではユニットと呼ぶ）を1単位供給する．経営者M1は資産$a1$を用いて，このユニットから市場で販売される製品を製造する（図2-1）．

第0日と第1日の2日にわたる経済的取引を考える．事前的な関係特殊的投資が第0日に実行され，ユニットは第1日に供給される．第0日の始まりの時点ですでに資産は設置されているものと仮定する．したがって，投資の役割は，資産の生産性をさらに高めることにある．双方は対称的情報を持ち，

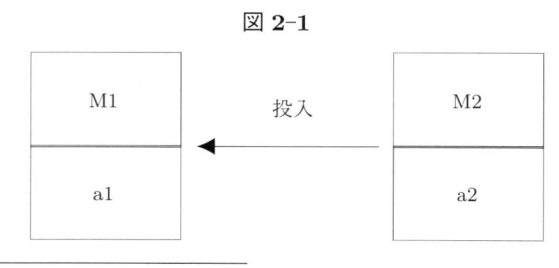

図 2-1

M1	←投入	M2
a1		a2

ことができてしまう．

期間をとおして保有する情報に差はないものとする．また，双方のコストと利益において，不確実性もないものとする．しかし，M1 が必要とするユニットの仕様にのみ不確実性が**存在する**．この不確実性は第1日に解消する．すなわち，その日になると，ユニットの適切な仕様が明らかとなる．

ユニットの仕様に事前的な不確実性があることによって，長期的契約の効力を保持することが不可能となる．すなわち，前もってユニットの価格を規定しておいても，ユニットの仕様を特定できないかぎり，意味がなくなってしまう[11]．したがって，当事者たちは，ユニットの仕様と価格について第1日になってゼロから交渉するのである[12]．ここではさらに，両当事者は，第0日に投資を実行する時点で，以後の再契約プロセスに対する合理的期待を持つと仮定する（この仮定については第4章でさらに議論する）．したがって，当事者たちは完備契約を結べないのだが，すべての行動の帰結について，期待利得を正確に算出することはできるものとする．

当事者たちはリスク中立的であり，初期に多額の（無限大の）財産を保有しているので，どちらも適切な資産を購入し所有することができるものと仮定する．単純化のため，利子率は0であると仮定する．

第0日で締結する契約において，資産 a1 および a2 の使用形態を特定するのは，あまりに高額のコストがかかり不可能であるものと仮定する．したがって，資産 a1 と a2 を所有するものは誰でも，残余コントロール権を獲得するのみならず資産に対するすべての権利を有するものと仮定する．言い換えれば，資産の所有者は望むかぎり，どのような形で資産を使用することもできるのである[13]．

本節ではおしなべて，3つの「主要な」所有構造に限定して分析している．すなわち，

---

11) 長期的契約を不可能とする仮定については，第4章第1節においてさらに議論される．
12) 第1日の時点では，すでに必要なユニットの仕様は分かっており，特定することも可能なので，価格について強制執行可能な契約を作成することは難しくない．
13) ここにおいても，さらなる議論は第4章を参照せよ．

非統合　　　M1 が a1 を所有し，M2 が a2 を所有する．
第 1 型統合　M1 が a1 と a2 を所有する．
第 2 型統合　M2 が a1 と a2 を所有する．

この他の所有構造として可能なものについては，本節の最後と第 4 章において簡単に議論される．

投資と収益

第 0 日における M1 の関係特殊的投資を i とおく．i は非負の値をとり，投資水準をその費用において示している．この投資は，M1 が製造する最終財の市場を開拓するためのものと考えてもよい．M1 が M2 と取引を行う場合にも，そうでない場合にも，どちらの場合でも，i の水準は M1 の収入に影響すると仮定する．もし取引が実現される場合には，M1 の収入は $R(i)$ で，事後的な収益 (payoff) は $R(i) - p$ と表されるものとする．ここで，p は，合意されたユニット取引価格である（M1 の事前的な収益は，この事後的な収益から投資費用 i を控除することによって算出される）．もし取引が実現されない場合には，M1 は外部の供給業者からユニットを買い入れる．すなわち，スポット市場から価格 $\bar{p}$ で汎用ユニットを購入する（あるいは，もし M1 が a2 を利用できれば，M1 は自分のためにユニットを製造してくれる者を雇うことができる）．この汎用ユニットでは低い品質の製品しか製造できない．この場合の M1 の収入を $r(i; A)$ で，事後的な収益を $r(i; A) - \bar{p}$ で表す．ここで，小文字で示した r は M2 という人的資本が関与しないことを意味し，パラメータ A は，取引が成立しない場合に M1 が用いることのできる資産の集合を示している（すなわち，A は M1 が所有する資産を示す）（逆に，もし取引が成立する場合には，M1 は関連するすべての資産を利用することができる）．したがって，何らの統合もない場合には，$A = \{a1\}$，第 1 型の統合の場合には，$A = \{a1, a2\}$，第 2 型の統合の場合には，$A = \varnothing$ となる（もし，M1 が a2 を利用することができれば，汎用ユニットに手を加えて使うことができ

るだろう．そのためもあって，r は a2 に依存することになる）．

同様に，M2 による第 0 日の関係特殊的投資を e で表す．ここで，e は非負の値をとり，投資水準を費用で示している．この投資は，M2 の操業をより効率的に行うための金銭的支出，あるいは費やした時間と考えてもよい．M2 が M1 と取引を行う場合にも，そうでない場合にも，どちらの場合でも，e の水準は M2 の生産費用に影響を与えると仮定する．もし取引が実現されれば，M2 の生産費用は $C(e)$ で，事後的な収益は $p - C(e)$ と表されるものとする（M2 の事前的な収益は，事後的な収益から投資費用 e を控除することによって算出される）．もし取引が実現されなければ，M2 は製造したユニットを競争的なスポット市場において価格 $\bar{p}$ で販売することになる．しかし，ユニットを汎用にするために，多少の調整を必要とする（あるいは，もし M2 が a1 を利用することができれば，M2 は自分のためにユニットから最終製品を直接製造してくれる者を雇うことができる）．この場合の M2 の製造費用を $c(e; B)$ で，M2 の事後的な収益を $\bar{p} - c(e; B)$ と表す．ここで，小文字で示した c は M1 という人的資本が関与しないことを意味し，パラメータ B は，取引が成立しない場合に M2 が用いることのできる資産の集合を示している．したがって，何らの統合もない場合には，$B = \{\mathrm{a2}\}$，第 1 型の統合の場合には，$B = \varnothing$，第 2 型の統合の場合には，$B = \{\mathrm{a1, a2}\}$ となる．

取引が成立した場合の事後的利益の合計は $R(i) - p + p - C(e) = R(i) - C(e)$ であり，取引が成立しない場合の利益 (surplus) の合計は $r(i; A) - \bar{p} + \bar{p} - c(e; B) = r(i; A) - c(e; B)$ である．ここで，取引による事後的な正の利益が常に存在すると仮定する：

すべての i と e，およびすべての A, B について，
$$R(i) - C(e) > r(i; A) - c(e; B) \geq 0. \tag{2.1}$$
ここで $A \cap B = \varnothing$ かつ $A \cup B = \{\mathrm{a1, a2}\}$．

条件 (2.1) は i および e で示される投資が関係特殊的投資であることを示し

ている．すなわち，取引が成立した場合の方が，成立しない場合よりも高い利益が実現されるとしている．しかしながら，ここでは限界的な意味においても関係特殊性という特性が表れていると仮定する．すなわち，人的資本にしろ他の形の資産にしろ，投資を行う主体が利用可能となる資産が多くなるほど，それぞれの投資から得られる限界収益が大きくなると仮定する．言い換えると，M1 の限界投資収益は M2 の人的資本と資産 a1 および a2 が利用可能となるとき，最大となる．もし M1 が M2 の人的資本を利用可能でない場合には，資産 a1 のみが利用可能である場合より，資産 a1 と a2 の両者を利用可能であるときの方が限界投資収益も大きい．これらの一連の仮定をおく．M2 についても同様に仮定する．C' と c' が負である（e の増大はコストを削減する）ということを考慮すると，これらの条件は，

すべての $0 < i < \infty$ について，
$$R'(i) > r'(i; a1, a2) \geq r'(i; a1) \geq r'(i; \emptyset). \tag{2.2}$$

すべての $0 < e < \infty$ について，
$$|C'(e)| > |c'(e; a1, a2)| \geq |c'(e; a2)| \geq |c'(e; \emptyset)| \tag{2.3}$$

と表される．ここで $|x|$ は x の絶対値を示し，$r'(i; A) \equiv \partial r(i; A)/\partial i$, $c'(e; B) \equiv \partial c(e; B)/\partial e$ である．さらに，$R' > 0, R'' < 0, C' < 0, C'' > 0, r' \geq 0, r'' \leq 0, c' \leq 0, c'' \geq 0$ を仮定する（すなわち，R は厳密な（強い）凹関数，C は厳密な（強い）凸関数，r は凹関数，c は凸関数である）[14]．

式 (2.2) や式 (2.3) において，不等式が等号を含まない箇所は，i が少なくとも部分的には M2 の人的資本に特殊的であることと，e がやはり少なくとも部分的には M1 の人的資本に特殊的であることを意味している．他方，

---

[14] 加えて，$R'(0) > 2, R'(\infty) < 1, C'(0) < -2, C'(\infty) > -1$ という便宜上の仮定をおく．r が（弱い）凹関数であり，c が（弱い）凸関数であると仮定したのは，r や c が定数である場合，すなわち投資水準 i, e が r, c に影響を与えない場合を含めるためである．

同じ不等式において等号を含んでいる箇所は，i が非人的資産である a1 や a2 と特殊的であってもなくともよいことを意味している．たとえば，もし $r'(i; \text{a1}, \text{a2}) = r'(i; \text{a1}) > r'(i; \emptyset)$ であれば，i は資産 a1 については特殊的であるが，資産 a2 については（限界的な意味で）特殊的ではないことになる．e についても同様である．

最後に，R, r, C, c および i, e は両当事者について観察可能であるが（外部の主体には）立証可能ではないと仮定する．したがって，これらの変数を契約に明記しても強制的に執行することはできない[15]．

ここで，ここまでの定式化においては，投資 i および e は物的資本への投資であるというより，むしろ人的資本への投資であると暗黙のうちに仮定してきたことに注意されたい．このことは，第 1 型の統合の下では，M2 と取引が

---

15) 「もしあなたが投資 i を実行すれば，私は 100 万ポンド支払う」という契約を締結しても強制的に執行することはできない．なぜなら，この契約が履行されたかどうかを外部の者が知りえないからである．同じ理由で，両当事者の収益と費用を，利益シェアリング契約ないしは費用シェアリング契約の対象として合意を得ることはできない．変数が観察可能であるにもかかわらず立証不能となりうるという考え方は，本書の中でも重要な役割を担うので，いくつかの例を示しておく．1 つは，本書自体を例とするものである．本書がどれほど優れているかという品質は，誰でも読んで確かめてみることができるという意味で，観察可能である（もちろん，評価するうえで，ある人が他の人より適切に判断できるということはあるだろう）．しかし，オックスフォード大学出版局と著者との間で，印税が品質に依存して決まるような契約を結ぶことは難しかったと思う．なぜなら，2 者の間で争議が発生したとき，この本があらかじめ定めた品質基準を満たしているかどうかを証明することは，お互いにとって難しいからである（このため，著者の印税は品質によって成果が決まる（おおむね）立証可能な変数，すなわち売上に依存するよう設定されている）．言い換えれば，品質は立証可能ではなかったのである．第 2 にあげる例は，大学における終身在職権 (tenure) の授与である．理想的な状況を考えれば，終身在職権が授与されるための条件は，前もって非常に詳細なまでに特定化されているべきだろう（公刊された研究業績の量と質，教育実績，専門分野で卓越した評価を受けているかどうかなど）．現実には，これらの基準を特定しようがない．そのため，評価基準がきわめて曖昧なままで判断せざるをえない．と同時に，候補者の業績は多くの点において観察可能である（公刊された研究業績はたしかに観察可能である）．ここで何が難しいかというと，ある者の業績が終身在職権を与えるにふさわしいとされる一定の基準を，きちんと満たしているということを証明することである．言い換えると，基準を満たしているかどうかは立証可能ではない．観察可能性と立証可能性についてのより進んだ議論は第 4 章を参照されたい．

成立しない場合の M1 の事後的な収益は $r(i;a1,a2) - \bar{p}$ であって，e から独立していることにも表れている．もし，M2 による投資が物的資本への投資であれば，すなわち資産 a2 に体化される投資であれば，M1 が a2 を支配するかぎり，e は M1 の収益に影響を与えているはずであろう．同様に，第 2 型の統合の下での，M1 との取引が成立しないときの M2 の収益，$\bar{p} - c(e;a1,a2)$ は i から独立である．もし i が物的資本への投資であって，a1 に体化されるものならば，そのようなことはありえない[16]．

利益の事後的分配

投資決定 i および e が何らかの形で与えられたとき，第 1 日に何が起きるかを考える．当面の間，資産の所有構造は固定されているとして，i および e，そして M1，M2 が支配する資産集合 A および B による違いを無視する．そのため，取引が成立した場合の M1 の収入と M2 の費用は単に R および C で，取引が成立しなかった場合には r と c で，それぞれ示されることにする．

条件 (2.1) の下では，取引を実現することによる事後的な利益が存在し，$[(R-C) - (r-c)]$ で示される．この利益は当初の契約の下では実現されない．なぜなら，当初の契約では供給されるべきユニットの仕様は特定化されていないからである．しかし，情報は対称的であると仮定しているので，当事者たちは交渉を通じてこの $[(R-C) - (r-c)]$ という利益を実現できると考えても無理はないだろう．ここで，ナッシュの交渉解 (Nash bargaining solution) が示唆するように，交渉の結果，取引による事後的な利益，$[(R-C) - (r-c)]$ が 50 対 50 に分配されると仮定する．すると，M1 と M2 の事後的な収益は，

---

[16] 物的資本への投資は，第 3 章第 6 節で議論される．第 1 型の統合の下では，M1 が M2 になり代わって投資 e を行うことは許されないし，第 2 型の統合の下で，M2 が M1 になり代わって投資 i を行うことも許されないことに注意せよ．すなわち，組織統合の形態にかかわらず，投資 i は常に M1 によって実行され，投資 e は常に M2 によって実行される．このことについても，より進んだ議論は第 3 章第 6 節を参照せよ．

$$\pi_1 = R - p = r - \overline{p} + {}^1\!/_2\,[(R-C)-(r-c)] \tag{2.4}$$
$$= -\overline{p} + {}^1\!/_2\,R + {}^1\!/_2\,r - {}^1\!/_2\,C + {}^1\!/_2\,c,$$

$$\pi_2 = p - C = \overline{p} - c + {}^1\!/_2\,[(R-C)-(r-c)] \tag{2.5}$$
$$= \overline{p} - {}^1\!/_2\,C - {}^1\!/_2\,c + {}^1\!/_2\,R - {}^1\!/_2\,r$$

であり，ユニットの価格は，

$$p = \overline{p} + {}^1\!/_2\,(R-r) - {}^1\!/_2\,(c-C) \tag{2.6}$$

によって与えられる．

M1 の収益関数において，R と r の両変数に等しいウェイトがかかっていることに注意せよ．この理由は，他の条件が同じであれば，R が1だけ増大したとき，ナッシュの交渉によってユニット価格が2分の1だけ上昇する（利益の半分が M2 に帰属するようになる）からである．したがって，M1 の収益は2分の1だけ増大する．一方，他の条件が同じであれば，r が1だけ増大したとき，（再びナッシュの交渉によって）ユニットの価格は2分の1だけ下落する．したがって，M1 の利益も再び2分の1だけ増大する．同様の考察によって，M2 の収益関数において変数 C および c に等しいウェイトがかかっている理由が説明される[17]．

ファースト・ベスト（最善）の投資決定

どの所有構造の下でも，第1日の交渉を通じて，事後的に常に効率的な結果がもたらされる．しかし，ここで明らかにするように，選択される投資決

---

[17] 交渉の過程は所有権の構造と独立であると仮定されていることに注意されたい．M2 が M1 に雇用されていたとしても，M1 が M2 に雇用されていたとしても，M1 と M2 は交渉によって利益を50対50に分配する．これは強い仮定に見えるかもしれない．しかし実のところは，著者はこの仮定を弱い仮定であると主張するものである．もし交渉過程が統合によって変化すると仮定したとしても，統合による費用と利益の関係は恐ろしく簡単に理論付けることができるだろう．

定は効率的なものではないかもしれない．ファースト・ベストが実現される状況では，当事者たちにとって，取引によって実現される利益の第 0 日時点での（純）現在価値，

$$R(i) - i - C(e) - e \tag{2.7}$$

を最大化することがお互いの利益になっているはずである．何らかの投資 (i,e) が与えられたとする．このとき，その投資が式 (2.7) を最大化していないとしたら，それがどのような投資であっても，当事者たちは式 (2.7) を最大化する (i,e) を改めて選択することによって，利益を増大させることができる．第 0 日に一定額の譲渡を行うことによって，この利益の増大分を再配分すれば，皆にとってより望ましい状態を常に実現できる．以上が理由である（M1 も M2 も裕福であるという仮定を思い起こされたい）．ファースト・ベストの一意な解を (i^*, e^*) とおく．この解が式 (2.7) を最大化しているための 1 階の条件は，

$$R'(i^*) = 1 \tag{2.8}$$

$$|C'(e^*)| = 1 \tag{2.9}$$

である．

セカンド・ベスト（次善）の投資決定

次に，不完備契約しか締結できないという制約の下で，セカンド・ベストの投資決定を行う状況を考える．当事者たちは第 0 日に非協力的に投資水準を選択する．M1 が資産集合 A を所有し，M2 が資産集合 B を所有する所有構造を考える．このとき，式 (2.4) (2.5) より，M1 と M2 の投資費用を控除した後の収益は，それぞれ，

$$\pi_1 - i = -\overline{p} + {}^1\!/_2\, R(i) + {}^1\!/_2\, r(i; A) - {}^1\!/_2\, C(e) + {}^1\!/_2\, c(e; B) - i, \tag{2.10}$$

$$\pi_2 - e = \overline{p} - 1/2\, C(e) - 1/2\, c(e;B) + 1/2\, R(i) - 1/2\, r(i;A) - e \quad (2.11)$$

である．式 (2.10) を i に関して微分し，式 (2.11) を e に関して微分することによって，（ナッシュ）均衡のための必要十分条件:

$$1/2\, R'(i) + 1/2\, r'(i;A) = 1, \quad (2.12)$$

$$1/2\, |C'(e)| + 1/2\, |c'(e;B)| = 1 \quad (2.13)$$

を得る．後に参照するため，3つの主要な所有構造のそれぞれについて，条件 (2.12)(2.13) を特定化して書き出しておく．

非統合 均衡では条件，

$$1/2\, R'(i_0) + 1/2\, r'(i_0;\mathrm{a1}) = 1, \quad (2.14)$$

$$1/2\, |C'(e_0)| + 1/2\, |c'(e_0;\mathrm{a2})| = 1 \quad (2.15)$$

が成立する（ここで，添え字 0 は非統合を示している）．

第1型統合 均衡では条件，

$$1/2\, R'(i_1) + 1/2\, r'(i_1;\mathrm{a1},\mathrm{a2}) = 1, \quad (2.16)$$

$$1/2\, |C'(e_1)| + 1/2\, |c'(e_1;\varnothing)| = 1 \quad (2.17)$$

が成立する（ここで，添え字 1 は第1型統合を示している）．

第2型統合 均衡では条件，

$$1/2\, R'(i_2) + 1/2\, r'(i_2;\varnothing) = 1, \quad (2.18)$$

$$1/2\, |C'(e_2)| + 1/2\, |c'(e_2;\mathrm{a1},\mathrm{a2})| = 1 \quad (2.19)$$

が成立する（ここで，添え字2は第2型統合を示している）．

仮定 (2.2) および (2.3) の下で，条件式 (2.12) および式 (2.13) から，すべてのセカンド・ベストの帰結について次の結論が導かれる．

命題 1 すべての所有構造の下で関係特殊的投資は過小となる．すなわち，式 (2.12) および式 (2.13) に示される投資決定において，$i < i^*$ および $e < e^*$ となる．

証明 i および e が式 (2.12) および式 (2.13) を満たすものとする．すると，条件 (2.2) および条件 (2.3) により，

$$R'(i) > {}^1\!/_2\, R'(i) + {}^1\!/_2\, r'(i; A) = 1$$

$$|C'(e)| > {}^1\!/_2\, |C'(e)| + {}^1\!/_2\, |c'(e; B)| = 1$$

を得る．これらの関係と，$R'' < 0$，$C'' > 0$ とから結論が導かれる．（証明終）

投資が過小となることは，直感的には次のように理解できる．もし，M1 が少しだけ投資 i を増大させたら，取引から発生する利益は $R'(i)$ だけ増大する．しかしながら，M1 の利益は ${}^1\!/_2\, R'(i) + {}^1\!/_2\, r'(i; A) < R'(i)$ だけしか増大しない．残りの利益は M2 に行ってしまう．M1 は私的利益のみを考えるため，M2 の利益の多寡まで考慮しない．そのために，投資は過小となる．M2 に対しても同様の議論が成り立つ[18]．

ファースト・ベストの解，および非統合・第1型・第2型の統合におけるセカンド・ベストの解が図 2-2 および図 2-3 に示されている[19]．統合がどのような効果をもっているかは，これらの図から明らかとなる．非統合の場合を基準とすると，第1型の統合によって，M1 の投資は増大するが，M2 の投

---

[18] 所有権についてのすべてのモデルにおいて過小投資が発生するわけではない．たとえば，Grossman and Hart [1986] においては，過小投資だけでなく過大投資も起こりうる．Grossman-Hart のモデルでは条件 (2.2) および条件 (2.3) が成立しないからである．

図 2-2

$\frac{1}{2}R'(i) + \frac{1}{2}r'(i;\varnothing)$

$\frac{1}{2}R'(i) + \frac{1}{2}r'(i;\text{a1})$

$\frac{1}{2}R'(i) + \frac{1}{2}r'(i;\text{a1},\text{a2})$

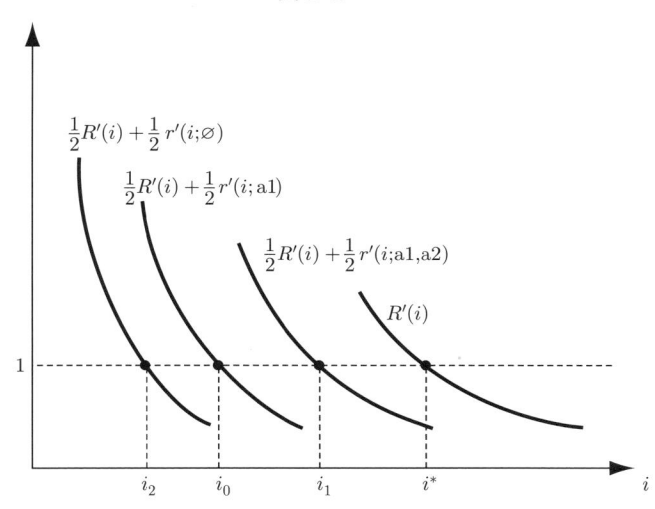

$R'(i)$

$i_2 \quad i_0 \quad i_1 \quad i^*$

図 2-3

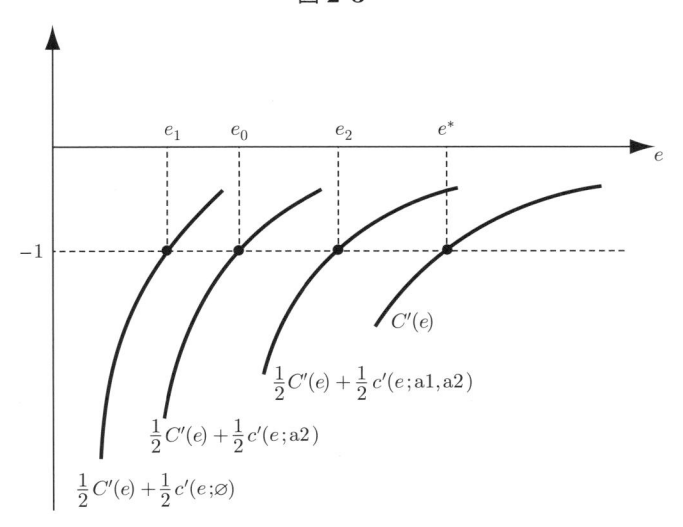

$e_1 \quad e_0 \quad e_2 \quad e^*$

$C'(e)$

$\frac{1}{2}C'(e) + \frac{1}{2}c'(e;\text{a1},\text{a2})$

$\frac{1}{2}C'(e) + \frac{1}{2}c'(e;\text{a2})$

$\frac{1}{2}C'(e) + \frac{1}{2}c'(e;\varnothing)$

資は低下する．同じく非統合の場合を基準とすると，第2型の統合によって，M2 の投資は増大するが，M1 の投資は低下する．すなわち，

$$i^* > i_1 \geq i_0 \geq i_2 \tag{2.20}$$

$$e^* > e_2 \geq e_0 \geq e_1 \tag{2.21}$$

である．ここで，事後的交渉により効率性が確保されると，所有構造にかかわらず取引関係から発生する結合利益は，

$$S \equiv R(i) - i - C(e) - e \tag{2.22}$$

によって与えられることを示しておく．i と e は式 (2.12) および式 (2.13) を満たす値である[20]．

利益の事前的分配

利益 S が特定の所有構造の下でどのように分配されるかについては，ここまでほとんど議論してこなかった．式 (2.10) および式 (2.11) は事後的な利益分配を示している．ここで，事前的分配について考えてみると，第 0 日で

---

[19] M1 と M2 の取引が成立するときの事後的利益は $T(i, e) \equiv R(i) - C(e)$ によって示されるが，命題 1 は，この事後的利益が i と e に関して分離可能であるという仮定の下で，すなわち $(\partial^2/\partial i \partial e)T(i, e) = 0$ という仮定の下で導出されている．命題 1 は $(\partial^2/\partial i \partial e)T(i, e) \geq 0$ の場合にまで（すなわち，i と e とが補完的である場合にまで）一般化できる．Hart and Moore [1990] を参照されたい．

[20] このモデルで所有構造が問題となるのは，取引不成立時の収益 r および c（もう少し正確には，限界収益 r' と c'）が所有構造に依存するからである．すべての交渉の解において，取引不成立時の収益に均衡が依存するわけではない．たとえば，外部機会がある交渉ゲームにおいて，均衡における利益の分配は，一定の範囲内で，取引不成立時の収益（すなわち，外部機会）からは独立に与えられることが分かっている（Osborne and Rubinstein [1990] を参照せよ）．しかしながら，所有権の分析において重要であるのは，取引不成立時の収益が常に均衡に影響を与えるかどうかということではなく，影響を与えることがあるかどうかということである．投資収益に適度の事前的不確実性があるとき，外部機会のある交渉ゲームにおいても，利益の分配は，正の確率で，取引不成立時の収益によって影響を受ける．このように，所有権を分析するうえでの主要なアイデアは，やはり妥当と考えてよいのである．

定額の譲渡を実行できるのであれば，その分配は異なってくるかもしれない．M1 には第 0 日において潜在的な取引相手が数多く存在すると仮定する．しかし，M2 の取引相手 M1 はただ 1 人しかいない．そうなると，M2 は第 0 日に留保利益のみを得ることになる．この値を V としよう．このとき，M1 は取引関係から発生する利益 $S - V$ のすべてを獲得するだろう[21]．しかしながら，この相対的交渉力についての仮定に，結論が依存してしまうわけではない．実際のところ，後に示すように，V の水準が最適所有構造の分析に影響を与えることはない（ただし，後に仮定するように，$(S-V)$ が M1 の第 0 日における留保利益を超えるかぎりにおいてという制約がつく）．

所有構造の選択

最後にどの所有構造が最適であるかを考える．この問題はとても単純明快に解ける．さまざまな設定の下で結合利益の値を計算する（利益がどのように分配されるかは，たとえ分配がどのようなものであっても，常に第 0 日の定額譲渡によって調整が可能であるので，問題とはならない）．すなわち，

$$\begin{aligned}
S_0 &= R(i_0) - i_0 - C(e_0) - e_0, \\
S_1 &= R(i_1) - i_1 - C(e_1) - e_1, \\
S_2 &= R(i_2) - i_2 - C(e_2) - e_2
\end{aligned} \quad (2.23)$$

を比較する．理論に従うかぎり，均衡では最大の S の値を与える所有構造が選択される．たとえば，M1 が a1 を所有し，M2 が a2 を所有するという状態を出発点とし，$S_1 > \mathrm{Max}(S_0, S_2)$ であるとすれば，M1 が M2 から a2 を双方

[21) より一般的に考えると，利益の事前的分配は，市場に存在する潜在的取引相手「M1 予備軍」「M2 予備軍」との競争の程度に依存して決定される．すなわち，M1 には潜在的取引相手が何人いるか，同様に M2 にも潜在的取引相手が何人いるかに依存するのである．第 0 日における相対的交渉力は第 1 日における相対的交渉力とは，まったく異なっていることに注意せよ．なぜなら第 0 日には，いまだ関係特殊的投資が実行されていないからである．Williamson [1985] はこのことを，「根本的転換 (fundamental transformation)」と呼んだ．

ともに不満のない価格で購入することになる（実際，前述のような相対的交渉力を仮定すると，M2 の最終的利益が V になるように価格が設定される）．

最適所有構造の分析

ここでは，なぜある所有構造が他の構造に比べて望ましいと考えられるのかを，さらに詳しく説明する．本論に入る前に，以下の点を確認しておく．式 (2.12)～(2.13) より明らかなように，$|c'(e;\cdot)|$ を減少させずに $r'(i;\cdot)$ を増大させる所有構造の変化は望ましい（同様に，$r'(i;\cdot)$ を減少させずに $|c'(e;\cdot)|$ を増大させる所有構造の変化は望ましい）．より一般的に，他方を減少させずに i ないしは e を増大させる変化は望ましい．理由は以下のとおりである．両当事者は（常に）過小投資の状態にあるから（命題 1 を見よ），そのような投資の増大をもたらす変化があると，両者の状態が最適な状態に近づくことになる．そのため，$R(i) - i - C(e) - e$ によって示される結合利益も増大する．

ここで，以下で使用する用語をいくつか定義する．

定義 1 $\text{Max}_i\ \rho R(i) - i$ の解が $1/2 \le \rho \le 1$ の領域で ρ に対して独立に与えられるとき，M1 の投資決定はこの領域において**非弾力的**である．同様に，$\text{Min}_e\ \sigma C(e) + e$ の解が $1/2 \le \sigma \le 1$ の領域で σ に対して独立に与えられるとき，M2 の投資決定はこの領域において**非弾力的**である[22]．

定義 2 小さい値 $\theta > 0$ について，$R(i)$ が $\theta R(i) + (1-\theta)i$ に置き換えられ，かつすべての $A = \text{a1}, (\text{a1}, \text{a2})$ および $\varnothing$ について $r(i; A)$ も $\theta r(i; A) + (1-\theta)i$ に置き換えられるとき，M1 の投資は**相対的に非生産的**となる．同様に，小

---

22) M1 の投資決定が非弾力的であるとすれば，ある $\hat{i}$ について，$0 < i < \hat{i}$ では $R'(i) > 2$，$i > \hat{i}$ では $R'(i) < 1$ となるはずである．M2 の投資決定が非弾力的であるとすれば，ある $\hat{e}$ について，$0 < e < \hat{e}$ では $|C'(e)| > 2$，$e > \hat{e}$ では $|C'(e)| < 1$ となるはずである．したがって，R'' と C'' とがすべての領域において存在するという仮定は，定義 1 において緩められている．

さい値 $\theta > 0$ について，$C(e)$ が $\theta C(e) - (1-\theta)e$ に置き換えられ，かつすべての $B = \text{a2}, (\text{a1}, \text{a2})$ および $\emptyset$ について $c(e; B)$ が $\theta c(e; B) - (1-\theta)e$ に置き換えられるとき，M2 の投資は**相対的に非生産的**となる．

定義 3 $r'(i; \text{a1}, \text{a2}) \equiv r'(i; \text{a1})$ であり，かつ $c'(e; \text{a1}, \text{a2}) \equiv c'(e; \text{a2})$ であるとき，資産 a1 と a2 は**独立**である．

定義 4 $r'(i; \text{a1}) \equiv r'(i; \emptyset)$ であるか，もしくは $c'(e; \text{a2}) \equiv c'(e; \emptyset)$ であるとき，資産 a1 と a2 は**厳密に補完的**である．

定義 5 $c'(e; \text{a1}, \text{a2}) \equiv c'(e; \emptyset)$ であるとき，M1 の人的資本は**不可欠**である．同様に，$r'(i; \text{a1}, \text{a2}) \equiv r'(i; \emptyset)$ であるとき，M2 の人的資本は**不可欠**である．

これらの定義はどれも直感的である．交渉によって 50 対 50 に利益が分配されるとする．M1 の投資決定が定義 1 に示されるように非弾力的であれば，M1 はどの所有構造の下でも，たとえば $\hat{i}$ など，必ず同じ水準の i を選択する．同様に，M2 の投資決定が非弾力的であれば，M2 はどの所有構造の下でも，たとえば $\hat{e}$ など，必ず同じ水準の e を選択する．

定義 2 に示されるように置き換えられるとき，M1 の投資によって生み出される純社会的利益は $R(i) - i$ から $\theta(R(i) - i)$ へと変化する．θ の値が小さいときにはこの利益の値も小さい値をとる．すなわち，M1 の投資は M2 の投資に比較して，それだけ重要性を失う．M2 の投資について同様に置き換えられるとき，M2 の投資によって生み出される純社会的利益は $C(e) + e$ から $\theta(C(e) + e)$ へと変化し，θ の値に従って小さくなる．このとき，M2 の投資は M1 の投資に比較して，それだけ重要性を失う．

定義 3 によると，M1 がすでに a1 を利用可能であることを前提として，M1 が新たに a2 を利用可能となったとしても，M1 の投資による限界利益が増大せず，かつ，M2 がすでに a2 を利用可能であることを前提として，M2 が新たに a1 を利用可能となったとしても，M2 の投資による限界利益が増大しないとき，a1 と a2 は独立である．

定義 4 によると，M1 が a1 だけを利用可能であっても，投資による限界利

益に効果がないか，もしくは M2 が a2 だけを利用可能であっても，投資による限界利益に効果がないとき，a1 と a2 は厳密に補完的である（前者は，M1 の投資が効果を持つためには，M1 は，a1 だけでなく同時に a2 をも必要とすることを示している．同様に，後者は，M2 の投資が効果を持つためには，M2 は a1 をも必要とすることを示している）．

最後に，定義 5 によると，資産の不可欠性が以下のように説明される．M2 が a1 と a2 の両資産を利用可能となったとしても，M1 の人的資本が得られないと，投資による限界利益が増大しないとき，M1 の人的資本が不可欠であるという．同様に，M1 が a1 と a2 の両資産を利用可能となったとしても，M2 の人的資本が得られないと，投資による限界利益が増大しないとき，M2 の人的資本は不可欠であるという．

以上の定義を用いて，命題 2 が以下のように示される．

命題 2　(A)　M2 の投資決定が非弾力的であれば第 1 型の統合が最適である．同様に，M1 の投資決定が非弾力的であれば第 2 型の統合が最適である．

(B)　M2 の投資が相対的に非生産的になり，かつすべての i について $r'(i; a1, a2) > r'(i; a1)$ であるとする．このとき，十分に小さい θ の値に対して，第 1 型の統合が最適である．同様に，M1 の投資が相対的に非生産的になり，かつすべての e について $|c'(e; a1, a2)| > |c'(e; a2)|$ であるとする．このとき，十分に小さい θ の値に対して，第 2 型の統合が最適である．

(C)　資産 a1 および a2 が独立であるとき，非統合が最適である．

(D)　資産 a1 および a2 が厳密に補完的であるとき，何らかの型の統合が最適である．

(E)　M1 の人的資本が不可欠であるとき，第 1 型の統合が最適である．同様に，M2 の人的資本が不可欠であるとき，第 2 型の統合が最適である．

(F)　M1 の人的資本が不可欠であり，かつ M2 の人的資本が不可欠であるとき，すべての所有構造は同じ程度に望ましい．

証明　(A)　M2 の投資決定が非弾力的であると仮定する．このとき，条件

(2.3) と (2.13) により，M2 はすべての所有構造において $e = \hat{e}$ を選択する．したがって，M1 にすべてのコントロール権を持たせることが最適となる．逆に，M1 の投資決定が非弾力的であると仮定すれば，M2 にすべてのコントロール権を持たせることが最適となる．

(B) M2 の投資が相対的に非生産的であるとする．このとき，どの所有構造においても M2 にとって最適化問題の 1 階の条件は，

$$\tfrac{1}{2}\,\theta |C'(e)| + \tfrac{1}{2}\,(1-\theta) + \tfrac{1}{2}\,\theta |c'(e;B)| + \tfrac{1}{2}\,(1-\theta) = 1$$

となる（条件 (2.13) による）．したがって，

$$\tfrac{1}{2}\,|C'(e)| + \tfrac{1}{2}\,|c'(e;B)| = 1$$

を得る．すなわち，M2 の投資決定は θ について独立である．しかし，純利益について次の関係が成り立つ．

$$\begin{aligned}
S &= R(i) - i - \theta C(e) + (1-\theta)e - e \\
  &= R(i) - i - \theta(C(e) + e) \\
  &\to R(i) - i \quad \text{as} \quad \theta \to 0.
\end{aligned}$$

このように，θ が小さい値をとるとき，問題となるのは M1 の投資決定である．したがって，M1 にすべてのコントロール権を与えるのが最適となる．同様に，M1 の投資が相対的に非生産的であれば，M2 にすべてのコントロール権を与えるべきである．

(C) 独立性の定義により，条件 (2.14) の解と条件 (2.16) の解は同一である．すなわち，$i_1 = i_0$ である．$e_1 \leq e_0$ であるから，非統合が第 1 型の統合に対し優れている．同様に，条件 (2.15) の解と条件 (2.19) の解が同一である．すなわち，$e_2 = e_0$ である．$i_2 \leq i_0$ であるから，非統合が第 2 型の統合に対し優れている．

(D) まず $r'(i;\text{a1}) \equiv r'(i;\varnothing)$ であるとすれば，条件 (2.14) の解と条件 (2.18) の解は同一である．すなわち，$i_0 = i_2$ となる．$e_0 \leq e_2$ であるから，第 2 型の

統合は非統合に対し優れている．同様に，$c'(e, \text{a2}) \equiv c'(e, \emptyset)$ であるとすれば，第1型の統合が非統合に対して優れている．

(E) M1の人的資本が不可欠であるとき，条件(2.15)，条件(2.17)，および条件(2.19)の解は同一であり，$e_0 = e_1 = e_2$ である．$i_1 \geq i_0 \geq i_2$ であるから第1型の統合が最適である．同様に，M2の人的資本が不可欠であるとき，第2型の統合が最適である．

(F) M1およびM2の人的資本が両者とも不可欠であるとき，条件(2.14)，条件(2.16)および条件(2.18)の解はすべて同一であり，同様に条件(2.15)，条件(2.17)および条件(2.19)の解はすべて同一となる．すなわち，$i_0 = i_1 = i_2$ であり，かつ $e_0 = e_1 = e_2$ となる．したがって，組織構造の差は問題とならない．（証明終）

命題2のほとんどは直感的に明らかである．(A)では，インセンティブを供与しても投資決定がそれに応じて変化しないものには，所有権を帰属させる理由がないことが示されている．(B)では，投資が重要性を持たないものに，所有権を帰属させる理由がないことが示されている．(C)〜(F)には多少興味を持つべき点があるので，もう少し説明を加える．

(C)を理解するために，非統合の状態を出発点として，そこからa2のコントロール権をM2からM1に移すことの効果を考える．両者が合意に至らない場合があったとしても，このコントロール権移転は，M1の投資による限界利益に対して何の影響も持たない．なぜなら，a2を利用できたとしても，a2がないときに比べてa1の有用性が増すわけではないからである．一方で，コントロール権をM1に移すと，M2の限界投資利益に負の効果が生じるのは明らかである．なぜなら，a2を持たない場合には，M2の得るものはきわめて小さくなってしまうからである．このように，所有権を移転することの効果は，i を同じ水準においたまま e を低下させてしまうものであり，結合利益を低下させることになる．a1のコントロール権をM1からM2に移す場合にも同様の論理が成り立つ．すなわち，e は一定のまま，i が明らかに低下し

てしまうだろう．したがって，資産が独立であるとき，どちらの型の統合を考えても，非統合の方が優れているということになる．

次に (D) について考える．非統合の状態から出発する．もし a1 と a2 が厳密に補完的であれば a2 のコントロール権を M2 から M1 に移すことにより，M1 の限界投資利益が弱い意味で増大する（M2 との合意がない場合の投資収益が増大する）．しかし，M2 の限界投資利益には影響を与えない．なぜなら，a2 は a1 がなければ役に立たないので，M1 との合意ができない場合には，a2 がなくとも M2 の利益には変化がないからである．このように，非統合から統合の状態に移ると，利益が発生しこそすれコストが増大することはない．同様の議論が，非統合の状態から第 2 型の統合に移行するときにも成り立つ．そのため，第 2 型の統合も非統合の状態に比べ優れていることになる．このように，資産が厳密に補完的な場合には何らかの形の統合の方が非統合に比べて望ましい．ただし，（たとえば M2 の投資に比べて M1 の投資がより重要性を持つなど）これ以上の情報がない場合には，第 1 型の統合と第 2 型の統合の優劣を論じることはできない．

(E) を理解するためには，M1 の人的資本が不可欠であるとき，資産を M2 から M1 に移しても M2 の投資インセンティブには何らの影響も生じないことに注意すればよい．なぜなら取引が成立しない場合，M1 の人的資本の協力を得られないということであるから，どのような資産を持ったとしても M2 の収益には（限界的に）差がないからである．したがって，コントロール権の移動においてコストは発生しない．一方で，M1 がすべての資産を持つことになり，M1 の投資インセンティブは増大するであろうから，一定の利益が見込めるのである．

(B) および (E) をあわせると，重要な投資機会を持つか，ないしは重要な人的資本を持つ主体が，所有権を持つべきであるということになる．

最後に，(F) では，もし M1 と M2 の両方の人的資本が不可欠であれば，どちらの側の投資もお互いの合意がない場合には報われることはないので，所有権のあり方は問題とならないことが示されている．

ここで2点考察を加えておく．第1に，補完的資産は同一主体に所有されるべきであるということは，ある資産が共同所有される状態も最適ではないことを示している．a1 が M1 と M2 の両者により所有される状態を考える．ここで，いざ交渉が決裂したとすると，M1 と M2 の両者とも a1 を独立して利用する権利を持たない（なぜなら，資産をどのように利用する場合にも両者の合意が必要だからである）．この取り決めは，a1 を2分し，半分を M1 に残りの半分を M2 に分ける協定と同じことになる．明らかに，2分された資産は厳密に補完的である．したがって，命題2(D) の証明と同じ論理に従えば，資産 a1 のすべてを M1 か M2 のどちらかに配置する状態が，共同所有の状態より優れていることになる（このことは，資産 a2 の所有形態にかかわらず成り立つ）[23]．

ただし，注意しておかねばならない点がある．ここまで投資 i と e は M1 と M2 の人的資本に体化されると仮定してきた．この意味は，M1 は M2 と合意に至らないかぎり e によって発生する利益を獲得することはなく，M2 は M1 と合意に至らないかぎり i によって発生する利益を獲得することはないということである．第3章では，投資が人的資本に体化されるのではなく，物的資本に体化される場合を検討する．その場合には，厳密に補完的な資産は同一の主体に所有されるべきである（あるいは共同所有されるべきでない）という議論が成立するかどうかはそれほど明確ではない[24]．

第2に，ここまで考察しなかった所有形態が存在することに注意しなければならない．それは，「逆の」非統合であり，M1 が a2 を所有し M2 が a1 を所有する形態である．しかし，簡単にこの所有形態を退けてしまうことができる．a1 は本来 M1 が使用すべき資産であり，a2 は本来 M2 が使用すべき資産であるので，M1 は a2 を使用するより a1 を使用した場合の方がより生

---

[23] 本文の議論では1つの資産を2つの主体が独立に利用することはできないと仮定している．しかし，共同利用が可能な資産も存在する．たとえば，特許は異なる2企業によって開発され取引されることが可能である．そのような場合には，共同所有が最適となることもある．Aghion and Tirole [1994] および Tao and Wu [1994] を参照せよ．

産的であり，M2 も a1 を使用するより a2 を使用した場合の方がより生産的であるとしても間違いはないだろう．言い換えると，M1 が a2 だけを使用できる場合の限界利益 $r'(i;a2)$ は $r'(i;a1)$ よりも小さく，M2 が a1 だけを使用できる場合の限界利益 $|c'(e;a1)|$ は $|c'(e;a2)|$ よりも小さいであろう．したがって，非統合がこの第 4 の所有形態より優れていることが直接に導かれる[25]．

3 理論から直接説明される事象

この章を結ぶにあたって，本章で示した理論が，現実に観測される組織制度と整合的であるかどうかを考察する．残念ながら現在まで，所有権アプローチの有効性を厳密に検証する方法は存在していない．したがって，以下で示しているのは私の印象以上のものではないことを断っておく．

本章の理論から直ちに示唆される命題の 1 つに，他の事情が同じならば，ある主体が重要な投資決定を行う立場にあるとき，その資産を所有している可能性が高いということがある（投資決定には，資産をより生産的に用いるためにはどうしたらよいかを企画することや，資産を保守したりする行為が含まれる）．現実の例としては，居住する人が家を所有する，あるいは運転する

---

[24] 命題 2(D) が，契約が部分的に不完備であるがすべて不完備であるというわけではない場合にも一般化できるかどうかということも，やはり明らかであるわけではない．ただし，契約が部分的に不完備であるとは，長期契約が一定の役割を果たす場合を考えている．理由は，命題 2(D) が，たとえば M2 に a2 を配分しても a1 を同時に配分しなければ，交渉が決裂した場合の M2 の限界利益を増大させないが（なぜなら a2 を所有しても a1 が利用可能でなければ意味がないから），M1 の限界利益は減少するということに依存して成立していることにある．一方，もし長期契約があれば，合意が成り立たないということは当初の契約に戻るということを意味する．この場合には，M2 が a1 を所有していない場合でさえも，当初の契約に従って M2 が a2 を所有することに価値があることもあるだろう．そうなれば，a2 を M2 に配分することによる利益が存在することもある．

[25] ここでは，確率的所有構造についても無視している．確率的所有構造では，たとえば M1 は確率 σ で a2 を所有し，M2 は確率 $(1-\sigma)$ で a2 を所有する．この点については第 4 章でさらに議論される．

人が自動車を所有するのが効率的であると，通常は考えられていることがあげられる（ただし，それだけの資力がある場合に限られる．本書では資産制約の条件を考慮していない．この点について第5章を参照せよ[26]）．おそらく，この理由は，家ないしは自動車の価値に最も影響を及ぼすのは利用者であるからだろう．他の誰かに所有権ないしはコントロール権を与えても，利用者のインセンティブを削いでしまうだけである．この他者は資産価値に何らの影響も及ぼさないだろうから，見合うだけの利益もない．上記のモデルでも，$C'=0$ の場合には，M1 に a1 と a2 の所有権を与えるということになろう[27]．

この論理と整合的な事実で，一般に認められているものをもう1つ指摘しておく．それは，組織下部に属する従業員は，通常その組織の中で，重要な所有権ないしはコントロール権を持つことはないという事実である．おそらくは，下位従業員たちは，（相対的に見ると）型どおりの通常課業しか遂行しないということが理由となるのであろう[28]．そのような従業員に所有権を与えて動機付けをしても，生産性を増大させるという目的においては多くを期待できない（このことは，上記のモデルで考えれば，R' ないしは $|C'|$ が小さい場合に相当する）．希少な資源である所有権は，枢要な位置を占める幹部社員を動機付けるために割り当てた方が合理的である．幹部社員は，（通常は）企業価値により大きな影響を与えるか（命題 2(B)），ないしは形成される人的資本が欠くことのできない重要性を持つことになろう（命題 2(E)）[29]．

---

26) 税も無視されている．税を考慮すると，資産を所有せずに，たとえばリースする傾向が生じることがある．
27) 家や自動車への投資は人的資本への投資というより物的資本への投資に近いかもしれない．しかし，同じ論理が成り立つ．この点については，第3章第6節も参照されたい．
28) 資産制約もここでは要因の1つとなる．
29) 大企業においては，所有権ないしはコントロール権は，重要な位置にある従業員ではなく，通常は外部の株主に帰属する．この事実は，本章で示した理論と矛盾すると思われるかもしれない．なぜなら，外部株主は重要な行為を実行する主体ではないし，不可欠な人的資本を供するわけでもないから．しかし，株主は企業に対して資金を投資しており，投資の不正使用から保護される必要がある．所有権ないしはコントロール権はこの保護を与えるものと考えられる．資金の投資については第5章から第8章にかけて議

本章で示した理論から示唆される命題の2番目は，高度に補完的な資産は同一の所有権に帰属しているはずだという推論である．実際，この推論には多くの実例が対応している（いくつかは取るに足りない例である）．たとえば，ある家屋の窓とその家屋本体は，通常あわせて所有される．鍵と錠もそうであるし，トラックのエンジンと車体もそうだし，顧客の氏名リストと住所リストもそうだ[30]．それほど自明というわけではなく，一定の重要性を持つ例もある．Joskow [1985] では，炭鉱に隣接する発電所の所有権のあり方が研究されている．資産がきわめて補完的であるから，垂直的に統合されて同一の所有権に帰属する例がとても多いのは驚くほどのことではない．Stuckey [1983] はボーキサイト鉱山に隣接するアルミニウム精錬所のケースを研究した．この場合には，補完性の程度は，おそらくさらに大きいものであろう．なぜなら，鉱山と精錬所が隣接して立地するだけでなく，精錬所は特定のボーキサイト鉱山に固有な装置を設置するからである．Stuckey は，つまるところすべてのケースについて，垂直的統合が生じていることを発見した．

補完的資産は同一の所有権に帰すべきであるという論理に関連して，規模の経済性の存在は大規模企業の形成に寄与しているという論理がある．規模の経済性が支配している状況では，1つの大規模な資産は，半分の規模の資産を2つあわせたものより生産的となる．ファースト・ベストにおいては，1つの大規模資産の方が選択されることになろう．しかしながら，第1章で説明したように，この議論を企業の形成に適用できるかどうかは明らかというわけではない．セカンド・ベストにおいては，1つの大規模資産の方が選択されるかどうかはさらに疑わしくなる．なぜなら，資産が2つに分かれている状態と1つの資産とを比べると，後者ではインセンティブが阻害されてしまうかもしれないからである（M2が所有権を失ってしまうと，過小な投資しか実行しないかもしれない）．しかしながら，規模が大きくなることによって実現される技術的利益が十分に大きければ，大規模資産を形成するのがセ

論される．
[30] この種の事例を説明しているものとして，Klein *et al.* [1978] がある．

カンド・ベストの選択となる．極端な場合として，小規模では生産性がゼロになる場合を考えればよい．命題 2(D) により，1 つの資産の部分部分をそれぞれ異なる主体に配分することは合理的ではないので，この結論は，1 つの大規模な企業の存在を意味付けるものとして解釈することができる．

補完性は，シナジーとしても知られている．本章の理論は，この補完性の下では統合が生じやすいと結論している．同様に，この逆の命題も成り立っている．独立な資産は別々に所有されるべきであるという結論である．しかし，買収を考えている企業が，いつもこの論理を助言として尊重しているわけではない．たとえば，英米で 1960 年代に発生したコングロマリット合併のブームを考えればよい．しかし，少なくとも 1990 年代には，この助言も一定の支持を得ている．さらに，独立な資産が個別に所有されている例が数多くあるのはもちろんである．こうした事実が主な経験的事例であると言うこともできる．

独立な資産は個別に所有されるべきであるという考え方を応用することによって，多数の売り手と多数の買い手からなる標準的なスポット市場について，理解を深めることができる．そのような市場では，通常，非統合が効率的であると考えられている．本章の理論によって，この命題を基礎付けることができる．統合されていない代表的買い手 M1 と，統合されていない代表的売り手 M2 を考えよう．たとえば，M1 はオックスフォード大学であり，M2 はアップル・コンピュータであると考えてもよい．アップルはオックスフォードにコンピュータを納入しているとする．もし，オックスフォードとアップルがコンピュータの価格と品質について合意に達することができなければ，それぞれ容易に別の取引相手にスイッチすることができる．すなわち，$R'(i) \simeq r'(i; a1)$ であり，$C'(e) \simeq c'(e; a2)$ であって，非統合が最適であると言ってもおおよそ間違いではないだろう．これに対して，もしオックスフォードがアップルを買収したとしたら，オックスフォードはアップルの経営者による（そして可能性としてはアップルの従業員による）革新的行動から発生する利益を，いくらかでも吸い上げてしまうことがあるかもしれない．そうな

ると，アップルは，革新的な新機軸への投資を控えてしまうだろう（$|c'(e;\emptyset)|$は $|C'(e)|$ より大分小さくなるだろう）．このように，オックスフォード大学とアップルの例では，そしてより一般的に競争的な買い手と売り手においては，統合には大きなコストがかかってしまう一方で，ほとんど利益はないのである．

　厳密に補完的な資産および独立な資産についての結論を用いると，Stigler [1951] が示し，今日よく知られている命題を，さらに明確にすることができる．Stigler によると，初期発展段階にある産業には，統合された形態をとるのが一般的であるという特徴がある．この理由は，規模の経済性が存在したとしても，産業がいまだ小規模であっては，分業による利益を実現することが難しいからである．このため，企業は自らの投入財を製造することになる．しかしながら，産業規模が大きくなるにつれ，やがては特化した供給業者が存立できるようになる．しかも，それらの事業者は効率的な供給を実現できるため，非統合の形態が最適となっていく．本章での分析は，以上の考察と整合的である．産業内の企業数が少ないとき（1企業だけかもしれない），投入財の買い手と売り手との間の補完性は高い．なぜなら，代わりとなる取引相手の数が少ないからである．命題 2(D) によると，統合形態が最適となる．しかし，市場が大きくなり多くの買い手と売り手が存在するようになると，ある特定の買い手と売り手との補完性は小さくなる．そこで，命題 2(C) により，非統合が最適となる[31]．

　（1社の買い手と1社の売り手しか存在せず，代わりとなる取引相手がいない）厳密に補完的な資産の場合，および（多くの買い手と多くの売り手が存在し，それぞれ第1日に取引相手をスイッチすることができる）独立した資産の場合は両方ともきわめて特殊な例である．1社の売り手が多くの買い手に投入財を供給する場合も，考察を要する状況である．それぞれの買い手は

---

31) この議論では産業が拡大するにつれ製造業者の数が増える（少ない数の買い手が市場を支配してしまうことはない）と暗黙のうちに仮定している．この点に関しては，本節最後でさらに議論される．

ホールドアップが発生する可能性があることを心配せねばならない．その心配が高じたときには，売り手が保有する所有権を買い取りたいと考えるだろう．すべての買い手が売り手を 100％所有するというわけにはいかないので，最も望ましい措置はそれぞれの買い手に売り手の株式を与えて，議決権を付与することである（さらに何らかの多数決制度を採用する）．この実例は石油パイプラインに見られる．パイプラインは，利用者である石油精油所に集団で所有 (collectively owened) されている（Klein et al. [1978] を参照せよ）．その他の例としては，法律事務所などさまざまな形態のパートナーシップがある（法律事務所におけるパートナーシップでは，管理サービスと法律事務所の看板からなる投入財を，皆が共同で使用している）．ないしは消費者，労働者，製造業者の協同組合がある（Hansmann [1996] を見よ）．これらの事例の背後にある理論の詳細は Hart and Moore [1990] を参照されたい[32]．

　本章で展開した単純なモデルによって，組織構造の時間的変化を理解することができる．多くの評論家が，1980 年代と 1990 年代に統合を解消する方向への流れがあったとしている[33]．この動向は，過去に産業を席巻していた巨大工場が，より柔軟な技術を用いた小規模工場に取って代わられ，ロック・イン効果が低下したことに，原因をたどれるとされている．さらに，情報技術の進展もこの動向の原因と考えられている．情報技術の進展によって，かつては通常業務に従事していた主体が，今日では多くの情報を処理している．これらの多量の情報に基づいて的確な判断を下すためには，それらの主体に

---

32) パートナーシップないしは協同組合と共同所有 (joint ownership) とは異なることに注意せよ（共同所有が最適とはならないことについては前に述べた）．2 者による共同所有では，両者とも拒否権を持ち，どちらも相手をホールドアップできる．それに対して，パートナーシップや協同組合では，意思決定は（多くの場合）多数決による．したがって，ある定まったグループが拒否権を持つことはない．協同組合についての理論の詳細は Hart and Moore [1994b] を参照せよ．

33) たとえば『ビジネス・ウィーク』[1993 年 10 月 22 日，特別号「企業：企業家たちはどのように経済を再編したか，そして大企業は何を学んだか」]，『エコノミスト』[1994 年 3 月 5 日，「経営の焦点 79」]，『ウォール・ストリート・ジャーナル』[1994 年 12 月 19 日，「製造業者が製品開発のために供給業者の助けを求めている」, 1]．非統合へ向かう傾向は，「外注化」ないしは「アウト・ソーシング」とも呼ばれている．

動機付けを与えなければならなくなっているのである[34]．

なぜこれらの要因が非統合への動きをもたらす原因となったのかを，第2節のモデルを用いて説明することができる．技術がより柔軟になるということは，資産の補完性がそれだけ低下していることを意味する（新しい取引相手にあわせて，資産を容易に調整できるようになっている）．一方，個々の自立性が重要であるということは，M1とM2の投資決定が両方とも重要であることを示している．命題2(B)および(C)によると，どちらの効果も，それまでに比べて非統合がより最適となる可能性を高めるように働く（このことについてBrynjolfsson [1994] も参照せよ）．

情報技術の進展によって契約を作成するための費用が低下したことも，非統合への動向を説明する要因であると思われるかもしれない．しかし，ここで展開した理論から，契約費用が低下するにつれ非統合が生じやすいという予測が導かれることは**ない**．第1章において，取引費用が発生しない状況では組織形態は問題とならないと論じている．すなわち，非統合も統合も同じ程度に効率的となるのである．一方，この章では取引費用があまりに高いので，長期契約を書くことがそもそもできない場合を考察してきた．この場合には，非統合と統合の両者が，状況に応じて最適となりうる．このように，取引費用の水準と統合の程度の間に，単純単調な関係は存在しないのである[35]．

最後に，伝統的なU字型の平均費用を示す図1-1に立ち返る．第1章では，新古典派の理論によってこの図を正当化するのは難しいと論じた．所有権アプローチを用いると，何とか考察の対象とすることができる．生産水準が低いときには，企業は高度に補完的な資産を用いている（2つの機械を隣接して設置している，もしくは同一の建物内で複数の部屋を利用しているなど）．

---

34) 企業規模に対して情報技術が与えた影響について，興味深い議論がある．Brynjolfsson [1994] を参照せよ．
35) 情報技術の進展の結果として，契約費用が**現実**に低下したのかどうかということも，実証的には明らかでない．Brynjolfsson [1994] およびその参照文献を見よ．

もしくは，規模の経済性が支配する資産を利用している．命題 2(D) によれば，これらの資産が同一の所有の下にないかぎりホールドアップ問題が発生しやすい．すなわち，初期には，一定の操業を1つの企業内で行う際に，平均費用が低下していく．しかし，ある水準以上に企業規模が大きくなると，資産間のシナジーが低下する．とくに，企業中枢における経営者と資産の，末端で遂行される操業における重要性が低下していく．すなわち，末端で実行される投資は，中枢の経営者にとっても資産にとっても特殊的ではなくなる（大企業では，多くの理由から，中枢と末端はほとんど独立に運営されている）．さらに，末端が存在することによって，中枢における投資が特に刺激されるということもない．命題 2(C) によれば，1つの企業内で操業することに対する平均費用は増大し始める．

このように，乱暴な言い方ではあるが，本章で展開された理論は，すべての標準的ミクロ経済学の教科書における企業規模の説明と整合的である[36]．

---

[36] 本章を通して，不完全競争の効果は無視されている．すなわち，M1 と M2 が締結するすべての契約は，所有権の変更も含めて，消費者をはじめとする他の経済主体にほとんど影響を与えないと仮定した．明らかに，この仮定はきわめて制約的で強い仮定である．しかしこの仮定をおいたのは，企業の存在と統合の問題において，「効率性」が果たしている役割に分析を限ろうとしたからである．もちろん，現実には，統合の意思決定が行われる際に，常に効率化が基準となっているわけではない．水平的統合は，消費者価格を引き上げるために行われることがある．また，垂直的統合は，競合する買い手や売り手を排除するために行われることがある．合併については，産業組織論の文献が非常に多くある．しかし，その中で不完備契約アプローチをとる文献はきわめて少ない（文献についての説明は，Tirole [1988] を見よ．不完備契約アプローチをとる論文には，Bolton and Whinston [1993] および Hart and Tirole [1990] という2つの論文がある）．この分野における研究にとって，本書で展開した理論は，将来にわたって有用な糧となろう．

第3章 所有権アプローチの諸問題

　本章では，第2章で簡単に紹介した所有権アプローチでは触れなかった問題を，いくつか取り上げる．権限 (authority) の特性，従業員のインセンティブ，権限委譲，評判の役割，物的資本への投資，企業内の情報伝達について論じる．

1　非人的資産の役割と権限の特性

　第2章で展開した理論には，(i) 契約が不完備である，(ii) 経済的な関係には何らかの非人的資産が関与している，というきわめて重要な特徴がある．第1章ですでに，契約が不完備であるということが，なぜそれほど重要なのかを説明した．ここでは，（少なくとも何らかの）非人的資産の存在は企業理論の本質に関わる特性であるという理解を示し，なぜこう考えるのが妥当であるかを説明する．非人的資産は，機械・在庫・建物など「有形」資産であるかもしれないし，特許・顧客名簿・書類資料・既存の契約・企業の看板ないしは評判などのより「無形」な資産であるかもしれない[1]．

---

[1] ここで，一定の制約をおかねばならない．第2章のモデルを，特許・顧客名簿・書類資料の場合に拡張するのは，きわめて簡単である．しかし，既存の契約や企業の看板・評判のような資産に当てはめるのは，それほど単純ではない．企業の看板や評判がなぜ価値を持つのかを説明するためには，より精緻な分析，たぶん動学的な分析が必要となる．これは将来の研究課題として魅力的なテーマである．

非人的資産の役割をより深く理解するために，「企業」1が，人的資本のみから構成される「企業」2を買収する状況を想定する．ここで，次の問題を考えてみよう．このような状況の下で，企業2の従業員が退職すること，もしかすると皆一緒に退職することを押しとどめるものがあるとすれば，それはいったい何なのだろうか．もし，建物などの物的資産がまったくなければ，彼ら従業員は実際には移動することすらしなくても済むだろう．たとえば，彼らが（自ら所有する資産である）電話機やコンピュータ端末で互いに接続されてさえいれば，ある朝，単に新しい企業を始めましたと宣言するだけでよい．

　企業1が企業2を買収するということに何らかの経済的意味があるとすれば，従業員の人的資本に匹敵する価値ないしはそれを超える価値の源泉を，企業2が持っているはずである．それは，企業2の従業員をつなぎ止めておく「接着剤」の働きをするものである．この価値の源泉は，ひょっとしたら単に従業員同士が接触する場所の提供という程度のものかもしれない．企業の看板，評判，ないしは流通ネットワークかもしれない[2]．業務遂行や顧客についての重要な情報を記載した書類資料であるかもしれない[3]．企業2の従業員がライバル企業に転職することを禁ずる契約や，退職するときに顧客を引き連れて行くことを禁ずる契約であるかもしれない[4]．あるいは価値の源泉は，企業2の従業員が，他企業に転職しようとするときに感じてしまう，心理的抵抗感のようなものにすぎないかもしれない．それでも，企業において従業員同士を結びつける何かがないかぎり，企業というのは単なる幻にすぎなくなってしまう．

　このように，企業の非人的資産とは要するに企業を企業であるようにつなぎ止めておく接着剤のようなものを表しているのである．たとえそれが何で

[2) 新聞，雑誌，出版などの業種においてそうであるように．
3) 保険会社や法律事務所でそうであるように．
4) 法律事務所の他にも，会計事務所，企業の広報活動を請負う事務所，広告代理店，R&Dを行う研究所においてそうであるように．

あるにせよ[5]．

　非人的資産という考え方は，権限 (authority) という概念を明らかにするのにも役立つ．ロナルド・コースは 1937 年の先駆的な論文で，雇用者と従業員の関係がとくに他の関係と異なる点は，雇用者が従業員に対して何をすべきであるかを告げることができることにある，一方，もし独立の請負業者が，他の請負業者に望んだことをしてもらうとすれば，利益供与をしなければならないところであると論じた．ハーバート・サイモンは 1951 年の論文において類似した所見を述べている．しかし，Alchian and Demsetz [1972] が指摘したように，雇用者が従業員に対して持っている権限の源泉が何であるかは明瞭ではない．たしかに雇用者が従業員に対して何をすべきかを告げることができるのは事実である．しかし，ある請負業者が他の請負業者に何をすべきかを告げることができるということも，それが告げるだけであればやはり事実である．そうであるとすれば，従業員の場合には指示されたことに対して注意を払うが，独立の請負業者の場合には指示されたことについて（たぶん）気にもとめないのはなぜであるかが，説明を要する課題となる[6]．

　非人的資産が存在する場合には，雇用者・従業員の関係と独立した請負業者間の関係との差を理解することは難しくない．前者の場合には，関係が壊れてしまうと雇用者がすべての非人的資産を取り上げてしまうが，後者の場合には，請負業者は非人的資産をそれぞれ部分的に引き取ることになる．こ

---

[5] 企業を非人的資産によって規定するということと，企業価値の大きな部分が人的資本からなっているという認識に矛盾があるわけではない．このことを，改めて強調したい．企業 2 が非人的資産 $a2$ と従業員 $W2$ とからなるとしよう．従業員 $W2$ は非人的資産 $a2$ を利用すると 1 年間に 30 万ドル稼ぎ出せるが，この資産を利用できないと 20 万ドルしか稼げないとする．さらに，資産の利用方法を知っているのは $W2$ だけであり，$a2$ の売却価値 (scrap value) は 0 であるとする．このとき，ナッシュ交渉解を仮定すると，企業 2 を買収する者にとっての資産 $a2$ の価値は 5 万ドルである．なぜなら，買収者は $W2$ に $a2$ の利用拒否をもって脅すことにより，$W2$ が追加的に得られる 10 万ドルの半分を獲得することができるからである．すなわち，資産 $a2$ のセカンド・ベストの利用価値がたとえ 0 （売却価値）であったとしても，買収者にとっての企業価値はそれなりの額となるのである．

の差によって,雇用者はレバレッジを実現することができる.iが生産的であるために必要な資産をi自身が保有している場合に比べると,jがiからその資産を取り上げてしまう危険がある場合の方が,iがjの望むことをしてくれる可能性は高くなる.また他の誰か,たとえばkが保有する場合に比べても,やはりそうだろう(kが資産を保有する場合には,iはkの望むことを行うことになるであろうが).**すなわち,非人的資産の支配は人的資産の支配をもたらすのである.** この命題は,さらに以下第2節において論じられる[7].

これまでの検討により,非人的資産の役割は以下のようにまとめられる.まず,多くの企業において,その企業が明確な形で物的資産を持っていないように見える場合でさえも,何らかの重要な非人的資産の存在を認めることができる.もし,そのような資産が存在しなかったとしたら,企業を企業の形につなぎ止めておくものは何なのか分からない.あるいは,企業における権限とは何なのかが分からなくなってしまう[8].少なくとも何らかの重要な

---

6) Alchian and Demsetz が指摘していることであるが,雇用者が従業員にどのような仕事をすべきかを指示することができるように,八百屋の店頭で顧客も(どのような野菜がどのような価格で販売されるべきかという)注文をつけることができる.さらに,指示した内容が遂行されなかった場合の制裁も(少なくとも表面的には)同一である.すなわち,指示を拒絶した場合には関係の断絶,打ち切り・解雇が待っている.八百屋の場合には,顧客は他の八百屋で買い物をすることになる.

7) Masten [1988] は,雇用者・従業員の関係と独立請負業者間の関係には法的な相違もあると論じている.すなわち,従業員は雇用者に対して忠実であることおよび服従する義務を負っているのに対し,独立請負業者は他の独立請負事業者に対してこの義務を負うことはない.

8) 非人的資産が存在しない場合には,人員の交代ないしは解雇も意味を持つことが難しくなる.ある人員を解雇して他の誰かに交代させるということは,実際上,その人員をその人員が遂行してきた仕事からはずし,他の誰かが代わりに行うということである.このことは,非人的資産がある場合には意味を持つ.すなわち,第1の人物は非人的資産を利用できなくなり,代わって第2の人物が利用できるようになる.それに対して,すべての資産が人的資産であるとすると,人員の交代や解雇がはたして何を意味するかは(もしくはどう強制するかが)明瞭でなくなってしまう.

Kreps [1990] および Wernerfelt [1993] は,従業員が暗黙の契約の一部として雇用者権限の受け入れに同意するという考え方に基づいて,権限の理論を展開した.この考え方に,真実が多く含まれているのは疑いない.しかしながらこの考え方では,なぜ権限が委譲可能であるかを説明できない.すなわち,企業1が企業2を買収した場合,企業2

非人的資産がない場合には，企業は壊れやすく不安定な存在であり，常に崩壊や消滅の可能性をかかえてしまう．私の印象では，現実の経済を（ざっと）見渡すかぎり，このような見解は事実とさほど隔たっているわけではないと思う[9]．

2 従業員のインセンティブ

　第2章のモデルは，所有権がどのようにトップ経営者のインセンティブに影響を与えるかに着目している．ただ，所有権の移転は，従業員のインセンティブに対しても影響を及ぼし，ひいては統合のコストと利益にも影響を与えるだろう．

　この問題を正面からとらえるためには第2章の分析を複数エージェント・複数資産の場合に拡張しなければならない（この点については Hart and Moore [1990] を参照せよ）．ただ，主な考え方は以下に示す例を用いて示すことができる．第2章のモデルに基づいて考える．ここで，非人的資産は a_2 の1つだ

の従業員の忠誠の対象はなぜ，また暗黙の契約の対象もなぜ，企業2の所有者から企業1の所有者へ移動するのかを説明できない．このように権限を暗黙の契約によって解釈するという考え方で，企業統合への動機付けが説明されるかどうか，明らかではないのである（ただし，この考え方によってその他の多くの事象を説明することができ，有用ではありうる）．

9) この問題を考えるうえで，最近話題になったモーリス・サーチが最大手広告代理店サーチ・アンド・サーチから離脱したり，スティーブン・スピルバーグが MCA から離れた例から，学ぶところが多い．それら2つの企業の最も重要な資産のうち，一定部分は非人的資産ではなく，それら辞任した個人たちという（および数少ない同僚という）人的資本であったように思える．このため，彼らの離脱によって企業はたいへん不安定な状態に陥った．『ニューヨーク・タイムズ』[1994年10月16日 Hollywood Beckoned, Leading Japanese Astray, Week in Review]，および『フィナンシャル・タイムズ』[1995年1月12日 Saatchi's Soap Opera Has Only Just Begun, 17] を参照せよ．多少異なった例として，1993年の世界チェス選手権がある．ガルリ・カスパロフとナイジェル・ショートは，契約条件に満足できないことを理由に公式 (FIDE) トーナメントに出場しないことに決め，代わりにプロフェッショナル・チェス連盟 (PCA) を立ち上げ，独自のチャンピオンシップを打ち立てた．公式の世界チェス・チャンピオンを決める権利という資産は，このような状況の下ではあまり意味を持たないように思える．

けであると仮定し，M1 も M2 も投資は行わない，すなわち $R' \equiv C' = 0$ であると考える．ここで，従業員 W が，x だけの（立証不能な）費用をかけて生産技能を身につけることができるとする．この技能は a2 および経営者 M1, M2 の何らかの組み合わせの下で，Υ の大きさの（立証不能な）利益を第 1 日にもたらすものとする．ここで，$\Upsilon > x$ である[10]．簡単化のため，従業員の投資は離散的であるものとする．すなわち，従業員は投資を行うか行わないかという選択しかできない．さらに，この技能習得で損をしないためには a2 が不可欠である（すなわち技能は資産 a2 に特殊的である）と仮定する．簡単なところから始めるため，M1 の人的資本は不可欠であるが，M2 の人的資本は重要ではない（M2 を置き換えても費用はかからない）という極端な場合を考える．さらに，M1 が所有権を持つか，それとも M2 が所有権を持つかという，2 つの所有構造のみを考え，この比較に分析を絞る（たとえば資産制約によって，W は資産 a2 を自ら所有することができないと仮定する）．

M2 が所有権を持つときの W による技能習得インセンティブを考える．もし W が技能を習得したとすれば，W は第 1 日に所得 Υ の分配を，M1 と M2 の両者と交渉する必要がある．M1 の人的資本が不可欠であるため M1 を交渉からはずすことはできない．一方，W は M2 が所有している資産 a2 を使用しなければならないため，M2 も交渉からはずせない．関係者たちが利益を平等に分配するという（無理のない）仮定の下では，W は $\Upsilon/3$ だけ受け取ることになる．したがって，M2 が所有権を持つときには，W が投資を行うための必要十分条件は，

$$\frac{\Upsilon}{3} \geq x \tag{3.1}$$

である．

次に，M1 が所有権を持つ場合を考える．このときには，M2 が交渉過程に関与する余地はない．なぜなら，M2 の人的資本は交替可能であるし，もは

---

[10] 第 2 章と同様に，M1 と M2 は技能を獲得したことに対して直接 W に弁済することはできないものとする（なぜなら x が立証可能ではないから）．

やa2も所有していないからである．したがって，Wは第1日にM1のみと2者間の交渉を行うと考えればよい．Wは所得ΥをM1と等分すると仮定すれば，Wが投資を行う条件は，

$$\frac{\Upsilon}{2} \geq x \tag{3.2}$$

となる．条件(3.1)および(3.2)を比較することにより，Wの投資インセンティブは，M1に所有権があった方が，M2に所有権がある場合より強いことが分かる．

M2の人的資本が不可欠でありM1の人的資本は重要ではないと仮定する場合には，結果が逆になることは明らかである．この場合には，Wの投資インセンティブは，M2に所有権があった方が，M1に所有権がある場合より大きくなるだろう．

この例からとくに学ぶべきことは，コントロール権の変化が，その変化の前にも後にもコントロール権を持たない主体のインセンティブに影響を与えるということである．M1に不可欠な人的資本がある場合には，ホールドアップ問題が緩和されるようM1が資産a2を所有した方がよい．Wは利益Υを実現するために，M1とM2の両者と交渉するのではなく，M1とだけ交渉すればよいのである．M2に不可欠な人的資本がある場合には反対になる．この例によって，資産は重要な人的資本を持つ主体に帰属すべきであるという命題2(E)の説明力が，さらに裏付けられることが分かる．実際，この例は，「重要な人的資本を持つものに資産所有権を集中させることの利益は，従業員のインセンティブを改善させることにもある」という効果を新たにつけ加えており，命題2(E)をより強固にしている．

この例は簡単に拡張でき，互いに補完的な，ないしは独立な資産を持つ企業の合併によって，従業員のインセンティブがどのように影響を受けるかを説明できる．M1が資産a1を所有していると仮定する．このとき，もしa1とa2が厳密に補完的であるとすれば，この状況はM1が不可欠な人的資本を所有している場合と同じであると見なすことができる（M1はa1を持って

いるので，交渉に欠かせない重要なプレーヤーとなる）．したがって，M1 が a1 だけでなく a2 も所有している場合の方が，a2 と a1 が別々に所有されている場合に比べて，W は大きな投資インセンティブを持つ．一方，a1 と a2 が独立であり，M1 の人的資本が重要ではなく，M2 の人的資本が重要である場合には，W の投資インセンティブは，M2 が a2 を所有したときにより強くなる（なぜなら，W は，投資が生み出す利益について，M1 と M2 の両者と交渉しなければならないわけではなく，M2 とだけ交渉すればよいからである．詳しくは，Hart and Moore [1990] を参照されたい）．

このように，ここであげた例は，強く補完的な資産は一緒に所有されるべきであるという，命題 2(D) の説明力をも裏付けている．実際この例は，「強い補完性を示す資産を持つものに資産所有権を集中させることの利益は，従業員のインセンティブを改善させることにもある」という効果を新たにつけ加えており，命題 2(D) をより強固にしている．

最後に，この例は第 1 節で示した権限についての説明を理解するためにも有用である．M1 の人的資本が不可欠であるとすれば，W の投資が利益を生むためには M1 が必要であるという意味において，W の投資は M1 に対して特殊的であることになる．この例は，W の雇用者が誰かということが重要な要因となることを示している．すなわち，W は，M1 が W の雇用者であるとき（W が仕事するための資産 a2 を M1 が所有しているとき）に，M2 が W の雇用者であるときに比べて，M1 に特殊的な投資を行いやすい．このように，ここで示した例は，非人的資産への支配が人的資産に対する権限の成立にどのように結びつくか，そして従業員が上司の利益になるような行動をとったり投資を行ったりする傾向が，どのようにもたらされるのかを示しているのである．

3 権限委譲およびその他の中間的所有権形態

　第2章で展開した理論は，所有者支配の非公開企業に最も直接的に適用できる．ここで，所有者支配とは資産を所有するものが資産に対する残余コントロール権を行使する状態という意味で用いている．現実には，企業を所有しているものは，とくに大企業の場合には，日々の運営に直接たずさわることはできず，パワーを取締役会や経営者たちに委譲している場合がほとんどである．この権限委譲においては，利害の衝突をきたす可能性があり，第6章から第8章の分析の対象となる．とくに，経営者には，経営者固有の論理に基づいて，利益にそれほど結びつくわけではない合併を志向する傾向がある．たとえば，経営者は帝国のような大規模会社組織の構築を目指すかもしれない．したがってときには，（当該企業にとって）企業価値を増大することのないような合併が促進されることがある．

　所有者支配の企業と大企業の場合とには重大な差があるとはいっても，所有権アプローチによる考察は，変わることなく有効である．大企業においても，企業体が非人的資産によって構築されていると見なす考え方は，それなりに有用性がある．また，合併を，残余コントロール権の移転という観点から分析するのも有用である．合併の前には，残余コントロール権の一部は買収企業の取締役会に，残りの一部も被買収企業の取締役会に委譲されている．合併の後では，（買収当初は）すべての残余コントロール権が買収する側の企業の取締役会に委譲されることになる．第2章のモデルを株式公開企業の場合へ拡張するのは，将来の課題として興味深い．

　株式公開企業の株主がパワーを取締役会か経営者に委譲するように，トップ経営者もそのパワーをより下部の管理職に委譲し，その管理職もそのまた下部の管理職にパワーを委譲し，順に下位にパワーが委譲されていく．完備契約が可能な状況下で，こうしたパワー委譲の過程に意味を持たせるのは難しい．なぜなら，権限の概念でさえ定義することが難しいからである．すべての行為を契約に明記できるとした場合に，何者かに対し何らかの行為ない

しは意思決定について「責任を委ねる」ということは,はたして意味を持つのだろうか.このように,不完備契約の枠組みにおいてこそ,権限という概念についての分析が可能となるのである.

不完備契約の立場から権限を分析した興味深い最近の論文に,Aghion and Tirole [1995] がある.彼らは,実質的権限と形式的(法的)権威とを区別した[11].より優れた情報を持っているものの提案には,法的にパワーを持っているものも,すなわち所有者も従わざるをえない.そのため,優れた情報を保有するものは,法的にはパワーを持っていない場合でさえも,パワーを有効に行使しうると論じられている.実際,情報の非対称性をあえて**取り込む**ことによって下位管理職もパワーを行使することができ,そのため関係特殊的投資を行うようになり,ひいては所有者の利益になるのである.このような措置をとるうえでのコストは,下位管理職がときには所有者の利益に反する行動をとりうることである.Aghion and Tirole は,情報の獲得および企業内でのコントロールの対象範囲についての理論を形成するために,この考え方を用いた[12].

---

11) 社会学と組織行動論においてもすでにこの区別が行われている.Weber [1968] p.215 と Barnard [1938] pp.164-5 を参照せよ.

12) 権限ないしはコントロール権が委譲される状態は,コントロール権のない状態(従業員の場合)と完全なコントロール権を持つ状態(所有者の場合)との中間の形態として考えられる.他の中間的コントロール権形態ないしは所有形態も存在する.企業 A が企業 B を買収し,完全な所有権を持つ子会社にしてしまう場合には,しばしば企業 B の経営者は,企業 A が企業 B を吸収合併してしまう場合に比べて,より大きなコントロール権と権限(独立性)を持つことがあるとされる.同様に,企業 A が企業 B と長期契約をとりかわし,企業 B が企業 A から一定の資産を賃貸するか一定期間リースする場合(たぶん他の資産は自分で所有しているであろうが),企業 B の経営者は企業 A の従業員である場合に比べてより大きな権限を持つだろう.ただし自らが所有者である場合に比べると,権限は小さいだろう.とくに,企業 B の経営者は企業 A からリースした資産について,物的な変更を加えるということまではできないとしても,誰が使用するかを決定することができる(資産のうちあるものは,企業のブランド名であり,フランチャイズに近い形態をとるものであるかもしれない).概して,中間的な所有権形態は所有権アプローチによって分析されてきたことはないが,将来の研究課題として興味深いトピックである.研究のこの方向への発展として,(企業内の U 型および M 型の構造を比較した) Holmstrom and Tirole [1991] および Burkart *et al.* [1994] を

4　残余コントロール権と残余所得

ここまでは，所有権と残余コントロール権の関連を強調してきた．しかしながら，所有権を持つことの本質は，資産に帰属する残余所得に対する権利を与えられることにあると，よく論じられる．ここでは，これら2つの概念の関係を考えよう．

残余所得という概念について議論するとき問題となるのは，ほとんどの状況において，概念がきちんと定義されていないということである．たとえば，2人の当事者が利益分割を協議することになり，π が総利益を表すとして，当事者 A が $\log(\pi+1)$ を，当事者 B が $\pi - \log(\pi+1)$ を獲得すると考える．このとき，残余所得（ないしは残余利益）請求権を持つのはどちらだろうか．両者とも残余所得請求権を持っているというのが，この問いに対する答えである．利益額が立証可能であれば（もし利益額が立証不能であれば残余所得自体がどのように分配されているかも明らかでなくなる），利益シェアリング契約を結んだとしてもそれほど費用がかかるわけではない．そうだとすれば，残余所得は厳密に定義されて理論的分析の対象となりうる概念とは言えないというのが結論である（このことについてさらなる議論は，Hart [1988] を参照せよ）[13]．

現実には，複雑な利益シェアリング協約はしばしば明記されないままとなり，ある当事者（ないしは当事者のグループ）が，特定の資産に対して残余請求権を持っていると見なされうる．ここで1つ疑問が生じる．この当事者は残余コントロール権も同時に持つことになるのだろうか？　必ずしもそうではないというのが答えである．すなわち，残余所得請求権と残余コントロー

参照せよ．

[13]　残余コントロール権の定義について同様の困難が生じることはない．残余所得請求権が分割可能であるのに対して，残余コントロール権は分割可能ではないからである．たとえば，今2人の当事者がおり，資産が1つあるとする．このとき，どちらかの当事者が残余コントロール権を持つと仮定するのは合理的である．一方，残余コントロール権の80％を当事者 A に20％を当事者 B に分配するのは，不可能ではないにしても困難である（ただし，より柔軟な所有権措置についての議論が可能である．第4章を参照せよ）．

ル権とは1対1に対応しているわけではない．その1つの例は，株式が公開されているが，株式にはいくつかのクラスがあり，それぞれに異なった議決権が付与されている場合である（したがって，投資家ごとに所得請求権とコントロール権との比率が異なっている）．このような措置は米国や英国では希であるが，他の多くの国においては珍しくはない．2つ目の例は，ジョイント・ベンチャーに見られる．しばしば2人の当事者たちはコントロール権を50対50に分割するが，利益の分割は必ずしも均等ではない．3つ目の例は，経営者と従業員が，利益を基準としたインセンティブ・スキーム，ないしはボーナス制度を導入している場合である．このような場合，ある意味で従業員は残余所得請求権を持っているに等しいが，議決権を持つことはない．

以上の例はどれも程度の差はあっても特殊な例である．そこで，以下ではなぜ多くの場合に，残余コントロール権を持つ主体が，十分な残余所得請求権を持つことになっているのか，すなわちなぜ残余コントロール権と残余所得請求権とが同時に観察されることが多いのかを，理論的に説明しよう．

第1に，もし残余所得と残余コントロール権とが別々に与えられると，ホールドアップ問題が発生してしまう．$M1$ が資産 $a1$ に対するコントロール権を持ち，$M2$ が残余所得請求権のほとんどを持っているとしよう（所得は立証可能であるとする）．このとき，$M1$ は，資産 $a1$ について，利益をもたらすような，新規の活用方法を考案開発するインセンティブをほとんど持たない．なぜなら，追加的利益のほとんどは $M2$ に帰属してしまうからである．同様に，$M2$ も，資産 $a1$ の利用について，より効率的な方法を考案開発するインセンティブをほとんど持たない．この場合には，アイデアを実現する権利を $M1$ と交渉しなければならないからである．コントロール権と所得請求権は高度に補完的であると言ってもよく，命題2(D)に従うと，同一の主体に帰属させることが合理的な措置となるのである[14]．

第2に，ある状況の下では，何らかの資産について，そのすべての収益の流

---

[14] この例は，Boycko *et al.* [1995] 第2章によっている．

れを計測すること（ないしは立証すること）が可能であるわけではないということがある[15]．たとえば，収益が2つの部分からなると考えよう．すなわち，現在の事業により「短期」の所得が，資産価値の変化によって「長期」の所得が発生するものとする．おそらくは，（ほとんどの）長期所得はコントロール権を持つ主体に帰属することになる．たぶん，この理由は，コントロール権を持つものが，その資産をいつ売却するかを決定できるからであり，またそもそも売却するかどうかさえも決定できるからである．ここで，前者の利益，すなわち短期の所得が，資産を使用する従業員に「強い (high powered)」インセンティブ契約の一部として，分与されたとしよう（従業員自身がコントロール権を有することはない）．そうなると，従業員は資産の長期価値の保持に配慮せず，その時点での産出を最大化しようとするだろう．たとえば資産の修理を怠るかもしれないし，資産を酷使し減耗にまかせてしまうかもしれないなどである．もたらされる結果は，すこぶる非効率なものであろう．従業員には「弱い (low powered)」インセンティブを与えて，短期の所得請求権をコントロール権と組み合わせる方向を選んだ方が適切かもしれない．そうすれば，その従業員はそれほど一所懸命に働くということはないにしても，少なくとも，現在の産出水準の増大を図るために費やす労働時間と，資産の再販売価格を引き上げるために使う労働時間とを，バランスさせることを受け入れようとするだろう[16]．

　第3に，残余所得請求権と残余コントロール権とを区別することが**可能でさえない**事例があるかもしれない．あるユニットを製造している生産者Aを考える．Aは，このユニットの製造によって生み出される将来の利益すべてをBに委譲するという契約を，事前的にBと結んでいるとする．このとき，契約の内容いかんにかかわらず，Aは所有者としての事後的なパワーを用い

---

15) 以下の説明は Holmstrom and Milgrom [1991] [1994] による．
16) Holmstrom and Milgrom [1994] はこの考え方を拡張し，従業員にはなぜ限られた所有権と弱いインセンティブしか与えられないだけでなく，なぜ従業員の行動が誰かの直接的な支配の下にあるのかということを説明した．

て，ユニットの製造から発生する利益のかなりの部分を獲得することができる．たとえば，Bが利益の分配において大きく譲歩するまで，Aがユニットの販売を拒絶すれば，この目的を実現できる[17]．Aがユニットを正価で販売する代わりに，何らかの方法でAに補償させることも可能である．たとえば，ユニットを購入するためには，買い手は他の何かをAから高額で買い入れなければならない場合が考えられる．どちらの場合にも，残余コントロール権を持っているというだけの理由で，ユニットの販売利益のほとんどを受け取ることができる[18]．

第8章において，なぜ残余所得請求権と残余コントロール権とが組み合わされることが多いのかについて，また他の説明を与える．そこでは，残余所得請求権を残余コントロール権から切り離してしまうと，企業コントロール権の市場取引が非効率となってしまうことが示される．もう少し説明しておこう．この切り離しが可能であるとする．すなわち1株1票の原則から逸脱してしまうとする．このとき，買収競争において，企業総価値を下げてしまうが私的利益を大きく獲得する経営者のチームが，企業価値を全体として高めるが私的利益は大きくない経営者チームに，勝つことができるようになってしまうのである．

同一企業内で行われる利益のシェアリングの方が，企業間で行われる利益のシェアリングより容易であるという考え方がある．第1章ではこの考え方について簡単に説明した．そのとき，この命題がしばしば，とくに産業組織論の文献において仮定されていると述べた．以上の考察の結果は，この考え方を理解することにもつながる．完備契約を考えるかぎり，この命題が有効

---

[17] しかしながら，このような脅しに信憑性があるかどうかについては疑問が残るかもしれない．

[18] Williamson [1985] において，企業の所有者は会計制度を操作することによって，利益を自分のものにしてしまうことが可能であると論じられている．これは，同じ文脈によっている．Williamson は企業の中でのインセンティブ・スキームはなぜ弱く，企業間におけるインセンティブ・スキームはなぜ強いのかを説明するために，この考え方を用いている．

とはならないと思われる．なぜなら，独立した企業どうしは，利益のシェアリング契約を，結ぼうと思えば常に結ぶことができ，問題は発生しないからである．しかしながら，不完備契約の下では，残余コントロール権を持つものがパワーを用いて利益を誘導できるので，コントロール権を持つものが企業利益を受け取る傾向があることになる．その結果，企業Aが企業Bを買収していれば，企業Aの所有権を持つ経営者が，企業Aと企業Bの利益の両方を獲得する．その場合には，利益のシェアリングが可能となる．それに対して，企業が互いに独立のままであるとすれば，企業Bの利益はBの所有権を持つ経営者が操作し獲得できる．この場合，利益のシェアリングについてあらかじめどのような合意が形成されていたとしても，実際にはそのようなシェアリングは実現されないであろう．

5　評判の効果

ここまでは，評判の効果について触れなかった．通常，本書で機会主義的行動とされている問題の多くは，評判の機能によって解決されると考えられている．したがって，評判を除外してきたことは本書の限界ともなってしまう．たとえば，第2章で用いた静的モデルを無限回繰り返されるように拡張すれば，利子率が高すぎないかぎり，ファースト・ベストが実現される．1つの方法としては，事前に協力の合意をとっておけばよい．そうすれば，もしどちらかがその合意に背いた場合，相手はそれ以降の取引を拒絶するというのが脅しになって，その状態を保持することができる[19]．

評判という概念が重要であることは明らかであるにもかかわらず，ここまで脇に置いてきたのには2つの理由がある．第1に，第1章で議論したように，ファースト・ベストの達成のみを考えるかぎり，最適な状態の達成が，組織形態に依存しなくなってしまうので企業という概念について議論する意味

---

[19]　これはゲーム理論においてよく知られている結論である．たとえばFudenberg and Tirole [1991] 第5章を参照せよ．

がなくなってしまうからである．このように，企業の理論を展開するためには，ファースト・ベストの実現が保証されない状況，すなわち評判の力がそれほど強くはなく，機会主義的行動の問題をぬぐいさるには十分でない状況について，分析しなければならない．それゆえ，最初の段階としては，第2章で説明した，評判の役割をまったく考えていない静的モデルを考察することに意味があるように思えたのである．

第2に，たとえ無限に繰り返される関係を考えたとしても，これまで説明されてきたような機会主義的行動の問題をすべて解消できるかどうかは，明らかではないからである．取引は繰り返されるとしても，関係特殊的な投資はただ1度だけ実行されると仮定する方が適切な場合もある．そのような場合，協約不履行があると関係が断絶されてしまうとしても，協約を破棄することによる利益がかなりの大きさとなることを意味する．問題は，協約を破棄した主体が，取引相手の特殊的投資を楯にとって収奪を行い，一時限りの大きな利益を獲得することにある．このように，モデルが繰り返しゲームとなったとしても，静的モデルに似た形で機会主義的行動に起因する問題が発生しうるのである[20]．

このような注釈が必要であるとしても，組織形態に対して評判が及ぼしている効果一般は，魅力的なほど面白いことには疑いない．この分野についての最近の分析に，Halonen [1994] がある（Garvey [1991]も参照されたい）．Halonenは第2章の静的なモデルを無限に繰り返す状況に拡張し，関係特殊的投資が毎期行われる場合を考察した．その結果，パラメータが一定の範囲内の値をとるときには，繰り返しゲームであることによって資産の共同所有が最適となることを発見した（共同所有が第2節の静的なモデルにおいて最適となることはない）．理由は，共同所有の下でホールドアップの効果を最大にすることによって，協力関係が破れたときの両者の利益を最小化し，協力

---

[20] より正確に述べるなら，協力解を得るためには利子率が非常に低いという条件が必要になる．このような状況についての理論的分析については，Thomas and Worrall [1994] を参照せよ．

関係を保持しやすくできることにある．それに対して，パラメータの値が他の領域にあるときには，静的なモデルにおける基本的な結論がそのまま有効であることが確認できる．すなわち，非統合ないしは（どちらかの形の）統合が最適となる．しかしながら，繰り返しが存在する場合には，静的な関係の場合に比べて，統合が最適となる可能性が少なくなる．

6 物的資本への投資

第2章のモデルにおいては，すべての投資は人的資本への投資であると仮定していた．この設定は，M1 が i だけ投資をすれば，a1 と a2 を用いて操業することによって $R(i)$ だけの利益をあげることができるが，これが可能となるのは M1 が取引に関わる場合だけであるということを意味している．実質的には，M1 は，他者に譲り渡すことができない資産特殊的な技能を獲得しているのと同等である．

投資の効果は，投資を実行する主体個人に形成される人的資本としてのみ，体化されるだけではない．現実には多くの場合，少なくとも部分的には，何らかの物的資本としても，投資の効果が体化される．所有権アプローチの主な理論は，投資が物的資本の形で体化される場合にも拡張することが可能である．しかし，細かい部分ではいくらか修正が必要となる．とくに，厳密に補完的な資産は同一の所有にあるべきである，ないしは資産の共有が最適となることはないという命題は，もはやそれほど明らかではなくなる．

この点について説明をしておこう．**単一の資産** a* があり，M1 と M2 という2人の主体が存在する．これらの主体は，それぞれ資産の価値を高める機会を持っていると仮定する．単純化のため，投資意思決定は**離散的**であり，投資する，しないの選択しか可能ではないとする．すなわち，M1 は i だけの費用をかければ，a* の価値を R だけ高めることができる．M2 は $\hat{i}$ だけの費用をかければ，a* の価値を $\hat{R}$ だけ高めることができる（第2章と同様，資産価値の増大と投資支出は観察可能であるが立証可能ではないとする）．それぞれ

の投資は，物的資本として完全に体化されると仮定する．すなわち，いったん投資が実行されてしまえば，価値増大を実現するためには，M1 も M2 も必要ではない．さらに，$R>i$ および $\hat{R}>\hat{i}$ を仮定し，ファースト・ベストでは，どちらの投資も実行されるべき状態を想定する[21]．

ここで，M1 が a* を所有しているセカンド・ベスト（すなわち，M1 が資産 a* のすべての価値を獲得することができる）を考える．このとき，M1 は必ず投資を行う．なぜなら，M1 は R という価値の増大をすべて自分で確保できるからである．一方，M2 は投資を行わない．なぜなら，価値の増大分はすべて M1 に帰属してしまい，自分は何も受け取らないからである（いったん M2 が投資をしてしまえば，M1 はもはや M2 を必要としない）．この逆に，M2 が a* を所有する場合も同様である．すなわち，M2 が投資する一方で，M1 は投資をしない．

この場合，共同所有が事態の改善をもたらす．共同所有の下では，資産の使用に対して M1 も M2 もどちらも拒否権を持ち，ナッシュ交渉の下で価値の増大分はすべて 50 対 50 に分配される（なぜなら，たとえば販売の実現など，価値の増大を実現するための行為には，両者の合意が必要であるからである）．したがって，M1 と M2 が両者とも投資をするための必要十分条件は，

$1/2 R \geq i,$
$1/2 \hat{R} \geq \hat{i}$

である．もし R と $\hat{R}$ が大きければ，これらの不等式も成立し，共同所有は単一主体による所有に比べ，より効率的な状態をもたらす．

同じような例を考えることにより，厳密に補完的な資産も，別々に所有さ

---

[21] 投資が物的資本へ体化されるとしているが，この設定の下でも，投資それ自体が必ずしも物的である必要はない．投資は，第 0 日における，M1 と M2 の努力であり，この努力によって a* がより収益的になるのかもしれない（たとえば，a* の産出物市場を拡大するための努力など）．第 2 章との違いは，第 1 日になると，M1 ないしは M2 の助けを借りなくとも，価値の増大 R ないしは $\hat{R}$ を実現できるところにある．

れた方が望ましいことがあるということを説明できる．しかしながら，一言注意を喚起しておかなければならない．各主体に物的資本への投資を促すためには，共同所有以外にも方法があるということである．上記の例について考えると，M1 と M2 がそれぞれ 2 分の 1 の確率で a* を所有するという**確率的**所有構造によっても同じ帰結がもたらされる[22]（同様に，補完的な資産を別々に所有する代わりに，補完的な資産を結合させて総合的資産を形成して，共同所有や確率的所有を導入することも選択肢となる）．現在の段階では，複数の資産があり複数の主体が関与する場合に，共同所有と確率的所有のどちらが相対的に優れているかについて，一般的にはあまりよく分かっていない．したがって，以上の説明によって，現実の共同所有がうまく説明されているのかどうかも，それほど明らかであるわけではない（たとえば，ジョイント・ベンチャーでは，しばしば，立ち上げに参加した企業間で対等の割合で共同所有されるという事実をどう説明するかなど）[23]．

7 資産の形成

第 2 章では資産は既存の資産として考えているが，その分析は，資産が建設されなければならない場合にも拡張できる．ここで，2 つの状況を区別して考える．第 1 の状況は，建設費用が立証可能な場合である．たとえば，資

---

[22] しかしながら，当事者たちがリスク回避的であるとすると，確率的所有に比べて共同所有の方がより好ましいだろう．

[23] この節でも引き続いて，投資 i と $\hat{i}$ は移転可能ではないと仮定している．すなわち，M1 は投資 i を行わねばならず，M2 は投資 $\hat{i}$ を行わねばならない．しかしながら，物的投資においては，特定の個人に対して特殊的であるわけではない例も数多くある．たとえば，第 1 型の統合の下で M1 は投資 i だけではなく投資 $\hat{i}$ も実行できるかもしれない（たとえば，M1 は「a2」工場内に新しい機械を装備するかもしれないし，「a2」工場に増設を試みるかもしれない）．この場合には，所有権は誰が投資を行う**権利**を持っているかを決定するので，やはり重要である（非統合の下では，M2 の許可がないかぎり，M1 は投資 $\hat{i}$ を実行できないだろう）．権利の配分は，この場合，事後的な利益の分配に影響を与え，さらに関係特殊的投資を行う事前的なインセンティブにさかのぼってまた影響を及ぼす．このように，所有権の配分は，第 2 章で適用されたのと同じ要因によって決定されることになる．

産は（立証可能な）価格 P で，製造業者から購入されると考える．この条件の下では，所有権についての意思決定は，建設についての意思決定から分離することができる．このことを確認するために，建設の必要性がないとしたときに第2章のモデルを適用すると，M1 が a1 を所有することが最適であるという結論が得られたとしよう．このとき，たとえ建設の必要があったとしても，M1 が a1 を所有することがやはり最適となる．ただ，唯一，建設の費用をどのように M1 と M2 とで分担すべきかという問題が残る．この費用分担は，資産 a1 の存在によって誰がより得をするかということと，第0日における M1 と M2 の相対的な交渉力に依存する．たとえば，もし M1 が a1 を使って大きな利益をあげるようなことがあれば，M1 が P のほとんどを支払うことになるだろう．またたとえば，M2 が M1 をホールドアップする力を持つなど，特定の経済的関係を用いて，M2 が大きな利益をあげられるようなことがあれば，M2 が P のほとんどを支払うことになるだろう．

第2の状況は，建設費用それ自体が立証困難な場合である．この状況では，建設という行為は，第6節で分析した物的資本への投資とよく似ている．とくに，これら建設費用は立証できないことを理由として，分担することすらできない（もし私が，建設費用の半分を分担することに合意するとしたら，あなたは私の分担分を使って「望ましくない」建設を行ってしまうかもしれない）．こう考えると，所有権と建設の意思決定は互いに関連するということになる．すなわち，私が資産を所有することになるのなら，私が建設することが合理的である．なぜなら，あなたが建設するということであれば，竣工段階で私はあなたをホールドアップするかもしれないのである．

8　統合・情報の伝達・協力

第1章で述べたように，一連の行為を1つの企業内で行うことの利益は，情報の交換が容易であり，各当事者が協力しやすいことにあると説明されることがある．実際，一部の文献では，企業内で情報の非対称性が解消されるこ

とを，統合としてとらえている[24]．

　不完備契約アプローチによって，この種の考え方に基礎を与えることができる．第1に，第2節で考えたように，雇用者が従業員に対して行使できる影響力は，ある請負業者が他の請負業者に対して行使できる影響力よりも強い．なぜなら，雇用者は，従業員が生産的であるために必要な資産を所有しているからである．この考え方を情報の伝達の場合に応用してみると，従業員に雇用者が必要としている情報を提供させるインセンティブを十分に持たすことができるのはどういう場合であるかが分かる．それは，自分は信頼できるという評判を従業員が雇用者に対して確立し，雇用者にとっての将来価値を引き上げることができる（さらにそれによって賃金を引き上げることも可能となる）場合だけである．

　第2に，第4節で示したように，従業員は残余コントロール権を持たないので，従業員の企業内でのインセンティブは弱い傾向があるということがある．このために，従業員にとって一所懸命に働いたり，よいアイディアを考案するインセンティブが抑制されるという問題が生じる．なぜなら，そのような行動をとってもそれらの行動から発生する利益を受け取ることがないからである．しかし，まさにこの理由のため，協力を行うことは容易であるかもしれない．すなわち，ある者が弱いインセンティブしか与えられていないとしても，たとえば同僚の従業員が顧客への販売を増加できるよう喜んで手伝ったり，ないしはそのような販売が可能となるような情報を提供したりするかもしれない．なぜなら，そうしたとしてもほとんど失うものがないからである．これに対して，誰かに強いインセンティブが与えられていたとすると，その者は同僚の従業員を手助けしないかもしれない．なぜなら，できたら自分の販売実績としたいと思うからである[25]．

　しかしながら，これらの効果はそれぞれ別の作用も持っている．ある場合には，従業員は独立の請負業者に比べても，情報をあまり伝達しようとしない

---

24) Arrow [1975], Riordan [1990], Schmidt [1990] を参照せよ．Cremer [1994] では，情報の流れは統合の有無によって内生的に影響される．

かもしれない．従業員にはコントロール権がないので，雇用者は従業員に不利益な形で情報を用いてしまうかもしれないからである（Aghion and Tirole [1995] を参照せよ）．同様に，2人の従業員がいるが，2人のうち1人しか昇進できず，雇用者が残余コントロール権の所有者としてどちらが昇進すべきかを決定することができる場合には，互いに協力をせず競争してしまうこともある（似た現象について Milgrom [1988] を参照せよ）．

このように，情報を開示したり協力をしたりするインセンティブが，統合によって促進されると断定することはできない．単にインセンティブに**変化**が生じるとした方が，より正確である．

---

25) Williamson [1985] 第6章では，統合の利益は従業員が弱いインセンティブを与えられることにあり，それによって協力が促進されると強調されている．完備契約の枠組みの下でのインセンティブと協力との関係についての分析は，Laffont and Tirole [1993] 第4章，Holmstrom and Milgrom [1990], Itoh [1991], Lazear [1989] を参照せよ．

第4章　不完備契約モデルの基礎に関して

　本章では，第2章で用いた不完備契約モデルの基礎について論じる．ここでの議論は，経済学の方法に厳密に則っているわけではないし，モデルについて厳密な基礎付けを与えようと試みているわけではない．残念だが，この段階では非常に困難である．代わりに，契約が不完備であることによる問題を自然な形でうまく対処する方法はないのか，そしてなぜ多くの場合にそのような方法がうまく働かないのかを，説明しようと思う．同じ種類の問題について，いくつかより厳密な方法で扱った興味深い論文としては，最近刊行された Segal [1995] があるので参照されたい[1]．

　この章は3つの部分によって構成されている．最初に，ホールドアップ問題がより詳細に検討される[2]．次に，第2章で展開した分析に比べて，より一般的な資産所有権構造について分析される．最後に，企業の所有権理論においてホールドアップ問題がいかに重要であるかを考察する．

---

[1]　現在の不完備契約理論を要約し，議論している卓越した論文として Tirole [1994] もある．この章の内容を補完するものとなっている．
[2]　Grout [1984] において，ホールドアップ問題が最初に定式化されている．

1 ホールドアップ問題に関して

第2章においては,当事者たちは長期契約を結ぶことができないという仮定の下に,ホールドアップ問題の存在を立証した.本節ではこの仮定について再論する[3]).

投資決定に関する問題を,より単純に片方の投資だけに着目して考えてみる.第1日にM1はM2に1つのユニットを要求すると考える.このユニットにより,M1が(第0日に)iの投資を事前的に実行した場合には,$R(i)$だけの粗利益がもたらされる.M2の供給コストはC^*(定数)である.第1日に,M1には代替的な供給者はおらず,M2にも代替的な購入者はいない(したがって,$r \equiv 0$であり,$c \equiv \infty$である).$R(0) > C^*$,$R'(0) > 2$,$R'(\infty) < 1$,さらにすべてのiについて$R'(i) > 0$,$R''(i) < 0$を仮定する(このうち最初の仮定は,取引が成立すれば常に利益が発生することを意味している).さらに,両当事者ともリスク中立的であり,利子率は0であると仮定する.資産の所有権は無視する.時間の経過は図4-1に与えられる.

第2章で考察したケースから始める.すなわち,当事者たちが第0日に長期契約を結ぶことはない.その代わり,当事者たちは第1日が来た時点でユニットの仕様と価格について交渉する.ナッシュ交渉解を仮定し,当事者たちは事後的な利益を50対50に分配する.ユニットの価格は,

$$p = {}^1\!/_2 R(i) + {}^1\!/_2 C^* \tag{4.1}$$

---

[3]) より基礎的な原理に基づいて契約の不完備性を導き出した論文がいくつかある.ただし,それらは必ずしもホールドアップ問題を直接に論じているわけではない.Allen and Gale [1992], Bernheim and Whinston [1995], Spier [1992] 等を参照せよ.最近の研究 Anderlini and Felli [1994] では,契約が強制執行可能であるためには**定形的** (formal) でなければならないという仮定に基づいて,契約の不完備性を導き出した.この場合には,定形性とは,それぞれの状態と対応する帰結との関係が「一般再帰的 (general recursive)」であるか,ないしは同様の意味であるが,チューリング・マシンで計算可能でなければならないことを意味している.Anderlini and Felli の方法はここで説明する方法よりはるかに一般的である.しかし,ホールドアップ問題を直接に扱っているわけではない.

第4章 不完備契約モデルの基礎に関して　99

図 4-1

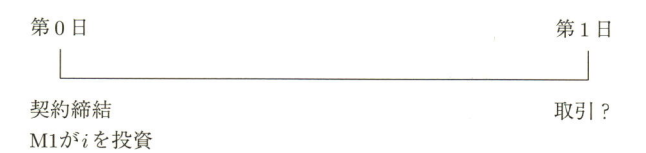

```
第 0 日                                              第 1 日
  |--------------------------------------------------|
契約締結                                              取引？
M1 が i を投資
```

となり，M1 の純利益は，

$$1/2 R(i) - 1/2 C^* - i \tag{4.2}$$

となる．第 0 日に，M1 は式 (4.2) の値を最大化するように i を選択する．この最大化問題の 1 階の条件は，

$$1/2 R'(\hat{i}) = 1 \tag{4.3}$$

である．一方，総（純）利益 $R(i) - i - C^*$ を最大にするのが i についてファースト・ベストの選択であり，条件は

$$R'(i^*) = 1 \tag{4.4}$$

である．明らかに $\hat{i} < i^*$ である．すなわち，長期契約が有効でないと M1 の投資が過小になってしまう．

問題は，当事者たちは第 0 日にホールドアップ問題を解決するような契約を結ぶことが可能かどうかにある．2 つの単純なケースについて，この答えは可である．

ケース 1. ユニットの仕様を事前に指定できる場合

この条件の下では，M1 と M2 は，成果に依存する形で，特定の契約を容易に締結することができる．その契約では，M2 は第 1 日に（契約に明記された）適切な仕様のユニットを，所定の価格 p^* で M1 に供給せねばならないと指定している．ここで，p^* は C^* と $R(i^*) - i^*$ の間の値をとるように選択される．さらに，M2 が契約を履行できなかった場合，多額の賠償金を払わ

ねばならない（両当事者とも，裕福であるという仮定を思い出してほしい）．このような契約の下では，M1 の純利益は，

$$R(i) - p^* - i \tag{4.5}$$

であり，M1 はこの値を最大化する $i = i^*$ を選択する．

ケース2．投資が立証可能な場合

第2の可能性は，両当事者が第1日に供給されるユニットについてではなく，第0日の M1 による投資について契約を交わす場合である．そのような契約をわざわざ取り交わさなければ，なぜ M1 が投資を行わないのかというと，利益増分のうち50％が M2 に帰属してしまうからである．M2 は M1 の投資費用を分担することによって，これを補償することができる．すなわち，M1 が i^* だけの投資を行うことの代償として，M2 は M1 に $i^* - \frac{1}{2}R(i^*) + \frac{1}{2}C^*$ と $\frac{1}{2}R(i^*) - \frac{1}{2}C^*$ の間の何らかの金額を支払うとする契約を，M1 と M2 が結べばよい（もし M1 が i^* だけの投資を行わなかった場合には，多額の違反金を支払うことになる）．この費用分担措置によって，M1 は少なくとも投資に関して損失を被ることはない．そこで，この場合にもやはりファースト・ベストが実現される．

ケース1，ケース2ともに，2つの理由により，強い制約条件の下ではじめて成り立つにすぎないと考えなければならない．第1に，現実には M1 が必要とする投入財の仕様と品質を前もって特定することは困難であろう．なぜなら，投入財の特性が，第0日と第1日との間に生じるさまざまな要因に影響されてしまうからである（以下を参照せよ）[4]．第2に，契約において，M1 の投資義務を，不明瞭な点を残さずに特定することは難しいだろう．すなわ

---

4) M1 が必要とする投入財の**数量**を前もって特定することも，やはり困難であろう．同様に，第0日と第1日との間に起こるさまざまな要因に影響されてしまうからである．著者はここでは数量特定の問題には触れない．しかしながらこの問題について，Aghion et al. [1994b], Chung [1991], Hart and Moore [1988], Noldeke and Schmidt [1995] が参考となる．

ち，M1 が遂行すると想定されている投資を記述すること自体が難しいかもしれない．投資は多次元にわたり，（物的資産への）金銭の投入ばかりでなく，時間と努力の投入を含んでいる可能性がある（たとえば熟練技能の習得を考えよ）．こうしたことを考えてみるかぎり，法廷において，M1 が契約上の義務を履行したかどうかを判断するのはきわめて難しい．たとえすべての支出が金銭的支出であったとしても，法廷が M1 の支出を確認できるとは限らないことに注意しなければならない．M1 は資金を不適切な形で支出しているのかもしれないからである．

M2 が M1 に対して第 0 日に支払いさえすれば，M1 が最適に投資してくれるだろうと**期待**することもまたできないことに，注意しなければならない．固定された額の支払いは，M1 の投資インセンティブに影響することはない．すなわち，(4.1) および (4.2) の下で，M1 は支払いを受けながら，$i = \hat{i}$ を選択することになる．

ここで，ユニットの仕様を前もって特定することはできないという考え方を，（部分的にではあるが）定式してみよう．等しい確率で起こる状況が非常に数多く存在し，この数を S とする．M1 は，これも数多い仕様のユニットのうちから，それぞれの状況に対して異なる仕様のユニットを必要とする．仕様が相違すると，M1 には役立たない．すなわち，ユニット s は状況 s の下で $R(i)$ を生み出す一方，ユニット t は $t \neq s$ となる状況 s の下では何ものも生み出すことはない[5]．加えて，それぞれのユニットの生産費用は C^* である[6]．

当事者たちにとって，条件付き契約を結び，それぞれ生じた状況に応じて，どのような仕様のユニットが供給されるべきかを特定しておくことが理想的である．しかしながら，s 仕様のユニットを特定する簡略した記述様式でもないかぎり，この契約は，次の形の項目が S だけ並んだ一覧となるだろう．

---

[5] したがって，あるユニットが他のユニットに近い等という概念はない．
[6] この分析は直接に一般化することが可能であり，第 0 日には $R(i)$ や C^* が確率変数であり，第 1 日に M1 と M2 が実現値を知ると設定することができる．

すなわち，状況 1 において，以下の特性を持つユニットが 1 個供給される…．状況 2 において，以下の（異なる）特性を持つユニットが 1 個供給される…．等である．もし S が非常に大きく，それぞれの項目を記述するのに費用がかかる場合（単なる紙代かもしれないが），そのような契約を結ぶ費用はあまりに大きく，実現が不可能になってしまうだろう．起こりうる状況のすべてではなく，部分的にだけ何をなすべきかを示すことによって，費用を節約することができるかもしれない．たとえば，最初の 100 項目についてだけ記述しようとすれば，できるかもしれない．しかし，こうした措置にはあまり意味がないことに注意してほしい．なぜなら，もし S が十分に大きくなると 1 つ 1 つの状況が発生する確率はきわめて小さくなるので，それぞれの状況について考慮することに意味がほとんどなくなってしまうからである．

当事者たちが条件付き契約を結ぶことができないからといって，必ずしもファースト・ベストを達成できないというわけではない．次のような契約を考えてみよう．

> 契約 (A)．第 1 日に M1 は必要なユニットの仕様を特定する．もし，M2 が供給に同意するなら，p_1 を受け取る．もし，同意しないなら p_0 を受け取る．

ここで，p_0 はもし取引が成立しなかった場合に，M1 が M2 に支払う金額である．p_0 は正の値をとるかもしれないし，負の値をとるかもしれない（もしくは 0 であるかもしれない）．この値が負の値であった場合には，納品不履行に対する M2 から M1 への損害賠償として解釈できる[7]．

ファースト・ベストは，$p_0 \geq 0$, $p_1 = p_0 + C^*$ と設定することによって達成される．もし，状況 s が生じた場合には，M1 は仕様 s のユニットを依頼す

[7)] 「契約破棄」によって生じた損害の賠償という伝統的な措置は実行可能でないことに注意せよ．こうした措置では，納品を履行しなかったことによって発生した損失を，M2 が M1 に補償することになる．しかし，M1 に発生する損害額は立証可能ではないから賠償もできないのである．

る．M2 にとっては収支が均等する条件なので，ユニットを供給する（p_1 を $p_0 + C^*$ より少しだけ高く設定して，M2 が必ず供給しようとするようにしておいてもよい）．M1 の利得は $R(i) - C^* - i - p_0$ である．この値は，$i = i^*$ において最大化される．

ホールドアップ問題の解として，この解には，その有効性が手続きの時間的進行の設定に大きく依存してしまうという問題がある[8]．生産が実行される直前に M1 の要求が M2 に届けば，契約 (A) は有効に働く．しかしながら，M2 が M1 からユニットの要求を受け取っていながら，生産が実行されるまでに時間の余裕がある場合を考えてみよう．このとき，M2 は M1 の要求を拒否し，同じユニットをより有利な条件で供給できるよう再交渉することができる．この再交渉ゲームが以下のタイミングで進行していくと考えよう．確率 2 分の 1 で，M1 は M2 に条件を提示することができる．M2 はそれを受け入れることもできるし，拒絶することもできる．残りの確率 2 分の 1 で，M2 が M1 に条件を提示することができる．M1 はそれを受け入れることも拒絶することもできる．M1 が条件を提示できる場合には，$p_0 + C^*$ を提案するだろう．一方，M2 が条件提示をする場合には，$p_0 + R(i)$ を提案するだろう．このとき，再交渉において M1 が支払う（期待）価格は，

$$\hat{p}_1 = p_0 + {}^1\!/_2 R(i) + {}^1\!/_2 C^* \tag{4.6}$$

である．ここで，再びホールドアップ問題が発生しているのが分かる．すなわち，M1 の純利益は，

$$R(i) - \hat{p}_1 - i = {}^1\!/_2 R(i) - {}^1\!/_2 C^* - i - p_0 \tag{4.7}$$

であり，この値は $i = \hat{i}$ において最大化される[9]．

式 (4.6) は $p_1 = p_0 + C^*$ を仮定して導かれている．ただ，再交渉が可能な場合には，式 (4.6) が一般に成り立つことを，同様に示すことができる．す

---

[8] ホールドアップ問題の解をより一般的な形で得るために，このタイミングをどう設定するかについては，Hart and Moore [1988] を参照せよ．

なわち, 契約 (A) においてどのような価格 (p_0, p_1) が示されていたとしても, M1 によって現実に支払われる (期待) 価格 $\hat{p}_1$ は, 式 (4.6) によって与えられる. それを示すためには, さらにもう 1 つ仮定が必要である. すなわち, 上述の S 種の「標準」のユニットの他に, 何らかの「金メッキ (gold-plated)」されたユニットがあり, M2 の製造費用はずっと高くなると仮定する (ないしは何らかの理由で M2 には製造できないと考える). さらに, 法廷で「標準」のユニットと「金メッキ」されたユニットとを区別することはできないとする. 式 (4.6) が成り立つことは以下のように証明される. 支払われる価格 $\hat{p}_1$ は $p_0 + 1/2 R(i) + 1/2 C^*$ 未満とはならない. なぜなら, $p_0 + 1/2 R(i) + 1/2 C^*$ 未満の場合には, M2 は M1 の申し出を断り, 再交渉しようとするからである (交渉においては利得が 50 対 50 に分配されると仮定する). また, 支払われる価格 $\hat{p}_1$ は $p_0 + 1/2 R(i) + 1/2 C^*$ より大きくなることもない. なぜなら, もしこの値より大きいとすると, M1 は金メッキされたユニットを要求し, M2 が供給を断るのを待ち, 再交渉すればよいからである[10].

結論として, もし再交渉が可能であれば, 長期契約によってホールドアップ問題を解決することはできない, という命題を得る. 実際, 長期契約の下での投資の均衡水準は, まったく契約が結ばれない場合と同等となる.

再交渉が問題を引き起こすということであるならば, 最初の契約において当事者たちが再交渉しないとコミットする方法はないのかと疑問が生じるのは当然である (コミットできれば, M2 は M1 の申し出を断るインセンティ

---

[9] 読者は, 当初の契約の下で M2 が供給を拒絶するということに信憑性があるのか疑問を持つかもしれない. すなわち, 最後の段階になれば, M2 は譲歩して M1 に供給すると, M1 は考えないのか (とくに, p_1 が $p_0 + C^*$ より少しだけ高い場合には). M2 が取引拒絶という脅しに信憑性を持たせるための方法の 1 つは, 「現在の契約の下で供給を行う場合には, 支払いを受けた金額をすべて返却する」という文書を提出することである (このことによって, 供給が利益を生み出さなくなってしまうのは明らかである). もしくは, 既存契約の下で受領した金額をすべて支払うという合意を第三者と結び, M1 の面前でこの合意書を振りかざすこともできよう.

[10] Segal [1995] もやはり金メッキされたユニットという考え方を使って, 契約の不完備性を定式化している.

ブを持たない).残念ながら,現在の法制度の下では,はたして M1 や M2 がこのコミットを実現できるのか明らかではない.当初の契約において,当事者たちが,もし再交渉する事態になったとしたら,M1 は M2 に 10 億ポンド支払わねばならないと取り決めたとしよう.このときには,再交渉された契約に,この罰則を無効とする条項を記せば何の問題もない(現在の法制度の下では,法廷は当初の契約ではなく,再交渉された契約を執行しようとするだろう).また,もし M1 と M2 が再交渉する事態になったら,第三者に 10 億ポンド支払うと合意したとしても,同じことになる.再交渉された契約において,その第三者は罰金を無効とすることに合意すればよい(いずれにせよ,第三者は,10 億ポンドを受け取ることはできないのだから)[11].

もう 1 つの可能性は,M2 は M1 に自ら申し出をすることはなく,M1 によって示された申し出に受諾の可否を示すことしかできないと,最初の契約で合意することである.実質的に,M2 は契約に関するすべての再交渉において,交渉力を完全に譲り渡すことになる.片方しか投資しない場合には,この措置によってホールドアップ問題が解決されることは明らかである.しかし,どのように執行するかは別の問題である.契約上何が謳ってあったとしても,M2 が M1 と非公式に会合を持って,新しい契約を提示することを止めることはできないだろう.その新契約の中に,M2 が何も語らないという約束を破棄する条項を取り入れておけばよい.このように,M2 は交渉力をいくらかでも取り戻すことは可能なのである.

ここで,ホールドアップ問題について他の解いくつかと,関係する考え方および文献について短く触れておく.

---

[11] 再交渉についてのより進んだ議論については Tirole [1994] を参照せよ.Maskin and Tirole [1995] は,不完備契約が避けられないとき,もし再交渉を排除することができたとしたら,すこぶる一般的な条件の下で,最適な完備契約と同じ帰結に到達できることを示している.

収入シェアリングもしくは費用シェアリング

ここまで，$R(i)$ および C^* は観察可能であるが，立証可能ではないと仮定してきた．実際には，この仮定は結論に影響しない．$R(i)$ および C^* が立証可能であるとしよう．そうなると，M1 による M2 への支払いを，M2 が被る費用ないしは M1 の収入に関連付けるように契約を作成することができる（すなわち，収入シェアリングないしは費用シェアリングが実行可能となる）．しかし，そのような契約をもってしても，ホールドアップ問題を解決することができない．なぜそうなるのかを確認するために，取引が成立しなかった場合に（すなわち，収入も費用も 0 であった場合に）M1 が支払わなければならない価格を p_0 としよう．ここで，取引が成立せず価格 p_0 を支払う状態を「取引不成立帰結 (no-trade outcome)」と呼ぶことにする．どちらの当事者も，再交渉に持ち込もうと意図して，取引不成立帰結に引きずり込むことができる．M2 は M1 の要求を断ることによって取引不成立帰結を実現できる．一方，M1 は M2 には供給できない「金メッキ」されたユニットを要求することによって実現できる．双方とも取引不成立帰結を引き出すことができるため，式 (4.6) を導いた論理がそのまま有効となる．したがって，ホールドアップ問題が残っていることになる．

収入シェアリングにしても費用シェアリングにしても，M1 と M2 のそれぞれは現行の契約の下で取引する**オプション**を持つことになるが，この契約の下で取引を強制することはできないということが，重要な点である．

第三者

ここまで，2 者間の契約に限定してきた．一定の仮定の下では，第三者の存在が助けとなることもある．次の手続きに M1 と M2 が合意したとしよう．まず，第 1 日に要求するユニットの仕様を，M1 が指定する．その後，M1 と M2 は，M1 の要求が適正かどうかについて（すなわち，M1 ははたして M2 がコスト C^* で製造できる「標準」のユニットを要求したのかどうかについて）同時に第三者 T にメッセージを送る．もし，両者とも M1 の要求が適正

であるとしているなら，M2 は M1 にユニットを供給しなければならず，M1 から C^* を受け取ることになる．もしどちらかが適正ではないと答えた場合には，取引は遂行されず M1 と M2 はそれぞれ多額の罰金を T に支払わねばならない．

この契約によってファースト・ベストを達成できることは容易に確認できる (より正確には，ファースト・ベストを達成する「真実告白の (truth-telling)」契約ゲーム均衡が 1 つ存在することになる)．しかしながら，この命題が成立するためには T が正直であることが必要になってしまう．とりわけ，T には M1 と (もしくは M2 と) 共謀する強いインセンティブがある．M2 は，ユニットがたとえ適正であっても適正ではないと主張し，M2 と T とで多額の罰金を山分けにすることができる (たぶん，この目的のためあらかじめ裏契約を用意しておくであろう)．実際，もし (完全に) 共謀することが可能であれば，第三者を導入しても何の益にもならないことを示すのは難しくない．なぜなら，実質的には T は M1 ないしは M2 と統合してしまうことになるから，当事者が 2 人の場合と再び同等となってしまうからである[12]．

メッセージによる投資費用シェアリング

次のようなアイデアはどうだろうか．M1 の投資が立証可能ではないにしても，どの程度の投資が行われたのかについて，M1 と M2 にメッセージを送らせることによって (たとえば互いにとしてもよい)，投資費用のシェアリングを実現できるかもしれない (ここでもやはり第三者の介入は除外する．M1 や M2 と共謀する可能性があるからである)．しかし，この場合もやはりうまくはいかないのである．前述のとおり，交渉の結果，第 1 日におけるユニットの価格は式 (4.6) すなわち，

$$\hat{p}_1 = p_0 + {}^1\!/_2 R(i) + {}^1\!/_2 C^*$$

---

[12] この命題のための予備的な議論としては，Hart and Moore [1988] を参照せよ．共謀についてより一般的には Tirole [1986b] [1992] を参照せよ．

で与えられる．この式は，M1 や M2 のメッセージは p_0 を通してしか効果を持たないことを意味している．すなわち，いったん p_0 が与えられるとメッセージはそれ以上の効果を p_1 に及ぼすことはない．M1 はなるべく低い p_0 の値を望み，M2 はなるべく高い値を望むので，M1 と M2 は実質的にゼロサムゲームを演じるのと同等になる．したがって，解 p_0^* はサンクしてしまっている投資費用から独立に与えられる[13]．したがって，投資に関するメッセージ・ゲームは，取引が不成立になったときの価格をあらかじめ p_0^* と設定する単純な契約に比べて優れるところがない（もっとも，価格 p_0^* はやはり 0 になってしまうかもしれないのだが）．

限定合理性の役割

ホールドアップ問題を定式化するにあたって，当事者たちが自ら選択する行動の結果を計算するうえで，無限の合理性を持つと仮定した（双方とも $R(i)$ や C^* を知っており，式 (4.2) の値を計算することができる）．この仮定と同時に，取引費用の存在によって契約の不完備性が生じると仮定している．読者は 2 つの仮定の間に違和感を持つかもしれない．しかし，実は矛盾はない．まず，当事者たちが，ユニットの仕様や投資の内容を特定した，十分に明瞭な形の契約を締結して，法廷により強制執行できるようにすることは不可能であると仮定している．この一方で，当事者たちは，曖昧さの残らない形で契約を結べないことが，自らの効用にどう影響するのかを計算できると仮定している．これらは相反するわけではない．

たとえば，本書序章で示した住宅取引の例において考える．その例では，どのような契約をもってしても，あらかじめ契約条項に入れておくわけにはいかない状況が，少なからずあった（そのうちの 1 つが序章注 3 に示されている）．しかしだからといって，私たち夫婦がそのような要因を期待効用に反映できないわけではない．たとえば，私たちは，事態 1 つ 1 つを個々に特定す

---

[13] 同等の考え方に基づくが，多少異なった文脈における分析が Hart and Moore [1988] に見られる．

ることはできないとしても，生じそうな事態をカバーするために，いくらかの額を効用から差し引いておくことができる．

現実には，契約の不完備性のうちかなりの部分が，当事者の能力の限界に関連付けられているのは疑いない．その能力の限界は，将来生起する事象について，1つ1つすべて把握して契約することの限界だけでなく，自らの行動が効用にもたらす帰結をすべて把握して**考慮**することの限界をも含んだものである．したがって，当事者たちが無限の合理性を持つという仮定を緩和することの重要性はとても高い．

分析をより現実に近づけるという目的を離れてみると，限定合理性アプローチには別の利点もある．第1に，当事者たちが契約を再交渉しないことにコミットすることは不可能であるという仮定を最初から設定せず，説明できるようになるかもしれない．合理性が限定されている場合には，当事者たちがそのようなコミットメントを好む可能性は小さい．なぜなら，当事者たちは予期しない事象が発生した場合に契約を見直すという選択肢を維持しようとするからである．第2の利点も同様である．利益供与の効かない正直な第三者を導入しても，2者間の契約より優れた帰結を生み出すことはできないという仮定を考える．限定合理性アプローチによってこの仮定を緩和し，説明できるかもしれない．正直な第三者をうまく導入することができれば，M1とM2が投入財の適正さにおいて合意しないかぎり（この第三者に）多額の罰金を支払わねばならないというメッセージ・ゲームをうまく働かせることができてしまう．しかし，いかなる投入財が「適正な」投入財であるかについて，限定合理性の下では，事前にも事後にも合意に至らないかもしれない．そうなると，そのようなゲームも意味をなさなくなってしまうのである．

ここまでは合理性の仮定を緩和することのみを考察してきたことに注意されたい．もし当事者たちの非合理性があまりに甚だしければ，将来の危険を十分に把握しないまま，行動を選択してしまうかもしれない．明日には機会主義的行動をとる取引相手に遭遇し，その餌食になってしまうかもしれないのに，その危険を十分に把握しないまま，今日の投資を実行してしまうかも

しれない．結果として，自らにとって必ずしも望ましくないにもかかわらず，効率的な水準の投資を行ってしまうかもしれない．すなわち，ホールドアップ問題そのものが消失してしまうのである！ ホールドアップ問題は，現在の行為が将来の効用水準にもたらす帰結について，最小限の予測を行うという仮定に依存しているように思われる．これは，（たぶん）第 2 章における資産所有権の理論についても同じである．

非対称情報（あるいは情報の欠如）の役割

ホールドアップ問題を分析するうえで，非対称情報の果たす役割はきわめて限られている（より一般的には，本書の分析における役割も限られている）．$R(i)$ や C^* や i という変数の値は観察可能であるが，立証可能ではないと仮定されてきた．ここでは，非対称情報が重要ではないと判断されたので役割も強調されなかったわけではないことを，明らかにしておかねばならない．重要でないのではなく，対称情報を仮定すると，分析を，とくに再交渉の分析を進めやすかったので仮定したのである．純粋に経済学的な観点から見ても，ホールドアップ問題は対称情報の文脈の中で研究する方が自然なのである．ホールドアップ問題は，M2 が M1 の投資水準を**観察**し（ないしは投資から生じる収益を観察し），M1 の操業にユニットが不可欠であることを利用して高価格を引き出せるとき，最も厳しい形をとる．M1 がはたして投資を行ったのかどうかが，M2 にとって不確かであるときにも，ホールドアップ問題は発生する．しかしこの場合には，それほど強い形では生じない（Tirole [1986a] を参照せよ）．

しかしながら，非対称情報がとても有用である場面も存在する．M2 の費用 C^* が私的情報であると仮定し，次の契約を検討してみよう．第 1 日に M1 はユニットの仕様（およびユニットの価格）を特定する．M2 ができるのは，M1 の申し出に合意するか，ないしは拒否することである．対称情報の場合には，M1 が交渉力をすべて確保していれば，この契約によってファースト・ベストを達成できる．しかし，非対称情報の場合には，M1 は M2 の費用以

下の価格を提示してしまい，M2 が拒否することになるかもしれない．このとき，ファースト・ベストを達成できない．そして，このようなことが生じるかもしれないということによって，M2 は費用がそれほど高くない場合にも，高いふりをして，M1 にもっと高額を支払わせる可能性があることになる．結果として，ホールドアップ問題が再び発生してしまう**可能性**がある（ここで「可能性」としたのは，著者の知るかぎり，こうした状況の分析はいまだ発表されていないからである）．すなわち，非対称情報は第 2 章の分析を裏付けるのに役立つことになる．

関連する文献

契約が不完備であるとき，どのようにホールドアップ問題が解決されるのかを扱った文献が，最近数多く発表されている．たぶん，最も注目すべき貢献となる文献は Aghion *et al.* [1994b] である（以下では ADR と略記する）[14]．

ADR は，M2 と M1 の両者が投資をするときでも，特定の条件の下でファースト・ベストが達成されうることを示した．しかし，ADR は著者が設定しなかった仮定を 2 つ用いている．第 1 に，ADR は，M1 と M2 が第 1 日に標準的ユニットを取引するが，その標準的ユニットの仕様は第 0 日にすでに知られているとした．この仮定によって，当事者たちは成果に基づいた特定の契約を結べることになる．その契約では，M2 は M1 に価格 $\bar{p}$ で適切な数 $\bar{q}$ のユニットを供給することに合意する．再交渉に際しては，この合意が交渉の出発点となる．ADR は M1 と M2 の利益関数および費用関数は事前的には不確実であり，生起する状況によって取引されるべき最適なユニットの数は異なると仮定した．したがって，当事者たちはほとんど常に再交渉し，取引されるユニットの数も $\bar{q}$ と異なることになる．しかし，再交渉が行われるとはいえ，$\bar{q}$ の値を適切に選択することによって，当事者たちの片方，たと

---

[14] このテーマについての他の文献には，Chung [1991], Hart and Moore [1988], Hermalin and Katz [1991], MacLeod and Malcomson [1993], Noldeke and Schmidt [1995] がある．

えば M2 に，適切な投資を事前的に行うインセンティブを持たせることができるようになる．このようにして，ホールドアップ問題のうち，片方の問題は解決できるのである．

これに対して，本書のモデルでは標準的なユニットは存在しない．実質的に $\bar{q}=0$ である．したがって，再交渉が行われないかぎり，どちらにとっても投資は割に合わない．そのため，M1 にも M2 にも，成果に基づく何らかの契約を通して，事前的投資のインセンティブを適切に与えることはできない．

第 2 に，ADR では，もう一方の側，たとえば M1 にも，第 1 日の交渉ゲームを適切に設定することによって，効率的な水準の投資を実現させることができることが示されている．ADR は，交互に条件を提案する交渉ゲームを考察した．どのようにゲームが進行していくのかを，本章のモデルに即して理解するために，第 1 日が「前半」と「後半」の 2 段階に分割されると考える．第 1 日の前半では，M1 は M2 に条件の提案を行う．M2 には 3 つの選択肢がある．第 1 に，M1 の提案を受け入れる（この場合交渉ゲームは終了する）．第 2 に，M1 の提案を拒絶する（この場合交渉ゲームはさらに継続する）．第 3 に，外部機会 (outside option) を選ぶことになるが，これには取引不成立帰結が対応する（この場合取引は決して行われない）．交渉ゲームが継続する場合には，第 1 日の後半で M2 が提案を行う．この提案を M1 は受け入れることもできるし，拒否することもできる．これで交渉は終了する．将来の利得が割り引かれることはない．

ゲームの時間的進行を以上のように設定すると，次のような契約を事前に取り交わすことによって，M1 にすべての交渉力を持たせることができる．第 1 日の前半で，M2 が外部機会の選択権を行使し，取引不成立帰結が発動されてしまう場合には，取引不成立帰結に伴って決済される価格を 0 とする．しかし，最初に M2 が M1 の提案を拒否し，次に M2 自身の提案も拒否されてしまう場合には，取引不成立帰結に伴って決済される価格を $-D$ とし，D を非常に大きな値に設定する．要するに D は，交渉が第 1 日の後半の時点まで継続しながら取引が成立しない場合に，M2 が M1 に支払わねばならない高

額の賠償金である．

　高額の賠償金が設定されている場合には，M2は交渉を継続させようとせず，常に価値0の外部機会の選択権を行使しようとすることに注意すれば，この設定によってなぜM1がすべての交渉力を持つようになるのかが分かる．このため，第1日の前半の時点で，M2に最初の提案を受け入れるよう説得するためには，M1は単に$p = C^*$という提案を行うだけでよい．このことは，M1が事後的な利益をすべて獲得してしまうことを意味する．すなわち，M1の利益は，

$$R(i) - C^* - i \tag{4.8}$$

であり，M1に$i = i^*$を選択させることになる．すなわち，ファースト・ベストが達成される．

　ADRの解は非常に巧妙にできている．しかし，その解は強い仮定に依存している．現実には，取引不成立帰結という（永久に取引が行われない）外部機会に対応するものを見いだすのは難しい．誰がこの帰結を強制するのだろうか．すなわち，誰がこの時点で交渉ゲームの終了を保証し，M2がこれ以上の提案をしないということを保証するのであろうか．ADRの手続きを他に解釈するとすれば，外部機会の代わりに，賠償金額をM2の提案回数に関連付けるという解釈が可能である．すなわち，もしM1の提案を拒否しそれ以上の提案を行わなければM2は賠償金を支払わない．一方，もしM2から提案をして拒否されることがあれば，Dだけ支払うとするのである．しかしながら，こう解釈しても，争議が起きてしまう場合には，法廷がM2の提案回数を特定できるという仮定を設定することになる．もしM2が秘密裏に提案を行う場合には，この仮定をおくことは適当でない．すなわち，M1の提案を拒否した後で，M2がM1のところへこっそりやってきて，ユニットの代金として$R(i)$支払い，賠償金Dを免除してもらえないか提案することができる．いずれにせよ高額のDを受け取ることはできないので，M1もこの申し出を受け入れるかもしれない（この提案が拒絶された場合に，M2が

2番目の提案を行ったかどうかを明らかにしようがない）．しかし，このことによって M1 の純利益は，

$$R(i) - R(i) - i = -i \tag{4.9}$$

となり，$i=0$ において最大化されるのである！

結論は，ADR の設定がおそらくはある特定の状況の下でしか有効ではないということである．より一般的な条件の下では，ホールドアップ問題が再び現れ，第 2 章の分析が妥当であるということになる．

2 第 2 章で分析した所有権モデルについて

いったんホールドアップ問題の存在が正当化されれば，第 2 章で展開したモデルの（一応）根拠となるものを示すのは，さほど困難ではない．第 2 章で仮定したように，M1 は M2 から供給される投入財を必要とする．両者は投資をし，この投入財から発生する収益や費用に影響を与えることができる（M1 は投資水準 i を選択し，M2 は投資水準 e を選択する）．また，投資によって利益がどれだけ増加するかは，非人的資産である a1 および a2 がどのように使用されるかに依存すると仮定する．さらに，これらの非人的資産には，記述することができないほどの，とてつもなく数多くの使途があり，それぞれの使途はある特定の状況が発生した場合にのみ有効となる（それぞれの使途が有効となるのは，同程度に確からしいと仮定する）．このとき，契約で使途を特定化しようとしても，（契約書の長さが有限であるかぎり）確率ほぼ 1 で無効となってしまう．ここに，残余コントロール権を誰が持つかということが問題となる．残余コントロール権を持っていれば，契約に記述されていない事態が発生したときに資産の使途を決定することができる．

所有権の配分がある特定の形で与えられると，当事者たちは，第 2 章で示したように，取引から発生する利益の帰属をめぐって交渉を始める．本章の考え方に従うと，当事者たちは取引不成立帰結における価格 p_0，および取引

が成立した場合の価格 p_1 を特定する長期契約を結んだとしても，得ることがないことを示すことができる．なぜなら，もし $p_1 - p_0$ が（式 (2.6) に示される）ナッシュ交渉解より低ければ，M2 は供給を拒否し，より高い納入価格を求めて再交渉するであろう．同様に，もし $p_1 - p_0$ がナッシュ交渉解より高ければ，M1 は M2 に対して実現不可能な要求を行い，より低い納入価格を求めて再交渉するであろう（p_0 は定額の譲渡に他ならず，投資選択に影響を与えない）．このように，投資インセンティブを左右するのは，資産所有権の配分以外にはないのである．

ここで，より多様な所有権配分のあり方について分析する仕事が残っている．第 2 章においては，4 つの形態について考えた．M1 が a1 を所有し M2 が a2 を所有する場合，M1 が a1 と a2 を所有する場合，M2 が a1 と a2 を所有する場合，M1 が a2 を所有し M2 が a1 を所有する場合である（最後の形態は，他の形態に比べ優れることがないため無視された）．共同所有も分析されたが，最適とはならないことが示された．

この他の可能性としては，確率的所有および所有権オプション契約 (option-to-own)，ないしはより一般的に第 0 日と第 1 日との間に当事者から発せられるメッセージに応じて所有権の配分が措置される契約がある．確率的所有は，調整措置として有用である．たとえば，確率 σ で M1 が a1 を M2 が a2 を所有する（すなわち非統合となる），確率 $1-\sigma$ で M1 が a1 と a2 の両者を所有する（第 1 型の統合となる）と仮定する（第 1 日にコインを投げて，どちらの所有構造となるかを決定する）．このとき，ナッシュ均衡の 1 階の条件（式 (2.12)～(2.13)）は，

$${}^1\!/_2 R'(i) + {}^1\!/_2(\sigma r'(i;a1) + (1-\sigma)r'(i;a1,a2)) = 1$$
$${}^1\!/_2\,|C'(e)| + {}^1\!/_2(\sigma|c'(e;a2)| + (1-\sigma)|c'(e;\varnothing)|) = 1$$

であり，M1 と M2 の投資水準はそれぞれ i_1 と i_0 の間の値，e_1 と e_0 の間の値をとる．一定の条件の下で，この解において総余剰が増大すると証明するのは容易である．

所有権オプション契約および（もしくは）メッセージ・スキームの役割を示す例が，本章の付論で紹介されている[15]．

　付論の例，および確率的所有の例からも分かるとおり，第2章における所有構造の分析は完備ではない．とくに第2章では，非統合，第1型の統合，第2型の統合の最適性を互いの比較から導き出しており，すべての可能な形態を比較したうえでの結論とはなっていない．それでもなお，分析の細部とまでは言えないまでも，分析の背景にある基本的考え方は頑健であるように思える．第1に，確率的であるとか，メッセージに依存するとかの，より高度な所有権スキームがなおたしかに存在するが，それぞれ所有権形態の例にすぎない．重要なのは，契約が不完備であるとき，所有権という希少な権利の配分，すなわち残余コントロール権の配分が重要な役割を果たすということを第2章から学ぶべきであるということである．この命題は，確率的所有ないしはメッセージ依存型の所有構造を考慮する場合にも真である．第2に，命題2は確率的所有ないしはメッセージ依存型所有構造の場合にも一般化できるように思える．すなわち，もし片方の当事者の投資だけが有効である場合，もしくは片方の当事者の投資だけが弾力的である場合，そちらが両方の資産を所有すべきである，また資産が厳密に補完的である場合には同じ所有権の下にあるべきである，さらに資産が独立である場合には別々の所有権に属するべきである，という命題はそのまま有効であろう．このように，より高度な所有権の配置は興味深く，第2章の分析に色を添えるものではあるが，分析がもたらすメッセージを覆すものではない．

---

[15] 所有権オプションの役割についてはすでに Noldeke and Schmidt [1994] において言及されている．

3　ホールドアップ問題の役割分析に加えて

　所有権アプローチには2つの要因が欠かせないことを強調してきた．不完備契約と，非人的資産に対する残余コントロール権である．第2章のモデルにおいて第1の要因が重要であったのは，関係特殊的投資について契約することが不可能であることにより，ホールドアップ問題の発生が避けられないからである．一方，第2の要因が重要であったのは，所有権が変わると，ホールドアップ問題の深刻さが変化するからである．

　所有権アプローチを展開するにあたって，ホールドアップ問題はとても有用な道具立てである．しかし，所有権アプローチをとるためには，必ずこのホールドアップ問題を分析に加えなければならないわけではない．このことを，ここで指摘しておきたい．すなわち，ホールドアップ問題がたとえ存在しなくとも，資産所有権の所在は，一般にやはり重要な要因なのである．資産所有権理論が成立するための必要条件は，取引や交渉にからんで何らかの非効率が発生すること，そしてその非効率の大きさに残余コントロール権の配置が影響するということである．発生する非効率は事前的な非効率ではなく，事後的な非効率であるかもしれない．ここで，非効率が発生するメカニズムを，他にいくつか簡単に紹介する．

　1．すぐ思いつくアプローチの1つに（第0日の不完備契約に加えて）第1日に非対称情報を仮定する方法がある（第1章第3節の議論を参照されたい）．たとえば，M2 によって供給されるユニットが M1 に対して有する価値を，M1 は知っているが M2 には分からないとする．ないしは，M2 の生産費用を M2 自身は知っているが M1 には分からないとする．これらの条件の下では，所有権の所在いかんによって取引が成立しなかった場合の結果，すなわち取引不成立帰結における収益が影響を受ける．そのため，所有権の所在が重要な要因となる．さらに，情報の非対称性を前提すると正の確率で取引が成立しないということが実際に生じうる．このとき，この取引不成立帰結が現実となるので，取引不成立帰結も重要となる．

2. 事後的非効率発生メカニズムとして，同じくらい単純な方法がある．ただしこの方法は，議論のさらに多いところではある．この方法では，情報の（表面上の）非対称性を仮定しない．その代わり，M1 と M2 は正の確率で（説明できない理由によって）「第1日に関係が破綻する」．この場合には，経済的関係は修復できない状態となると仮定する（当事者たちはもはや互いに話もせず，他の誰かとの取引を望む）．このような状況下では，やはり所有権の所在が重要となる．なぜなら，実際に関係が破綻したとき，所有権こそが誰がどの資産を取得するかを決定するからである．

3. 関連したアプローチとして，当事者たちが機会主義的であるとせず，ただ資産をさまざまに利用することによって得られる利益について異なった見解を持っていると仮定する場合がある．当然，資産をどのように利用すべきかについて合意が得られない．そのうえ，交渉によって，この見解の相違が解消されることもない．このようなアプローチをとると，知識の共有 (common knowledge) を仮定することができなくなる．なぜなら，知識の共有を仮定するかぎり，当事者たちは合意に達するまで話し合おうとするからである（たとえば Aumann [1976] を参照せよ）．しかしながら，（いずれそうせざるをえないのだが）合意ができない場合，資産の利用を決める権利を持つものがその権利を行使することになるのだから，やはり所有権の出番があることになる．

これらすべてのアプローチは，さらなる研究が期待されるところである．行き着くところは，第2章で紹介されたよりもさらに内容のある現実的な統合の理論であろう．ただ，より複雑で扱いにくくなっている可能性はある．

付録——メッセージ依存型所有構造

この付録において，メッセージ依存型所有構造がいかに役立つかを例をもって説明する．対称情報の下でメッセージをどのように用いるかについてさらに一般的な議論は，Maskin [1985] および Moore [1992] を参照されたい．

単純化のために，M1 と M2 の投資決定が離散的（すなわち，投資するか否か）であり，資産は a^* だけである場合を考える．M1 と M2 を対称的に扱う．ここでさらに特定して，それぞれの経営者は 76 だけ投資をし，それぞれの投資は 100 の収益をもたらすと仮定する．しかし，この 100 の収益は，当事者が資産 a^* を利用できるときのみ実現する（そうでなければ投資は無になってしまう）．したがって，両者が投資を実行し，資産の利用に関して合意が成立した場合には，粗収益は 200（純収益は $200 - 152 = 48$）である．一方，M1 と M2 のどちらか片方が投資をし，1 人で資産を利用することになる場合には，粗収益は 100（純収益は 24）である．第 2 章の表現を用いると，M1 が投資した場合には $R = r(a^*) = 100$, $r(\emptyset) = 0$ であり，M2 が投資した場合には $C = c(a^*) = -100$, $c(\emptyset) = 0$ である（もし M1 が投資しなかった場合には $R = r = 0$ であり，もし M2 が投資しなかった場合には $C = c = 0$ である）．投資が割に合うためには，どちらも相手方の人的資本を必要としないことに注意されたい．

明らかに，ファースト・ベストは両者とも投資するときに達成される．しかし，確定的 (deterministic) 所有構造の下では片方のみが投資を行うことになる．M2 が a^* を所有すると考える．このとき，M1 にとっては，

$$\tfrac{1}{2}R + \tfrac{1}{2}r(\emptyset) = 50 < 76$$

であるから投資しない．同様に，M1 が a^* を所有する場合には M2 は投資しない．確率的所有でも事態が改善されるわけではない．M1 が確率 σ で a^* を所有し，M2 が確率 $(1 - \sigma)$ で所有するとき，両者が投資するためには，

$$\frac{1}{2}R + \frac{1}{2}[\sigma r(a^*) + (1-\sigma)r(\emptyset)] = 50 + 50\sigma > 76 \Rightarrow \sigma > \frac{26}{50},$$
$$-\frac{1}{2}C - \frac{1}{2}[\sigma c(\emptyset) + (1-\sigma)c(a^*)] = 50 + (1-\sigma)50 > 76 \Rightarrow \sigma < \frac{24}{50}$$

でなければならないが，両式が同時に満たされることはない．

ここで，確率的所有と所有権オプション契約とを組み合わせると，以上の措置に比べて改善が見られることを示す．とりわけ，ファースト・ベストを達成することこそできないが，片方の当事者は確実に投資するし，もう片方も一定の確率で投資することになるのである．

次のような所有構造を考えよう．確率 $\sigma = 0.49$ で M1 が a^* を所有し，確率 0.51 で M2 が a^* を所有する．しかし，第 1 日に確率的事象が確定する前に，M2 は M1 の所有権を価格 23 で買い取ることができる．しかし，M2 がこのオプションを実行しようとすると（そしてそのときにだけ），M1 に M2 の所有権を価格 50 で買う権利が発生する（このとき，M2 は 23 を支払わない）．

この所有構造の下では，任意の $0 \leq \mu \leq 1/3$ について，M2 が第 0 日に確実に投資し，M1 は確率 μ で投資するという状態が均衡となる．

このことを理解するために，第 1 日に事後的に考えられる種々の状態を分析してみる．

1. M1 と M2 の両者が投資を実行した場合

どちらの買い取りも行われない場合には，両者の純収益は，

$$\pi_1 = 0.49(150) + 0.51(50) - 76 = 23, \qquad (4\text{A}.1)$$
$$\pi_2 = 0.49(50) + 0.51(150) - 76 = 25 \qquad (4\text{A}.2)$$

となる．M1 が資産を所有する場合には，自分自身の投資に対する収益 100 のみならず，M2 をホールドアップして収益の半分を受け取る．そのため，合計 150 の収益となる．M2 についても同様である．

M2 が M1 を買収する場合には，M2 は $100 + 1/2(100) - 76 - 23 = 51$ を受け

取り，M1 は $23 + 1/2(100) - 76 = -3$ を受け取る．しかし，M1 は先手を打って M2 を 50 で買い取ろうとする．このとき，M2 の収益は $50 + 1/2(100) - 76 = 24$ となる．この値は式 (4A.2) の π_2 の値より小さいので，M2 は買収を仕掛けようとしない．

2. M1 は投資をしなかったが，M2 は投資をした場合

買収が発生しない場合には，両者の純収益は，

$$\pi_1' = 0.49(50) = 24.5,$$
$$\pi_2' = 0.49(50) + 0.51(100) - 76 = -0.5$$

である．このとき，M2 は M1 を買収することによって状態を改善することができる．この措置によって収益は，

$$\pi_1 = 23, \tag{4A.3}$$
$$\pi_2 = 100 - 23 - 76 = 1 \tag{4A.4}$$

となる．M1 はオプションを行使しようとはしない．なぜなら，収益が $1/2(100) - 50 = 0$ となってしまうからである．

3. M1 は投資をしたが，M2 は投資をしなかった場合

買収が発生しない場合には，両者の純収益は，

$$\pi_1' = 0.49(100) + 0.51(50) - 76 = -1.5,$$
$$\pi_2' = 0.51(50) = 25.5$$

である．このとき，M2 は M1 を買収することによって状態を改善することができる．この措置により収益は，

$$\pi_1 = {}^1\!/_2(100) + 23 - 76 = -3, \tag{4A.5}$$

$$\pi_2 = {}^1\!/_2(100) - 23 = 27 \tag{4A.6}$$

となる．M1 はオプションを行使しようとはしない．なぜなら，収益が $100 - 50 - 76 = -26$ となってしまうからである．

4. M1 と M2 のどちらも投資をしなかった場合

どちらも投資をしなかった場合には，それぞれの純収益は 0 である．すなわち，

$$\pi_1 = 0, \tag{4A.7}$$

$$\pi_2 = 0 \tag{4A.8}$$

である．

(4A.1) と (4A.3) とを比較することにより，M2 が投資をする場合には M1 にとっては投資をすることと投資をしないことが無差別であることが分かる．また，(4A.2) と (4A.6) とを比較することにより，M1 が投資をする場合には，M2 にとっては投資をしない方が望ましいこと，(4A.4) と (4A.8) とを比較することにより，M1 が投資をしない場合には，M2 にとっては投資をする方が望ましいことが分かる．これらの結果によって，M2 が確実に投資を行い，M1 は確率 μ で投資を行う混合戦略均衡が存在する可能性を考慮すべきことが分かる．M2 が投資を行うことを保証するためには，

$$\mu(25) + (1-\mu)(1) \geq \mu(27) + (1-\mu)(0)$$

でなければならない．すなわち，$\mu \leq {}^1\!/_3$ であることが必要である．このとき，混合戦略均衡が連続的に存在する．収益の最大値は $\mu = {}^1\!/_3$ のときに達成される．この均衡は明らかに，確定的な所有構造での均衡，および確率的所有構造における均衡に対して優位 (dominate) である．

第 II 部
金融構造を理解する

　本書第 I 部では，経済主体が資産を所有することで利益が発生し，しかもその資産を購入するのに十分な資金を有しているという想定の下で，考察を行った．第 II 部ではこの仮定を緩め，企業金融に関する意思決定を分析する．第 5 章では，裕福な投資家（ないしは複数の裕福な投資家）から資金を調達して，ある投資プロジェクトを実現しようとしている企業家を考える．この企業家が締結する金融契約のうち，最適な金融契約はどのようなものであろうか．問題となるのは，企業家と投資家との間でどのようにコントロール権を配分するかということである．第 6 章では，多くの小規模の投資家が公開企業に出資をしており，コントロール権を行使するのが難しい状況を考える．このような公開企業において，資本構成が経営者の行動を抑制する働きについて論じる．第 7 章は本書の他の章に比べて，毛色が異なっている．第 5 章と第 6 章の考察を用いて，破産処理の手続き設定の問題という重要な実践的課題について分析している．他章と異なり，モデルは設定しないし，分析の方法もそれほど厳密ではない．最後に，第 8 章では，公開企業が企業買収の危機に直面したとき，株式に対して議決権がどのように割り当てられるべきかを考える．第 8 章では，第 II 部の他章と異なり負債は考慮しない．しかし，

公開企業の経営をコントロールするにあたって，何らかの自動的なメカニズムが手段として不可欠であるという点について，第6章および第7章の考え方を踏襲している．ここでは，そのメカニズムとは企業買収である．

資本構成について論じている文献は多々あるが，ほとんどの場合（少なくとも明示的には）不完備契約の考え方をとっていない．そこで，企業金融における意思決定について考察するにあたって，なぜ不完備契約の考え方を採用するのが自然であるかを簡単に述べておきたい．

契約において費用がかからないとすれば，取引の当事者たち，すなわち企業家，経営者，投資家たちは，当初から，すべての未来の事象を想定した契約を締結しようとするだろう．しかし，すべての判断が契約に明記されるとすれば，金融構造に何らかの役割を見いだすのは難しい．たとえば，負債について考えよう．最も単純に解釈してしまえば，負債契約とはひと続きの定額支払いに対する合意である．もし，支払いが遂行されなければ，債権者は債務者の資産を占有し，どのように処分するか決定することができる．しかし，完備契約の下では，債務者の資産についてすべての利用のあり方は特定されているので，債権者には何らの意思決定の余地も残されていない．次に株式について考えてみよう．株式は議決権が付与された請求権である．しかし，完備契約の下では，残された意思決定部分など存在しないのだから，何について投票するのだろうか（同様に，企業買収のメカニズムの中でも役割はない．誰かが，コントロール権を持つために十分な議決権を集めようというのだから）．最後に，破産について考える．破産とは現存の請求権が意味をなさなくなってしまう状況である．この場合も同様に，完備契約の下では，破産の状況は予想されているはずだから，契約からそのような意味をなさないような部分は除去されてしまうだろう．したがって，正規の破産手続きを設定する必要もない．以上のようなテーマについて，以下の章で詳しく述べていく．

第5章　金融契約と負債の理論

　ここまでの章で，経済主体がある資産に特殊な投資を決定する立場にあるとき，ないしはその資産を使用するにあたって，自らの人的資本への投資が不可欠であるとき，その主体は資産を所有すべきであるということが明らかになっている．本章では，経済主体に資金制約があり，資産を買い切ってしまうことができない場合にどういった問題が生じるかを考察する．資金制約がある場合，その主体は資産を買い取るために外部の投資家から（ないしは投資家のグループから）資金を調達しなければならない．そのことによって，新たなエージェンシー問題が発生する．当該経済主体は機会主義的に行動するかもしれず，投資家が行った投資について，適切な収益を得る機会を奪ってしまうかもしれない．

　本章では，投資家が経済主体のそのような機会主義的な行動から，どのように収益を守ることができるかを検討する（これ以後，売り手と買い手との関係から離れ，1人のエージェントと1人の投資家との関係に限定して考える）．可能性としては，投資家が資産をコントロールすることに関心を持つことが考えられる．しかし，そうなると投資家は自らのパワーを乱用するかもしれない．たとえば，エージェントがある資産を用いて営業することにより，何らかの利益を得ることができるような場合でも，投資家はそのような利益の存在をまったく考慮せずに意思決定し，その資産を売却してしまうかもし

れない．ある場合には，投資家はエージェントと，以下の形の金融契約を結ぶのが望ましいということも示すことができる．すなわち，エージェントは投資家から資金を借り，ある特定の形で返済することを約束する．返済が履行される場合には，資産のコントロール権を維持できる．しかし，返済が履行されない場合には，コントロール権は投資家に渡る．言い換えると，不完備契約と所有権の理論を，資金制約がある場合に拡張することによって，借り入れによる資金調達の機能を説明することができるのである．

　本章では最初に，Aghion and Bolton [1992] に従って，先駆けとなった負債の不完備契約理論を説明する．そこでは，Aghion-Bolton モデルによってコントロール権の移行が説明されうるが，標準的な負債契約の働きが説明されていないことが示される．第2節では Hart and Moore [1989] に基づいたモデルをとりあげて説明する．このモデルによって，標準的な債務契約の存在根拠を示すという目的に，さらに近づくことができる（関連する分析については，Bolton and Scharfstein [1990] を参照されたい）．第2節のモデルは2期間モデルであり，完全に確実な世界を想定している．2期間モデルから多期間モデルに，分析は容易に一般化できる．実際，第3節では多期間モデルを分析する（第3節のモデルは Hart and Moore [1994a] に基づいている）．動学的な分析によって，債務返済の満期構造 (maturity structure) という問題を考えることができる．さらに，プロジェクト投資意思決定における担保の役割を分析できる．第4節では，2期間 Hart-Moore モデルに不確実性が導入される．第5節では，投資家が多数存在することによって，債務者の予算制約がより厳しく働くことについて考える．

　本章付録では負債契約に対して，異なったアプローチを説明する．Townsend [1978] によって導入され，Gale and Hellwig [1985] によってさらに展開された CSV モデル（状況立証費用モデル，costly state verification model）である．CSV モデルは完備契約モデルであるが，きわめて多様な目的に有効なツールとして用いられてきた．それにもかかわらず，このモデルでは負債の特性のうち，いくつかきわめて顕著な特性を把握できないという問題を説

明する[1]．この点において，本章の主要な部分を占める不完備契約アプローチは，いまだ初期発展段階にあるとしても，長期的に見るとより実りのある結果をもたらすことができるように思える．

本章では，起業家によって運営されている小規模の企業，たとえば所有と経営が分離していない非公開企業 (closely held company) を対象とする．第6章では，本章の議論をいかに巨大な公開企業に適用できるよう拡張するかについて説明する．本章では，そして第II部の残りの章においても，関係特殊的投資とホールドアップ問題の役割についてはあまり重点をおかない．代わりに，エージェントには資産を活用し管理することによって発生する私的利益があるのではないか，しかしそのような私的利益を獲得するための資金を初めから持っているわけではない（すなわち，資産を買い取ることができない）という発想の下に議論を進めていく．

1　Aghion-Bolton モデル

Aghion-Bolton モデルを導入するにあたって，第2章で用いた表記方法をここでも用いる．資産は a1 だけであり，経営者はその資産を活用する M1 ただ1人であるとする．ただし，資産を築くためには K だけの支出が必要であり，経営者は自らその資金を保有していない．そこで，企業家なり経営者なりが，（金持ちの）投資家に融資を申し入れる（経営者を企業家 E と，投資家を資本家 C と，資産をプロジェクトと読み替える）．第2章から第4章までと同様に，プロジェクトを遂行するためには，将来時点で $a \in A$ で示される行動をとらなければならない．ただし，この行動は複雑すぎて，当初締結

---

[1] 同時に，きわめて強い制約条件の下でしか，CSV モデルにおける最適契約は負債契約として解釈できない．この問題は，負債を論じた他の主要な完備契約モデルにおいても生じている問題である（たとえば Innes [1990] など）．もし可能な契約の集合が豊富 (rich) であり，きわめて多様な契約が実現可能であったとすれば（完備契約の世界であるから当然だろう），最適契約が単純な負債契約の形をとるためには，強い仮定が必要となる．

する契約には記述することができない．そこで，この行動はプロジェクトの所有者によって選択決定される（プロジェクトの所有者は企業家であるかもしれないし，投資家であるかもしれない）．しかし，第2章と異なり，関係特殊的投資は存在しないものとする．プロジェクトは2種類の収益をもたらす．まず，金銭的収益 $y(a)$ が存在する．この収益は立証可能であり，しかも契約の対象とすることができる．この利益の他に，企業家に私的利益 $b(a)$ が発生する．この収益は立証可能ではないし，他の主体に移転することもできない．y も b も金銭の単位で額を表示することができる．b については金銭の形をとることがないにもかかわらず，金銭で表すことができるものとする（すなわち b はドルやポンドで表された効用水準を示している）．行動 a の選択にあたって利害の衝突が生じるので，所有権の所在が問題となる．さらに，企業家には資金制約があるので，再交渉によって必ずしもこれらの利害衝突が解決されることはない．すなわち，企業家は余剰を最大にするような a を選択するよう，投資家を買収することができないかもしれないのである（この点は，第2章と対照的である．第2章では，再交渉によって事後的に余剰を最大化する帰結がもたらされた）．

　私的利益の例としては，利益が十分にあがっているわけではないのに企業家が家族経営の事業を継続していたいという願望の充足や，企業経営に付随する役得，ないしは長期にわたって仕えてきた従業員を解雇することに伴う心労の回避などがあげられる．

　以後では，契約によって「すべての」金銭的収益 $y(a)$ は C に分配されると仮定して問題を単純化する（すなわち，C はプロジェクトのすべての「配当」を得る）．したがって，当事者たちの収益は，

$$U_E = b(a),$$
$$U_C = y(a)$$

である．後に明らかになるとおり，当事者たちは E に私的な目標を達成する

ために最大限の自由を与え，なお C の投資に適切に報いるような契約を構成しようとするので，この設定は自然であると考えられる．しかしながら，他の措置も可能である．このことについては，本章の後の部分で説明する．また，情報は対称的であり，利子率は 0 であると仮定する[2]．

「ファースト・ベスト」を考察することから始める．ここでは，ファースト・ベストとして，E には資金制約がなく，任意の移転支払い (side-payment) を「事後的に」行うことができる状態を考えている[3]．このような条件の下では，誰がコントロール権を持ったとしても，当事者たちは交渉によって総余剰 $b+y$ を最大にする点を選択し，移転支払いによってその余剰を分配しようとする．そこで，

$$a^* = \underset{a \in A}{\mathrm{argmax}}\{b(a) + y(a)\}$$

をファースト・ベストの最適化行動とする（一意性を仮定する）．

次に，E が資金を持たないセカンド・ベストを考える．最初に，もし E がプロジェクトを所有しコントロールしている場合に何が起こるだろうかということを考える．

E によるコントロール

E によるコントロールのケースは，E が議決権付き株式を持つ一方，C は議決権のない株式（配当はこちらの株式に全額分配される）を持っているケースに対応している．再交渉がない場合には，E は，

$$\underset{a \in A}{\mathrm{Max}}\ b(a)$$

---

[2] A はユークリッド空間において稠密な（コンパクトな）凸集合とする．また，y および b は連続であり，a に対して凹関数であると仮定する．
[3] この状態がファースト・ベストの唯一可能な解釈ではない．a が事前的に契約可能である場合を，ファースト・ベストと考えてもよい．ただ本文の文脈では，資金制約のない場合をベンチマークとするのが便利である．もちろん，E に資金制約がない場合には，プロジェクトの資金を自ら供出することができる．

という問題を解くことになる．この最大化問題に対する解を a_E とおく（一意性を仮定する）．このとき，再交渉がない場合のCの利益は，

$$U_C^E = y(a_E)$$

となる．

しかしながら，再交渉は行われることになる．問題を単純化するために，契約の時点で，事前的な意味においても，事後的な意味においても，Eにすべての交渉力があると仮定する[4]．このとき，Eはファースト・ベストの行動 a^* を選択することを申し出て，その見返りにCから $y(a^*) - y(a_E)$ だけ受け取ろうとする．この受取額は非負である．なぜなら，a^* と a_E の定義より，$b(a^*) + y(a^*) \geq b(a_E) + y(a_E)$ かつ $b(a_E) \geq b(a^*)$ であり，したがって $y(a^*) \geq y(a_E)$ となるからである．2人の当事者たちの収益は，

$$U_C^E = y(a_E),$$
$$U_E^E = b(a^*) + y(a^*) - y(a_E) \geq b(a_E)$$

となる．

明らかに，もし $y(a_E) \geq K$ であるなら，Eによるコントロールによってファースト・ベストを達成できる．なぜなら，Cにとっても損失はなく，かつ選択される行動はファースト・ベストであるからである（Eがすべての交渉力を持つということを前提とすると，もし $y(a_E) > K$ であるなら，CはEに対して初めに $y(a_E) - K$ だけの固定的支払いを行うだろう）．興味深いのは $y(a_E) < K$ の場合，すなわちファースト・ベストが達成可能でないときである．この条件の下では，Cにすべてのコントロール権を与えることが必要になる．

---

4) もし優れたアイデアを持つ企業家が数少ない一方で，プロジェクトに投資するための資金を持っている投資家が数多くいるとすれば，適切な仮定である．

Cによるコントロール

Cによるコントロールは，Cが議決権付き株式をすべて所有している場合に対応する．再交渉がないとすると，Cは，

$$\underset{a \in A}{\text{Max}}\, y(a)$$

という問題を解くことになる．この問題の解を a_C とおく（一意性を仮定する）．このとき，再交渉がない場合のCの収益は，

$$U_C^C = y(a_C)$$

であり，Eの収益は，

$$U_E^C = b(a_C)$$

となる．

実際には，再交渉には至らない． 理由は，定義によりどのような行動を選択しても，a_C より低い y しかもたらすことができないからである．Eには資金がないので，Cに何らかの行動を選択してもらえるよう補償することができない．

明らかに，当事者たちの収益の合計はEによるコントロールの場合よりCによるコントロールの場合の方が小さくなってしまう．なぜなら，Cによるコントロールの下では，a は $(b+y)$ ではなく y を最大化するよう選択されるからである．しかし，Cの収益は大きくなる．以後，

$$y(a_C) \geq K \tag{5.1}$$

を仮定する．もし不等式 (5.1) が満たされない場合には，プロジェクトが遂行されることはない．

興味深いのは，不等式 (5.1) が不等号で成立する場合である．この場合には，EおよびCのそれぞれに，正の確率でコントロール権を与える状態が最

適となる．EもCもリスク中立的であると仮定する．そして，Eは確率 σ でプロジェクトを所有し，Cは確率 $(1-\sigma)$ でプロジェクトを所有する．さらに，σ はCが平均的に損益ゼロとなるよう選択されると考える．すなわち，

$$\sigma y(a_E) + (1-\sigma)y(a_C) = K$$

となる．

確率的コントロール権はその解釈が難しいが，モデルに少しだけ細工を加えると，より自然なものとなる[5]．プロジェクトから生み出される利益 y は，立証可能な環境要因 θ に依存する．この環境要因の値は契約が締結された後に，ただしまだ a が選択される前に与えられるものとする[6]（私的な利益である b は環境要因 θ から独立である）．さらに，

$$y(a,\theta) = \alpha(\theta)z(a) + \beta(\theta)$$

を仮定する．ここで，$\alpha > 0$, $\alpha' < 0$, $z > 0$ とする．このとき，最適契約が以下の形をとることを示すのは容易である．境界点 θ^* を設定し，$\theta > \theta^*$ のときにはEがコントロール権をとるとするものである．ただし，境界点はCが平均的に損益ゼロとなるように設定されねばならない．境界点の存在を直感的に理解するためには，以下のような状況を考えるとよい．$\alpha' < 0$ であるので，θ

---

5) 確率的コントロール権はすべての場合について最適であるとはかぎらない．ここまでの分析では，すべての金銭的な利益をCに分配する契約を主に想定していた．しかし，もし不等式 (5.1) が不等号で成立しているとすると，他の可能性がある．たとえば，Cがコントロール権を保持する一方，Eに $y(a_C) - K$ に等しいだけの報酬を与えるという形で固定的な資金の移転を行う．Eはこの報酬を用いて，より効率的な水準に a を決定してもらえるようCを買収する．このような合意の利点は，行動 a が一定の値に選択され，確率的ではなくなることである．このため，b ないしは y が厳密な凹関数である場合には，総利得が高まる．確率的コントロール権が最適に「なりうる」と示すことができる例の1つは，$b(a) = \lambda a$, $y(a) = Y - a$, $0 \leq a \leq \bar{a}$, $\lambda > 1$ のときである（ただし，最適解は一意ではないのであるが）（このとき，b と y は厳密な凹関数ではなく，行動を確率化することによって利益が低下することはない）．注7もあわせて参照のこと．
6) このような場合は Aghion and Bolton [1992] が考察している．Berglöf [1994] も参照せよ．

が高い値をとるときには，どのような行動を選択するかは相対的に y にあまり影響を与えない（そのために E が行動をコントロールすべきである）．一方，θ が低い値をとるときには，選択される行動がいかなるものかによって，もたらされる y に相対的に大きな影響が出る（そのために，C が行動をコントロールすべきである）．もし，すべての $a \in A$ について $\alpha'(\theta)z(a) + \beta'(\theta) > 0$ となれば，θ の値が高いときには高い利益がもたらされる．すなわち，利益水準が高いときには E がコントロール権を握っていることになる．しかし逆の場合も考えられる．すなわち，もし，すべての $a \in A$ について $\alpha'(\theta)z(a) + \beta'(\theta) \leq 0$ となれば，利益水準が低いときに E がコントロール権を握っていることになる[7]．

Aghion-Bolton モデルについてのコメント

Aghion-Bolton モデルによって，片方の当事者に資金制約がある場合（しかし関係特殊的投資が存在しない場合）には，一定の環境条件の下で，相手方に

---

[7] Aghion-Bolton モデルの分析を説明するうえで，ここまでずっとすべての金銭的利益 $y(a)$ は C に帰属するという単純化のための仮定をおいてきた．この仮定が緩和されると 2 つの問題が生じる．第 1 に，もし E がたとえば $y(a)$ のうちの μ だけの割合を受領する権利が与えられるとすれば，再交渉がないとき，E がコントロール権を得れば $\mu y(a) + b(a)$ を最大化することになる．あいにく，このことによって C の再交渉前の利益水準が「増大」してしまう（E がすべての交渉力を握っているので，この水準は C の再交渉後の利益水準とも等しいということを思い起こしてほしい）．なぜなら，$\mu > 0$ のとき，E は行動を選択するにあたって金銭的収益にも一定の重きを置くことになる．したがって，より効率的な行動が選択されることによる，間接的効果が発生する．この間接的効果が，C に対する金銭的収益の分配が低下することによって生じる直接的な効果を超えるかもしれない．しかし，この効果の重要性はそれほど確かではない．なぜなら，(E が再交渉による利益のすべてを獲得するとして) C の事後的収益を「最小化する」ことが E の利益にかなうからである．もし，μ が正の値をとるとき，E のインセンティブに影響することによって C の収益が増大するとしても，E は金銭的収益の分け前を放棄する，すなわち μ の割合を C に返却すると宣言することによって，事後的にこの効果を打ち消してしまうことができる．第 2 の問題は，より深刻な影響をもたらすかもしれない．もし，E が金銭的収益の一定割合を獲得するなら，この分け前を用いて C を買収し，より効率的な a の値を選択してもらえるよう図ることができる．この措置によって全体の余剰が増大することもある．このことは，すでに注 5 に記した．

コントロール権を移した方が好ましくなることが示された．Aghion-Boltonモデルは，コントロール権の移動という，負債による資金調達の1つの重要な特性をとらえている．しかし，これ以外の点については，このモデルによって負債という事象の特性が十分にとらえられているかどうか，議論が残るところである．

1. 負債契約において最も基本的な特性のうちの1つは，債務不履行によってコントロール権の移動が引き起こされることである．言い換えると，負債契約は「私はあなたに P だけの債務を負う．もし私が債務を返済するなら，事業のコントロール権を維持する．もし私が返済を履行しないのなら，あなたがコントロール権を獲得する（ないしはあなたは，私に破産を強制することができる）」という形をとる．しかしながら，Aghion-Boltonモデルにはこの特性が存在しない．コントロール権の移動は確率的に，ないしは立証可能な環境要因 θ の実現値いかんによって決まるのであって，債務不履行によって生じるのではない．

2. 関連することであるが，標準的な負債契約には，債務者から債権者へのコントロール権の移動は債務者の利益水準が低いときに発生するという特性がある．しかしながら，これまでに，Aghion-Boltonモデルにおいては必ずしもこの性質があるとはかぎらないことが分かっている．

次節においては，モデルを1つ構成して，これらの課題のうちいくつかについて対処することを試みる．しかし，先へ進む前に，上記の問題は実際には必ずしも弱点であるばかりではないかもしれないと述べておかなければならない．むしろ，問題とした点はかえって Aghion-Bolton モデルの長所を示しているのかもしれない．Aghion-Bolton モデルでは標準的な負債契約よりもさらに一般的な金融的措置を，理解し説明することができる．これらより一般的な金融的措置が現実に存在し，観察されていることは間違いないのである．

2 私的流用モデル（Hart and Moore［1989］に基づく）

ここで考察するモデルにおいては，E は将来のキャッシュ・フローを私的に流用できると考える．E の私的利益はこの流用によって発生する．行動 a が選択される前に，もう 1 日別の期日が存在すると仮定する．この期日（第 1 日）には，プロジェクトは金銭的収益 y_1 を獲得するのだが，この値は立証不能である．E はこの y_1 を私的流用ないしは「横領」することができるものと仮定する．したがって，y_1 は潜在的私的利益である．しかし，以下すぐに説明するように，E は y_1 を私的に流用しないよう承知させられるかもしれない．

行動 a を第 1 日が経過した後もプロジェクトを継続するかどうかを選択する行為と考える．より正確には，プロジェクトに投下された資産のうち，どれだけの割合を清算してしまうかを意思決定するものと仮定する（図5-1 を参照せよ）．ここで，清算される割合を $(1-f)$ とする．プロジェクトのうち $(1-f)$ を清算した場合には，第 1 日に立証可能な所得 $(1-f)L$ が発生し，第 2 日に立証不能な所得 fy_2 が発生する[8]．また E は fy_2 も私的流用できると仮定する．そのため，プロジェクトを継続することによって発生する価値は，新たな私的利益の源になっている．

---

[8] ここでは分析の便宜上，部分的清算が許されるものとする．もし清算の意思決定が，すべて清算するかまったく清算しないかという決定に限られてしまうと，モデルに不連続性が発生し，数学的にも経済学的にも分析が困難となってしまう．事後的には部分的清算が許されるとしても，事前的にはプロジェクトは分割不能であると仮定していることに注意されたい．しかし，プロジェクトの大きさが連続的に可変である場合に，分析を拡張するのは容易である．さらに，プロジェクトのうち清算される部分の割合 $(1-f)$ を，事前的に契約項目に入れることはできないと仮定している．もし資産が完全に均一的であるわけではないと考えると，資産の「10％」を清算するとした場合，その意味するところが曖昧になってしまうということが，この仮定を正当化する理由としてあげられる．このように $f = \hat{f}$ と特定化する契約は，正確な記述とはなりえないので，強制執行可能ではない．可能性としては，ある金額を特定し，その額を実現するために十分なだけの資産を清算すると記述しておく方法がある．しかし，資産が実際に売却されるまでは，特定の金額をもたらすだけの資産売却を実現できるかどうか明らかではない（資産売却の時点で特定の金額を実現できなかったとしても，もう手遅れなのである）．

図 5-1

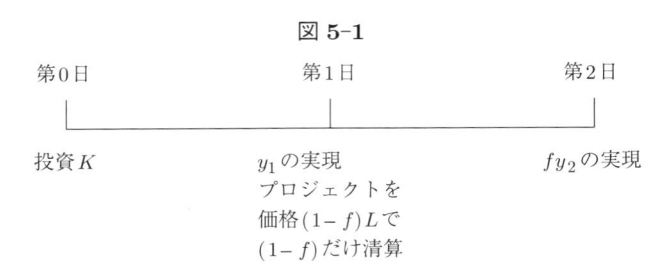

```
    第0日          第1日              第2日
     |─────────────|─────────────────|
    投資K        y₁の実現           fy₂の実現
               プロジェクトを
               価格(1−f)Lで
               (1−f)だけ清算
```

E が y_1 や fy_2 を私的流用できるとする仮定は，もちろん極端な仮定である．この仮定は E がキャッシュ・フローに対して裁量権を持つという考え方を取り込んでいる．たとえば，E はキャッシュ・フローを分配することなしに，自らの役得のために使ってしまうことができる．Aghion-Bolton モデルに即して考えると，$(1-f)L$ は立証可能な所得 $y(a)$ に対応し，fy_2 は私的利益 $b(a)$ に対応する．

このプロジェクトは第 2 日に終了するものとする（第 2 日以後，資産の価値は消滅する）．さらに，利子率はゼロであるとする．またここでは，企業家 E が初期資産を持っている可能性を残している．この額を w とし，$w < K$ と仮定する（w の値はゼロでもよい）．

本節および次節における分析では，y_1, y_2, L ともに「完全に確実」で不確実性が存在しない場合を考察する．

$$y_2 > L, \tag{5.2}$$

$$y_1 + y_2 > K \geq L \tag{5.3}$$

を仮定しよう．不等式 (5.2) は，ファースト・ベストでは，プロジェクトを清算することがないと仮定している（したがって，Aghion-Bolton モデルの表記を用いると，ファースト・ベストでは $a^* = f^* = 1$ である）．不等式 (5.3) は，プロジェクトの現在価値が正の値をとり，資産に償却が存在することが仮定されている．

最初に注意してほしいのは，第2日の受取額 fy_2 を，EがCに支払うよう仕向ける方法はないことである．なぜなら，EがCに支払うという約束をしたとしても，意味がないからである．たとえそれが fy_2 の一部にすぎなくとも，Eは約束を履行せず，自分の利益にしてしまえるのである．すでにプロジェクトは終了し資産は無価値となってしまっているので，Cには，第2日のEの行動に影響を与えるすべがない[9]．

対照的に，y_1 の一部をCに支払うようEを仕向けることは可能である．この時点では，Eにとってプロジェクトはいまだ一定の価値を持っている．支払い不履行によってコントロール権が失われるとなれば，Eは支払いを履行しようとするだろう．

このことによって，以下のような負債契約を想定できる．Eは第0日に $B \geq K - w$ だけ借り入れ，第1日に $\hat{P}$ だけの金額を返済すると約束する．Eが返済を履行した場合にはコントロール権を維持し，第2日までプロジェクトを継続する権利を有する．もし，Eが返済を履行しなかった場合には，Cはプロジェクトを終結させる権利を持つ．この場合，Cがすべての清算金額を受け取る[10]．しかしながら，Cは事業を清算する権利を行使しないかもしれない．すなわち，再交渉の余地があるかもしれない[11]．Aghion-Boltonモデルのように，第0日だけでなく，事後的再交渉においてもEがすべての交渉力を握るものと仮定する．

---

[9] ここで，Eが fy_2 だけの支払いを履行しなかったとき，Eが窃盗罪で裁かれるよう，Cが法廷に持ち込む可能性を除外した．この仮定を正当化するためには，取引環境に多少は不確実性が残っているので，Eは $y_2 = 0$ であると常に主張できると考えるのも，1つの方法である．

[10] 清算金額があらかじめ特定された形で分割されるという，より複雑な契約を考えることも可能である．確実性が支配する場合には，このように考えても分析には影響を与えない．

[11] 投資家は自分自身では事業を運営できず，y_1，y_2 という収益を実現できないと仮定している．投資家は，代わりの経営者を雇わねばならず，その代わりの経営者も y_1 や y_2 を私的流用できるという見地からである．投資家が自分自身で実行できることは，資産を清算して L を手にすることだけである．

最適負債契約の分析

単純化のために，E は $\hat{P}$ だけの債務を返済することを目的として，（C の許諾を得ることなく）第1日に自ら資産を清算できると仮定する[12]。

E がすべての交渉力を握るので，C は第1日に L 以上の額を受け取ることは決してない[13]．とくに，$\hat{P} > L$ であるなら，E は第1日にデフォルトし，再交渉の過程で C への返済を L まで値引きすることを要求するだろう．すなわち，どのような値の $\hat{P}$ で契約しようとも，C の受け取りは，

$$P = \mathrm{Min}(\hat{P}, L) \tag{5.4}$$

に限られるのである．$\hat{P}$ という額に意味はなく，P という返済額にしか意味がないので，以下では負債契約を2つの変数 B および P だけで表すことにする．ただし，$P \leq L$ とする（P は実現される返済金額である）．

次の課題は，P はどのような形で決済されるのかという問題である．不等式 (5.2) を前提すると，E は P をできるだけ手持ち現金で支払い，資産売却，すなわち清算はできるだけ避けたいというインセンティブを持つ．E の第1日の現金保有額は $B - (K - w) + y_1$ である．したがって，もし $B - (K - w) + y_1 \geq P$ であるなら，E はすべての P を手持ち現金で決済するので，第1日に清算が生じることはない（E が手許に残す資産の比率 f は1である）．一方，もし $B - (K - w) + y_1 < P$ であるなら，E は $B - (K - w) + y_1$ に相当する分だけ手持ち現金で支払い，P の残りの部分は資産売却で捻出する．すなわち，f は，

$$B - (K - w) + y_1 + (1 - f)L = P \tag{5.5}$$

によって与えられる．2つのケースは，

---

[12] しかしながら，E はその清算から生じる収入を「横領」することはできないものとする．また，E から C への債務返済額は立証可能であると仮定する．

[13] C が E の貯蓄を押収する可能性を除外している（もし $B > K - w$ であるなら，E は貯蓄を有している）．

$$f = \text{Min}\left\{1, 1 - \frac{1}{L}(P - B + K - w - y_1)\right\} \tag{5.6}$$

という形にまとめることができる．Cが損益ゼロとならねばならないので，B および P の値は，

$$L \geq P = B \geq K - w \tag{5.7}$$

を満たすよう選択される．式 (5.6) において，$P = B$ とおくと，

$$f = \text{Min}\left\{1, 1 - \frac{1}{L}(K - w - y_1)\right\} \tag{5.8}$$

を得る．

プロジェクトは以下の2つの条件が満たされるかぎり遂行される．第1に，不等式 (5.7) を満たす解が存在しなければならない．すなわち，

$$L \geq K - w \tag{5.9}$$

でなければならない．

第2に，Eの参加制約が満たされなければならない．すなわち，Eの収益は初期資産額 w を超えなければならない．この条件は，$B - (K - w) + y_1 - \text{Min}[B - (K - w) + y_1, P] + fy_2 > w$ と表すことができる．$P = B$ および式 (5.5) が成り立つとすれば，この条件は，

$$y_1 + fy_2 + (1 - f)L > K \tag{5.10}$$

と単純化される．この式は，第1日に一定規模の清算が生じるという事実を織り込んだうえで，プロジェクトの純現在価値が正であることを意味している．式 (5.8) において $f = 1$ となるとき，すなわちファースト・ベストが達成されるとき，不等式 (5.3) が成り立てば，自動的に条件 (5.10) も満たされることになる[14]．

完全な確実性を仮定したこの2期間モデルは，とても単純であるにもかかわらず，すでにここまでにいくつかの興味深い特性を示すことに成功してい

る．第1に，プロジェクトが事業として継続されるとしても，均衡経路において清算が発生することが可能となっている．このケースは，式 (5.8) において $f<1$ となるとき，すなわち，$K-w>y_1$ となるとき生じる．第2に，優良なプロジェクトといえども資金調達できないことがある（このケースは，不等式 (5.9) ないしは不等式 (5.10) が成り立たないときに常に生じる）．第3に，もし $L>K-w$ であれば，条件 (5.7) を満たす解は連続的無限に存在する．したがって，最適な負債契約も連続的に存在することになる．とくに，E はプロジェクト資金を調達するために $(K-w)$ しか必要としないにもかかわらず，L までのどのような金額も借りることができる（次節において，このように解が一意ではないことについてさらに説明を加える）．

例1および例2では，2種類の非効率の発生を説明している．第1日に発生する事後的な非効率と，第0日に発生する事前的な非効率である[15]．

例1 $K=90,\ w=30,\ y_1=50,\ y_2=100,\ L=60$ を仮定する．

$B=P=K-w$ とする．すなわち，E は 60 だけ借り入れし，第1日に 60 を返済すると約束する．このとき，E は 60 のうち 50 だけ手持ち現金で支払い，残りの 10 は資産を売却して支払う（したがって，資産の 6 分の 1 を清算する）．ファースト・ベストは実現されない．

例1における非効率発生の源泉を検討してみよう．資産は適切に運用されると 100 の価値を持ち，清算されると 60 の価値しかなくなる．したがって，ファースト・ベストでは清算されることはない．E は C を説得し，返済を猶

---

[14] 単純化のために，債務支払いの再交渉においては，E がすべての交渉力を握ると仮定してきた．C がある程度の交渉力を握るケースを含むようにモデルを一般化しても，分析の主な結果は維持される．しかし，細かい点において多少の変更を伴う．とりわけ，C の事後的な収益は L だけでなく y_2 にも依存することになる．なぜなら，C は，交渉力を用いて，y_2 の一部を獲得できるようになるからである．この点については，Hart and Moore [1989] [1994a] を参照せよ．
[15] 2種類の非効率とも Aghion-Bolton モデルの下でも発生する．

予してもらい，第2日に手にする100から10を支払いに充てようとするだろう．なぜ，そのようなセカンド・ベストを目指した措置がうまくいかないかというと，Eの約束には信憑性がないからである．Eが前もって何を約束しようと，第2日になるとEは返済を履行せず，100をすべて私的に流用しようとすることが，Cには分かっている．したがって，Cは返済を受けることのできる唯一の方法として，非効率ではありながら清算を行おうとするのである．

例2 $K = 90$, $w = 30$, $y_1 = 100$, $y_2 = 50$, $L = 30$ を仮定する．

この例のプロジェクトには明らかに収益性がある（90の投資費用に対して150の収益を得る）．したがって，ファースト・ベストでは資金が調達される．しかし，セカンド・ベストでは，資金は調達されない．なぜなら，Cは60だけ費やさねばならない一方で，第1日に30しか回収できないからである．さらに**Cがすべての交渉力を握った**としても，Eは第1日に50以上を支払おうとはしない．なぜなら，その時点でのEにとっての資産価値はたかだか50だからである．これらを考慮し，Cはこのプロジェクトへの参加を拒否するだろう．

例1で非効率が発生する原因は，（第1日に資産を一部といえども清算しないと合意することの見返りに）第2日に発生する収益 y_2 をCに払い渡すという約束に，Eがコミットできないことにあった．例2で非効率が発生する原因は，第1日の収益 y_1 をCに払い渡すという約束に，Eがコミットできないことにある．

3 多期間モデル

上述のモデルには，長期負債の出番はない．なぜなら，第2日の収益 y_2 は常に私的に流用されてしまうので，第2日の債務返済額はゼロとなるから

である．しかし，モデルを多期間に拡張すると，長期負債も可能となる．本節では，多期間への拡張について簡単に説明する．（少しだけ変更されたモデルを用いているが）より詳細な説明は Hart and Moore［1994a］を参照されたい[16]．

引き続き，完全な確実性が支配し，利子率がゼロである状況を仮定する．費用は K であり，図 5-2 に示されるように収益の流れ $y_1, y_2, \cdots, y_T$ が発生する．プロジェクトの第 t 日の清算価値は，L_t, $t = 1, 2, \cdots, T-1$ であり，第 T 日には価値が消滅する．$L_0 \equiv K$ と表し，$L_0 \geq L_1 \geq L_2 \geq \cdots \geq L_{T-1}$ を仮定する（すなわち，資産には償却が存在する）．また，不等式 (5.2)〜(5.3) を一般化した，

$$\text{すべての } t = 1, \cdots, T \text{ について} \quad \sum_{\tau=t+1}^{T} y_\tau > L_t \tag{5.11}$$

も仮定する．条件 (5.11) は，（プロジェクトの開始時点を含めた）すべての期日において，プロジェクトを継続する価値は，その時点の清算価値を超えるということを示している．

完全な確実性の支配を仮定しているので，一般性を失うことなく，再交渉が決して起こることのない，すなわちデフォルトが起こることのない契約に，

---

[16] Hart and Moore［1994a］では，負債についての動学的理論が展開されている．その論文において仮定されている状況は，E が事業収益を横領できるということではなく，E が事業を放棄できるというものである．すなわち，E はプロジェクトから自らの労働力を引き上げてしまうことができると仮定する．E はこの脅しを用いて，C から妥協を引き出そうとする．この脅しによって，E はプロジェクトが生み出す将来キャッシュ・フローのうち，かなりの部分を自分のものにする（Hart and Moore［1994a］のモデルと，本書第 I 部のモデルは，非常に類似している．第 I 部のモデルでは，第 1 日に合意に至らない場合，エージェントは彼の人的資本を引き上げることができると仮定されている）．Hart and Moore［1994a］のモデルは，ここで用いられているモデルに比較して，一定の利点を持っている．第 1 に，事業からの離脱という仮定は，収益の私的流用という仮定に比べ，多くの点で受け入れられやすい．第 2 に，モデル自体が連続時間の設定に適していて，C がいくらかの交渉力を持っているという想定を具体化しやすい．しかしながら，モデルに不確実性を導入するのはより難しい．著者は，簡単でよいから不確実性の問題を扱いたいので，私的流用モデルの分析を選択している．

図 5-2

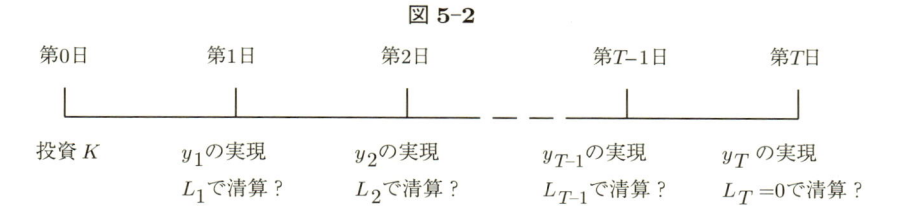

```
第0日      第1日         第2日              第T-1日        第T日
|----------|-------------|-------------|---|--------------|--------------|
投資K      y₁の実現      y₂の実現           y_{T-1}の実現    y_Tの実現
          L₁で清算？    L₂で清算？         L_{T-1}で清算？  L_T=0で清算？
```

分析を限定することができる[17].単純化のため，ファースト・ベストが実現される場合に分析を限定する．すなわち，均衡では清算が発生しない契約に限定して考える．返済スケジュールが $(P_1, P_2, \cdots, P_{T-1}, 0)$ と特定される契約を考える（E は第 T 日の収益を私的に流用するであろうから，一般性を失うことなく，P_T は 0 とおくことができる）．E はすべての交渉力を握るので，第 1 日，$\cdots$，第 $T-1$ 日においてデフォルトが発生しない条件は，

$$\text{すべての } t = 1, \cdots, T \text{ について } \sum_{\tau=t}^{T} P_\tau \leq L_t \tag{5.12}$$

となる．すなわち，どの時点においても，債務残高がプロジェクトの清算価値を超えることはない[18].

また，E は実際に返済額 $P_1, P_2, \cdots, P_{T-1}$ を**弁済可能**でなければならない．この条件は，$y_0 \equiv P_0 \equiv 0$ として，

$$\text{すべての } t = 1, \cdots, T \text{ について}$$
$$B - (K - w) + \sum_{\tau=0}^{t-1} y_\tau - \sum_{\tau=0}^{t-1} P_\tau \geq 0 \tag{5.13}$$

と表される．すなわち，借入額からプロジェクトへ投下された額を控除し，

---

17) 証明については，Hart and Moore [1994a] を参照せよ．考え方は以下のとおりである．均衡において再交渉が発生するものとする．たとえば第 t 日に再交渉があるとする．このとき，第 0 日の時点で，契約の第 t 日以後の部分を，再交渉された結果の契約に置き換えればよい．そうすれば，この置き換えられた契約は，再交渉されることのない（ないしはデフォルトが起こることのない）契約となる．

18) もし条件 (5.12) が成り立たない場合には，E はデフォルトし，再交渉によって支払いを L_t まで値切ってしまうだろう．厳密な証明は帰納法を用いる複雑なものである．Hart and Moore [1994a] を参照せよ．

プロジェクトから生み出される総キャッシュ・フローを加えた値は，少なくとも債務返済累計額より大きくなければならない．$B = \sum_{\tau=0}^{T} P_\tau$ であるとすると（この条件は C を損益ゼロとするための条件である），条件 (5.13) は，

すべての $t = 1, \cdots, T$ について
$$\sum_{\tau=t}^{T} P_\tau \geq (K - w) - \sum_{\tau=0}^{t-1} y_\tau \tag{5.14}$$

と書き直すことができる．条件 (5.12) と (5.14) を考え合わせることにより，ファースト・ベストが達成されるための必要十分条件は，

すべての $t = 1, \cdots, T$ について $\quad K - w - \sum_{\tau=0}^{t-1} y_\tau \leq L_t \tag{5.15}$

であり，さらにこの条件式は，

$$w \geq K - \underset{t=1,\cdots,T}{\text{Min}} (L_t + \sum_{\tau=0}^{t-1} y_\tau) \tag{5.16}$$

と書き直せることが分かる．

一般に，条件 (5.12) と (5.14) を満たす返済スケジュールは（2 期間モデルの場合と同様に）連続的無限に存在する（これらの返済スケジュールをもたらす負債契約は，さらに多くのクラスにおいて存在する．実現可能な負債契約には，均衡スケジュールにおいて再交渉が行われる負債契約も含まれるからである．たとえば，多額の短期債務の繰り延べからなる負債契約も可能である）．その中には，E の（第 0 日を含んだ）各期日の債務残高を最小にする「最速の」返済スケジュールがある．また，各期日の債務残高を最大にする「最も遅い」返済スケジュールもある．この中間に，各種の返済スケジュールがある．最速の返済スケジュールでは，$\underline{B} = K - w$ として，すべての t について，

$$\underline{P}_t = \begin{cases} y_t & \sum_{\tau=1}^{t} y_\tau \leq K - w \text{ のとき} \\ K - w - \sum_{\tau=1}^{t-1} \underline{P}_t & \sum_{\tau=1}^{t} y_\tau > K - w \text{ のとき} \end{cases} \tag{5.17}$$

となる．すなわち，E はできるだけ少なく借り，できるだけ早く返済しようとするものである[19]．最も遅い返済スケジュールは $\overline{B}=L_1$ および，

$$\overline{P}_t = L_t - L_{t+1} \equiv l_t, \qquad t=1,\cdots,T-1 \tag{5.18}$$

による．ここで，l_t はプロジェクトに投下された資産における第 t 日と第 $(t+1)$ 日の間の償却分である．すなわち，E はできるだけ多額の借り入れをし，できるだけゆっくりと返済する（E の総債務額はすべての期日について L_t である．E がデフォルトしてしまうので，債務額が L_t を超えることはできない）．

さまざまな返済スケジュールを考察することによって，条件 (5.16) を直感的に理解することができる．単純化のために，プロジェクトの収益 y_t は，初期には償却額 l_t より低い値をとったとしても，いったん償却額を超えてしまうと（(5.11) により，いずれは必ず超えることになる），それ以後のすべての時点において償却額を超えると仮定する．言い換えると，

$t \leq t^*$ について $y_t \leq l_t$ となり，

$t > t^*$ について $y_t \geq l_t$ となる t^* が存在する． (5.19)

このとき，$L_t + \sum_{\tau=0}^{t-1} y_\tau$ は，$t \leq t^*+1$ において逓減し，$t \geq t^*+1$ において逓増する．また，$t = t^*+1$ において最小値 M をとるということは容易に確認できる．このケースにおいて (5.16) を理解するために，最も遅い返済スケジュールをとるとき，E は L_1 だけ借り入れし，l_t ずつ返済することに注意しよう．第 t^* 日に至るまでは，E のキャッシュ・フロー y_t は l_t に不足する．ではどうやって E は返済をまかなうのだろう．この答えは，E が初期の借入額合計から一定額を（私的な）貯蓄口座に取り置いておき，その取り置いた額から不足額 $l_t - y_t$ をまかなう，ということである．必要な貯蓄額は，

---

[19] Hart and Moore [1994b] では，最速の返済スケジュールは多少異なった形で定義される．すなわち，E は債務を完済した**後も**，C に y_t ずつ払い続け，第 T 日に C から定額の譲渡を受ける．ここでは，そのような可能性を無視している．

$$\sum_{\tau=1}^{t^*}(l_t - y_t)$$

である．したがって，L_1（初期借り入れ）のうち，事業資産を購入するために用いることが可能な額，すなわち**借入調達能力** (debt capacity) は，

$$\begin{aligned}
L_1 - \sum_{\tau=1}^{t^*}(l_t - y_t) &= L_{t^*+1} + y_1 + \cdots + y_{t^*} \\
&= \operatorname*{Min}_{t=1,\cdots,T}\left(L_t + \sum_{\tau=0}^{t-1} y_\tau\right) \\
&\equiv M
\end{aligned}$$

である．言い換えると，E は初期資産額 w から，$K - M$ だけの差額を供出しなければならない．これが，式 (5.16) のまさしく表しているところである．

前に示したように，実現可能な返済スケジュールは連続的無限に存在する．不確実性を（適切な程度に）導入すれば，よく知られているように解の多重性が消失する（第4節を見よ）．解の多重性を避けるためには，E と C が，プロジェクトに示される他に再投資の機会を持つと仮定してもよい．たとえば，E は（プロジェクトからのキャッシュ・フローを含む）余分の資金を正の利子率で再投資することができるが，その一方で，C が市場で再投資した場合には利子率がゼロであると仮定する．このとき，最適な返済スケジュールは一意であり，最も遅いスケジュールであることを示すのは難しくない．なぜなら，この最も遅い返済スケジュールを採用することによって，E は再投資を最大限に増加させることができ，それだけ総利益の増大に貢献できるからである．逆に，C は正の利子率で再投資することができるが，E の利子率はゼロとなる場合には，最適返済スケジュールは最速のスケジュールとなる．なぜなら，最速の返済スケジュールによって C は再投資を最大限に増加できるからである（詳細は Hart and Moore [1994a] を参照せよ）．

再投資が存在しない場合には，条件 (5.16)〜(5.18) を用いて，資金調達が可能となるプロジェクトの特性および返済スケジュールの決定要因について，さらに考察を加えることができる．

定義 1 L_t がすべての $1 \leq t \leq T-1$ について増大するとき，資産は**より長命** (longer lived) となる．ないしは**より耐久性** (more durable) が増す．

定義 2 $\sum_{\tau=1}^{t} y_\tau$ がすべての $1 \leq t \leq T$ について増大するとき，プロジェクト収益はより**先行回収型** (front-loaded) となる．

第2の定義は $\sum_{\tau=1}^{T} y_\tau$ が一定の場合にも適用できることに注意されたい．すなわち，収益がより早く回収できるようになったとしても，プロジェクトの総価値は一定で変わらないかもしれない．

ここに，条件 (5.16)～(5.18) を用いて容易に以下の結果が得られる．

A. プロジェクト資産がより耐久性を持つと，プロジェクトの遂行される可能性が高まる（不等式 (5.15) の右辺がすべての t について増大し，その結果，不等式 (5.16) の右辺が減少する）．また，最も遅い返済スケジュールが，さらに遅くなる（$\sum_{\tau=t}^{T} \overline{P}_\tau$ がすべての $t=1,\cdots,T$ について増大する）．

B. プロジェクトの収益がより先行回収型となると，プロジェクトの遂行される可能性が高まる（不等式 (5.15) の左辺がすべての t について減少し，その結果，不等式 (5.16) の右辺が減少する）．また，最速の返済方法がさらに速くなる（$\sum_{\tau=t}^{T} \underline{P}_\tau$ がすべての $t=1,\cdots,T$ について減少する）．

本節の結論として，負債契約と満期構造の決定要因に対する実証結果をいくつか示しておく[20]．事実として，長期借り入れは，不動産取得，賃借設備，機械類などに利用されている．また，負債のうち最長期のものは，通常は不動産取得，とくに不動産担保ローンとして用いられる．一方，短期借り入れ

---

20) 以下の説明についてより詳しくは Hart and Moore [1994a] を参照せよ．

は運転資金のために用いられる傾向にある．たとえば，給与支払い，在庫投資金融，季節的変動の調整などを目的とする．さらに，抵当権は通常棚卸資産か売掛金などの資産を埋めあわせるために設定される[21]．

本章の分析はこれらの事実と整合的である．ここまでの分析によって，資産が長命であるなら，長期債務が可能となることが示されている．不動産と機械は明らかに高度に耐久性がある資産の典型である．逆に，資産が（価値を維持できないかもしれないか，比較的容易に処分することができる）棚卸資産や売掛金の場合のように短命であるなら，負債も短期的である傾向がある．

また，短期資金調達に関する実証結果も，収益がより速く回収されるほど，（最も速いスケジュールにおける）負債の満期が短くなるという結論Bと一致している．通常，賃金支払いや在庫買い入れのため，また季節変動調整のために資金を調達している企業では，収益が早めに実現される傾向がある．

また，プロジェクトに融資するかどうか決定する過程において，企業家がプロジェクトのために自ら用意した「純資産」の金額，および担保資産の価額が重要な要素となっていることを示す実証結果もある[22]．この実証結果は驚くべきものでなく，結論A，および条件(5.16)が満たされるかどうかにおいて w が重要な変数となることを考えると，モデルに十分に整合的であることが分かる．

最後に指摘しておきたいのは，このモデルが「資産と負債は対応すべきだ」という，いわゆる実務家の知恵を説明することができることである．正確に言えば，本章では（債務返済スケジュール $P_1, P_2, \cdots, P_T$ によって表される）債務が，（最速の返済の場合 $y_1, y_2, \cdots, y_T$ となり）収益の流列に見合うか，

---

[21] Dunkelberg and Scott [1985] 表 6, 7, 10, 12, 13 および Dennis *et al.* [1988] 表 3.11 を参照せよ．

[22] *Journal of Commercial Bank Lending* の「…への貸出」特集記事シリーズを参照せよ．また，Dunkelberg and Scott [1985] 表 1，2，12，13，Dennis *et al.* [1988] 表 3.7，Smollen *et al.* [1977] p.21 も参照せよ．負債水準の決定要因についての，より厳密な実証分析については，Long and Malitz [1985] および Titman and Wessels [1988] を参照せよ．

ないしは（最も遅い返済の場合 $l_1, l_2, \cdots, l_{T-1}$ となり）償却額に見合うべきであるということが示されている[23]．

ここでは，本章で説明した理論以外では，以上のような実証結果を説明することが難しいとも，説明がつかないとも主張するつもりもない．しかし，本章で示したモデルが，単純で扱いやすいだけではなく，負債の満期構造についての基本的な事実を理解するのに有用であることは強調されてもよいだろう．

4 不確実性を伴う場合

第2節および第3節では，（再投資する機会がなく）完全に確定的な場合には，実現可能な返済スケジュールが連続的無限に存在することを示した．同時に，さらに大きなクラスの最適な負債契約が存在しうることを示した．このような曖昧性が残る余地をできるだけ小さくする，ないしは曖昧性を解消する方法の1つは，モデルに不確実性を取り込むことである．残念ながら，不確実性を取り込むとどうなるのかは，それほどよく分かっているわけではない．そこで，ここではごく簡単な説明にとどめたい（本節は Hart and Moore [1989] に従っている）．

再び2期間モデルを考察する（第2節）．ここでは，変数 y_1, y_2, L は第0日において不確実であり，第1日になって両当事者に実現値が分かるものとする（情報はすべて対称的であるとする）．しかし，変数 y_1, y_2, L が観察可能であるといっても，立証可能であるというわけではない．したがって，生起する状況に条件付けられた負債契約を締結することはできないものとする．

---

[23] 重要な補足説明がある．分析では均衡返済スケジュールにのみ着目してきた．すでに説明したように，確定的モデルにおいては，再交渉のない負債契約に考察を限定しても一般性を失うことがない．しかし，再交渉のある契約によって，結果として同じスケジュールをもたらすことも可能である．たとえば，多額の短期債務が繰り延べされていくような契約がそのような例となる．したがって，経験的事実を考察するうえで，実際に説明されているのは，負債契約の満期構造そのものというより，むしろ返済スケジュールであるとした方が適切である．

加えて，両当事者ともリスク中立的であると仮定する．また，(5.2)〜(5.3) を一般化して，

$$\text{確率 1 で，} \quad y_2 \geq L \tag{5.20}$$

$$E(y_1 + y_2) > K \tag{5.21}$$

を仮定する（ここで E は期待値を示すオペレータである）．

ある負債契約を $(B, \hat{P})$ で示す．ここで，B は $B \geq K - w$ であり借入額を示している．また，$\hat{P}$ は第 1 日における支払い義務額である．すべての不確実性は第 1 日に解消するので，式 (5.4) および式 (5.6) はここでも有効である．C が損益ゼロとなる条件は，ここでは，

$$E[\text{Min}\{\hat{P}, L\}] = B \tag{5.22}$$

となる．この期待パラメータは L に対するものである．E の参加条件は，$E[B - (K - w) + y_1 - \text{Min}(B - (K - w) + y_1, P) + fy_2] > w$ であり，ここに $P = \text{Min}\{\hat{P}, L\}$ である．(5.16) および (5.22) より，この条件は，

$$E[y_1 + fy_2 + (1 - f)L] > K \tag{5.23}$$

と書き換えられる．すなわち，第 1 日に一定程度の清算が生じるのを織り込んだうえで，プロジェクトの期待純現在価値は正の値をとらなければならない．（初期資産保有額 w を控除した）E の純益と C の純益の合計は，プロジェクトの期待純現在価値に等しいという形で (5.23) を解釈してもよい．なぜなら，C が損益ゼロとなるので，E の（純）収益は $E[y_1 + fy_2 + (1-f)L] - K$ となるからである．

ここで，2 つの例を示そう．最初の例では，$B = K - w$ と設定すると最適となる．2 番目の例では，$B > K - w$ と設定することにより最適となる．確実性が支配する場合には $B = K - w$ でも $B > K - w$ でも（$L > K - w$ であるなら）通常両方とも最適となるので，これらの例と対照的である．

例 3 $K=90$, $w=50$ を仮定する．2 つの状況 (state) が存在し，それぞれ同じ程度の確からしさで発生する．

　　状況 1:　　$y_1 = 50$, $y_2 = 100$, $L = 80$
　　状況 2:　　$y_1 = 40$, $y_2 = 100$, $L = 30$

$B = K - w = 40$ であり，かつ $\hat{P} = 50$ という契約を考える．状況 1 が生じるとき，E は 50 だけ返済する．状況 2 が生じるとき，E は再交渉によって，返済額を 30 まで下げてしまう．C の平均回収額は 40 であるので，損益ゼロとなる．両方の状況において $f = 1$ であり，ファースト・ベストが達成され，非効率は存在しない．

ここで，$B = 40 + \alpha$ であり，しかも $\alpha > 0$ である契約を考える．このとき，状況 1 の下では（$\hat{P} \leq 80$ であるかぎり）C には全額が返済される．しかし，状況 2 の下では C は 30 しか受け取れない．そのため，C を損益ゼロとするためには，$\hat{P}$ を $50 + 2\alpha$ に等しく設定しなければならない（このとき，C は $1/2(50 + 2\alpha) + 1/2 \cdot 30 = 40 + \alpha$ を受け取る）．しかし，状況 1 の下での E の資産は $50 + \alpha$ のみである（プロジェクトの収益から 50 および第 0 日からの持ち越し額が α）．このように，状況 1 の下では清算が発生し，ファースト・ベストは達成できない．

次の例では $B > K - w$ という設定の下で最適となる．

例 4 $K = 20$, $w = 10$ を仮定する．以下に示す 2 つの状況が存在し，同じ程度の確からしさで発生する．

　　状況 1:　　$y_1 = 0$, $y_2 = 20$, $L = 20$
　　状況 2:　　$y_1 = 0$, $y_2 = 40$, $L = 10$

ここで，$B = K - w = 10$ であり，$\hat{P} = 10$ という契約を考える．C はどちらの状況の下でも，資産清算により 10 だけ受け取る（E は現金を持たな

い).状況 1 では $f = 0.5$ であり,状況 2 では $f = 0$ となる.E の期待利益は $E(fy_2) = 0.5 \cdot 0.5 \cdot 20 = 5$ である.

次に,$B > 10$,かつ $\hat{P} \leq 20$ となる契約 $(B, \hat{P})$ を考える.C は状況 1 の下で $\hat{P}$ だけ,状況 2 の下で 10 だけ受け取る.したがって,C が損益ゼロになるためには,$\hat{P} = 2B - 10$ でなければならない.状況 1 の下では,E は(E が手許に残した資産である)$B - 10$ 以上を支払うことになり,$f = 1 - B/20$ となる(したがって,B だけの支払いは資産売却によってまかなわれることになる).状況 2 の下では,E は $B - 10$ 以上を支払うことになり,$f = (B - 10)/10$ となる(したがって,$20 - B$ だけの額が資産売却によってまかなわれる).C は損益ゼロとなり,E の期待収益は $E(fy_2) = (1/2)(1 - B/20)20 + (1/2)[(B - 10)/10]40 = 3B/2 - 10$ となる.この値は,$B = 15$ において最大となる(B がこの値をとるとき,$\hat{P}$ は 20 に等しくなる).このように,最適契約は,$B = 15$,$\hat{P} = 20$ となる契約であり,E の期待収益は 12.5 である.

ここで何が起きているかを考えると,要するに,E が第 0 日にいくらかの資産を残しておけば役立つということである.この残した資産によって,第 1 日に資産を「買い戻す」ことができ,状況 2 が生じたときの非効率を,かなり削減することができる(状況 1 の下では,資産清算は問題とならない.なぜなら,$y_2 = L$ ということを前提とすると,社会的費用は発生しないからである).

将来の課題としては,不確実性の下で最適負債契約がどのような形を取るかについて,一般的結論を求めておくことが望ましい.この問題が難しいのは,考察の対象とする契約を (B, P) となる形の契約に限ってよいかが明らかとなっていないからである.たとえば,もしデフォルトに陥った場合,E も清算金の支払いを部分的に受け取れるように措置した方が望ましいかもしれない.この措置によって,E と C が「より効率的に」再交渉するように促すことができるからである[24].もう 1 つの可能性として残るのは,E をプロ

---

[24] この考え方は Harris and Raviv [1995] によって探求された.

ジェクトの所有者とするが,あらかじめ定められた価格で E から買収できるオプションを C に与える方法である[25]. 不確実性がある場合に,どのような契約が可能であるか,可能な契約のクラスを示すことは,将来解明されるべき重要な課題である.しかし困難な課題でもある.

5 複数投資家の存在とハード・バジェット制約

ここまでの分析は投資家が 1 人の場合に限っていた.もちろん,多くの場合投資家は 1 人以上存在する.プロジェクトを 1 人でまかなえるほど,投資家が資金を十分に持っていないのかもしれないし,1 人でプロジェクトの資金調達に関するリスクをすべて引き受けてしまうのを望まないのかもしれない(投資家がリスク回避的であるとすればであるが).しかし,投資家が複数存在する理由がもう 1 つある.それは,E の予算制約をよりハードにするという目的のためである[26].

この考え方を理解するために,第 2 節および第 4 節の 2 期間モデルに戻って考えよう.投資家が 1 人の場合には,債務を返済することができる場合でもデフォルトしてしまうかもしれない.企業家が,再交渉に持ち込んで,債務支払いを L まで低下させようとするからである.残念ながら,このような戦略的デフォルトは,事前的には好ましくない効果を生み出してしまう.とくに,プロジェクトから回収できる収益に上限ができてしまうので,投資家は

---

[25] たとえば,$K = 300$,$w = 260$ であり,3 つの状況が存在すると仮定する.状況 1 は(確率 $1/10$ で発生し)$y_1 = 10$,$y_2 = 200$,$L = 105$ である.状況 2 は(確率 $2/5$ で発生し)$y_1 = 10$,$y_2 = 20$,$L = 80$ である.状況 3 は(確率 $1/2$ で発生し)$y_1 = 50$,$y_2 = 200$,$L = 200$ である.このとき,(B, P) という契約ではファースト・ベストを達成できない.しかし,以下の「所有権オプション」によって,ファースト・ベストを達成できる.E は 260 をプロジェクトに投入し,どのような状況が生じたとしてもプロジェクトの所有権を有する.一方,C はプロジェクトの資産を 120 で買い取ることのできるオプションを持つ.このような契約の下では,C は状況 3 の下でしかオプションを行使しないであろう.状況 3 の下では,資産清算による社会的費用は発生しない.さらに,C はこの契約の下で損益ゼロである.

[26] ハード・バジェット制約の考え方については,Kornai [1980] によっている.

特定のプロジェクトの融資に躊躇してしまうようになるかもしれない[27].

投資家が多数存在すれば,この戦略的デフォルトのうまみを減ずることができると指摘されている(たとえば,Bolton and Scharfstein [1994] を参照せよ)[28]. 基本的な考え方は,投資家が複数存在すると,再交渉が決裂してしまう可能性が高くなり,企業家は $P > L$ の下でさえも,単に P を支払うことを選択してしまうというものである.この効果は,非対称的情報下のフリーライダー問題とホールドアウト(居座り,hold-out)問題による.

このことを理解するために,N 人の投資家が存在し,それぞれに P/N だけ債務がある単純な場合を考えよう.E がデフォルトし,以下の(条件を受け入れるか何も獲得せず放棄するかの選択を迫る交渉の余地のない,take-it-or-leave-it)申し出を投資家にすると仮定する.すなわち,「私は,投資家のうち少なくとも M 人が,債務を L/N(よりほんの少しだけ高い値)に減免してくれるよう提案する.これがかなえられなければ,私は破産し,資産の清算を遂行する」という提案である.このとき,それぞれの投資家は次の形の合理的判断を行う.「私が債務を減免するという意思決定によってちょうど M 人の投資家の減免が実現し,私の決定が実質的に結果を左右してしまう可能性はほとんどない(微少なノイズが存在し,M/N が1未満の正の値をとるとき,ある任意の投資家が結果を決める立場に立つ確率は,$N \to \infty$ のとき0に収束することを示すことができる).少なくとも M 人の投資家が減免に応じると私が予想するとき,E は結局私に P/N の全額を支払ってくれることになるのだから,私は減免を許諾しない方がよい.一方,減免に応じる投資家の数が最低限の M 人に達することはないだろうと私が予想すると

---

27) たとえば,例2において $y_2 = 70$ と仮定する.このとき,再交渉がなければ,返済 $P = 60$ とする負債契約によってファースト・ベストを達成できる.すなわち,E は返済が実際に可能であるし,清算しなければならないよりは,返済することを望むだろう.さらに,C は損益ゼロである.対照的に,再交渉が可能であると,E はデフォルトし,C への支払いを30まで値切ってしまうだろう.このことを予測し,C はプロジェクトへの融資を断ることになる.
28) 関連した考え方は Dewatripont and Maskin [1990] にも見られる.

き，あえて私が減免を許諾したとすると，破産時の請求額として P/N ではなく L/N だけしか請求できなくなる不利益こそあったとしても，利益にはなることはない」．

このような論理に基づいて判断するかぎり，E の申し出を受け入れる投資家は存在せず，債務を減じようという E の試みは失敗する．さらに，この結末を予想して，E は債務の全額 P を支払うことになるだろう[29]．

残念ながら，多数の債権者が存在することによって生じる柔軟性のなさは，戦略的デフォルトを抑止するだけでなく，生産的な再交渉までも妨げてしまう．例3を考える．状況2が生じると，E は50 という債務を支払うことができない．再交渉ができなければ，資産が清算され，$y_2 - L = 70$ だけの社会的費用が発生してしまう．もし再交渉が可能であれば，債務は 30 まで減免され，結果はより効率的となる．しかし，多くの債権者がいるとき，債権を 50 から 30 に減免せよと説得するのは難しい．理由は，上述のものと同様である．それぞれの債権者は，全体の再交渉が成功するかどうかが，自分の意思決定に左右されることはないと考える．もし，その債権者の予想が他の債権者は十分な数だけ減免を許すというものであれば，減免を認めない方がよい（ホールドアウトし居座りの利益を得るため，ないしはフリーライドするために）．この選択によって $50/N$ 全額を獲得することができるからである．一方，再交渉が失敗すると予想される場合には，減免を許す理由は確実に何もない．それぞれの債権者は同じように考えるので，再交渉がたとえ社会的

---

[29] この考え方を定式化したものとして，Aggarwal [1994], Gertner and Scharfstein [1991], Holmstrom and Nalebuff [1992], Mailath and Postlewaite [1990], Rob [1989] を参照せよ．企業家に残された戦略の1つは，全員が等しく申し出を受け入れてくれるよう要請することである．すなわち，$M = N$ とし，すべての債権者に拒否する決定権を与えてしまうのである．しかしながら，債権者の数が多いときには，全員一致を達成することは難しい．たった1人の（「狂った」）債権者が他の債権者とは異なる予想を持つ（たとえば，その債権者はプロジェクトの清算価値は L よりも十分高いと考えるかもしれない）か，ないしは異なった目的を持っていさえすれば，全員一致の決定は覆ってしまうのである．

には望ましくとも，失敗してしまうのである[30]．

このように，投資家が多数存在することには費用も便益もある．投資家が多数いれば，戦略的デフォルトの抑制に役立つとしても，生産的な再交渉まで抑制してしまうという問題がある[31]．この議論を詰めてゆけば，債権者の数の最適値はいくらかという理論に発展していく可能性がある[32]．

ここまでは，複数の投資家が同じ請求権を持つ場合を考えてきた．もう1

---

30) ここでは，負債についての再交渉が，事実上常に失敗してしまうとまでは言っていない．しかし，Gilson et al. [1990] は，ニューヨーク証券市場，およびアメリカン証券市場に上場された企業のうち，1978年から1987年の間に重大な財務危機に直面した企業を分析し，再建案は50%以上で失敗したこと，そして債権者の数が多いほど失敗しやすいことを見いだした．Gilson [1991] および Asquith et al. [1994] も参照せよ．財務危機に関するサーベイは John [1993] を参照せよ．負債についての再交渉を容易にする方法の1つは，当初の負債契約において，債務の累計額は債権者の多数が認めれば削減することができる（すなわち，多数の意見が少数の意見を拘束する）という条項を導入することである（ただし，1939年の信託証書法 (Trust Indenture Act) によって，米国においては公募社債にそのような措置を持ち込むこと自体が違法とされている）．債権者が多数のときにそのような措置をとることの問題は，議決権を行使しても結果に影響を与える可能性はほとんどないので，どの債権者も「よく考えて」決定することに強いインセンティブを持たなくなってしまう（企業の財務状態について費用をかけて情報を収集しようとするなどの行動を考えよ），ないしは，議決権を行使しようとさえもしないという問題である．デフォルトには2種類ある．1つは非自発的デフォルトであり，この場合は債務放棄が推奨されるべきである．もう1つは戦略的デフォルトであり，この場合には債務放棄に抵抗すべきである．しかし，以上のように，債権者がこれら2つのデフォルトを識別できると確信できる理由は何もないのである．

31) 債権者が多数存在することによって戦略的デフォルトが抑制されるという議論において，ここでは清算時に E がプロジェクトのコントロール権を失うと仮定している．しかし，清算時の売却において，デフォルトした債務者がプロジェクト資産を（L に近い何らかの値で）買い戻すことは，それほど希な話ではない．もし，この戦略が E に開かれているとすると，債権者が何人いようとも E にはソフト・バジェット制約しかもたらされない．

32) ハード・バジェット制約による便益がその費用に比べて大きいケースとして，レバレッジド・バイアウト取引があげられる．レバレッジド・バイアウト取引においては，多数の投資家に向けて負債を発行することによって，企業を買収する．買収の主体は，しばしば既存の経営者である．このような取引のメリットは，経営者に一所懸命に働くための強いインセンティブをもたらすことにある．懸命に働かないと，破産してしまう危険があるからである．レバレッジド・バイアウト取引は，とくに1980年代の米国において一般的であった（Jensen [1989] を参照せよ）．

つ別の研究の流れがあり，Dewatripont and Tirole［1994］および Berglöf and von Thadden ［1994］によって研究されてきた．彼らは，複数投資家が異なる種類の請求権を持つ場合を考察している．ここでは以下にごく簡単に説明する．

6 関連する研究

ここまでに紹介した研究に直接または間接に関連する金融契約についての論文は，おびただしい数が存在する．残念ながら，この中ではいくつかの研究成果ないしはテーマについてだけしか紹介する余裕がない．Bolton and Scharfstein［1990］論文についてはすでに言及した．この論文は，多くの点において Hart and Moore［1989］のモデルに類似するモデルを展開している．主な相違点は，債務を返済しない場合のペナルティーが，現存の資産を清算することではなく，債権者が将来の融資を差し止めるところにある[33]．Townsend および Gale-Hellwig の状況立証費用モデル（CSV モデル）についても，やはりすでに言及している．この CSV モデルの詳細は本章付録において説明される．CSV モデルは完備契約モデルに基づいているが，Hart-Moore や Bolton-Scharfstein らのモデルと同様に，債務者が自らの債務を弁済するのは，弁済しないとペナルティーがかかるという理由からであるとしている．ただし，CSV モデルにおいては，ペナルティーは債務者が**監査**を受けるという形で課されている．

本章での分析は，ここまで主に，負債の満期構造ではなく，債務額の水準を対象としていた．また，特殊なケースとして，収益と清算価値が完全に確実である場合の返済スケジュールのあり方についても分析してきた．負債の満期構造の問題について，これと異なるアプローチによる Diamond［1991］の興味深い研究がある．Diamond は情報の非対称性と不完備契約の下で2期間

---

[33] Neher［1994］は，ベンチャー企業の立ち上げを扱った動学モデルにおいて，債権者が将来の融資を差し止めると脅すことができる場合を考察している．

モデルを構成し，短期借入金と長期借入金との間のトレード・オフを分析している．Diamond の説明によると，プロジェクトの収益率が高いことを知っている企業家は短期負債によって資金を調達する．後になって新しい情報が到来した時点で，借り換えを意図しているからである．一方，プロジェクトの収益が低いことを知っている企業家は長期借入金を利用する．プロジェクトの収益性についての新しい情報が好ましいものではないかもしれない，そしてまたその情報によってプロジェクトの資金調達ができないかもしれないというリスクに，「高品質」の企業家は耐えられるが，「低品質」の企業家は耐えられないというのが理由である[34]．

Diamond が採用したアプローチの利点の1つは，最適な返済スケジュールだけでなく，最適な契約がどのようなものかを明示的に示せることである（第3節で分析した完全な確実性下のモデルとは対照的に，数多くの最適契約が存在する．その大部分の解において，均衡返済スケジュール上では，再交渉が発生する）．しかしながら，多期間モデルへどのぐらい容易に一般化できるかは明らかではない．

本章では企業家の予算制約をよりハードにするうえでの，投資家が複数存在することの役割を簡単に考察した．分析においては，債権者が同等である場合に限定して考察している．この方法と異なり，請求権に**違い**のある投資家の存在を考えることもできる．このテーマを探求した興味深い論文に，Dewatripont and Tirole [1994] と，Berglöf and von Thadden [1994] がある．Dewatripont and Tirole では企業利益が立証可能であるが，企業家の選択する努力水準が立証不能なモデルを考察している．彼らは，2人の外部投資家が存在し，債券と株式をそれぞれ異なった割合で所有する状態で，最適となることを示している（債権者と株主は，立証可能な利益に対して異なった請求権を持っているという事実によって，ある程度識別される）．基本的な

---

[34] どのような契約を結ぶかということを用いて，自分がどのようなタイプのエージェントであるかについてシグナルを出すという考え方は Aghion and Bolton [1987]，および Hermalin [1988] においても見られる．

考え方は，2人の投資家が双方同じ割合で債券と株式を保有すると，投資家が企業家にソフトになりすぎる，すなわち，十分に介入しなくなるということである．とくに，初期利益が低くとも，企業は投資家によって清算されることはないという問題が生じる．なぜなら，企業を継続した場合の価値が企業を整理した場合の価値を超えるかもしれないと期待するからである（株主として，彼らは，状況が悪化した場合の損失だけでなく，状況が改善した場合の利益も見据えるのである）．対照的に，投資家1人が債権を持っている状態で，企業が第1期にデフォルトしてしまうと，コントロール権を握った投資家は企業を何とかして清算しようとするだろう（なぜなら，債権を保有する投資家は，事業を継続して利益が改善することを考慮しないからである）．そうなると，企業家は譲歩せざるをえない．したがって，デフォルトを避けようとする強いインセンティブを持つことになるだろう．

　Berglöf and von Thadden は，独立に関連した研究を行い，企業の短期負債と長期負債がなぜ異なった投資家に割り当てられるべきであるかについて，同様な考察を得ている．彼らの分析では，短期債権者が Dewatripont-Tirole モデルにおける攻撃的な債権者の役割を果たしている．一方，長期債権者が受動的な株主の役割を果たしている．

　本章を閉じるにあたって，今後の研究が進むべき方向について2点言及したい．本章で議論したモデルではかなり素朴な形で株式をとらえている．まず，企業利益が立証不能である場合を考えている．その場合，株主は単に企業家をホールドアップできるという能力によって収益を得ている（たとえば Hart and Moore [1989] のモデルでは，もし $\hat{P}=\infty$ なら，投資家は実質的に資産の所有者となるから，プロジェクトを清算しないことの見返りとして第1日に受け取る金額について交渉することになる）．次に，企業利益が，少なくとも一部について，(Aghion-Bolton モデルのように）立証可能である場合を考えている．その場合，投資家の収益は，契約において金額が特定される支払いの形をとる．現実には多くの場合，株主は，公には交渉の対象とならない，ないしは契約に金額が特定されてはいない配当の形でかなりの収

益を得る（配当は経営者によって裁量的に定められる支払いである）．本章の分析を拡張して，この種の配当支払いについて説明すること，そして株式による資金調達が果たしているより興味深い役割について説明することが望まれる（第6章では株式による資金調達についてより進んだ議論を行う）．

　また，本章のモデルは，本質的に部分均衡モデルである．とくに，プロジェクト資産の清算価値は，外生的と考えられている．しかしながら，現実には，清算価値，すなわちプロジェクト資産の再販売価格は，他の企業家や投資家の財務状態にも依存する．なぜなら，その者たちこそ，これら資産の潜在的購入者であるからである．それらの相互効果を考慮し，さらにそれら効果のフィードバックまで取り込んだ分析が行われている．Shleifer and Vishny [1992] および Kiyotaki and Moore [1995] が，最近の興味深い研究である．Schleifer and Vishny は，この相互作用の効果によって，景気の波に左右される産業で活動する企業は，負債による資金調達に依存する傾向が小さいことを示した．財務上苦しいときには，潜在的購入者，すなわち同一産業内の他企業もやはり財務上苦しく，清算価値も低くなるというのが理由である．Kiyotaki and Moore は，フィードバック効果が需要変動を増幅してしまうかもしれないことを示した．資本財の需要および価格が低下すると担保価値も低下するので，次の投資のための借入が難しくなり，需要がさらに低下するのである．

　Schleifer-Vishny および Kiyotaki-Moore の論文は，金融契約の一般均衡分析の最初の重要なステップである．この分野においては，多くの仕事が残っている．

図 5A-1

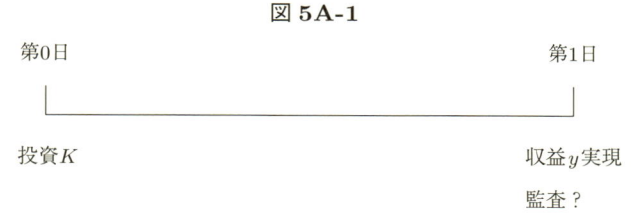

```
第0日                           第1日
|―――――――――――――――――――――――|
投資K                          収益y実現
                              監査？
```

付録――CSV モデル

この付録では，CSV アプローチを簡略化して説明する．リスク中立的な企業家 E が存在し，初期資産を持たず，費用が K だけかかるプロジェクトに投資をしたいと考えている．この企業家は，リスク中立的な投資家 C に近づき，資金を提供するよう要請する．もし，投資が実現されると，第 1 日に $\tilde{y}$ の収益がもたらされる．E は $\tilde{y}$ の実現値を第 1 日に知ることとなる．しかし，C には分からない．すなわち，第 1 日には，情報の非対称性が存在する．しかし，この情報の非対称性は，C が費用を c だけかけて E を「監査」することによって解消される．単純化のために，利子率は 0 とする．また，第 0 日には情報が対称的であり，$\tilde{y}$ の確率分布は，台 $[\underline{y}, \overline{y}]$ 上の分布関数 F および密度関数 f によって示される．問題となるのは，投資が実行されるかどうかである（ゲームの流れについては図 5A-1 を参照せよ）．

よく知られた顕示原理 (revelation principle) によって，E が第 1 日に y について正直に申告する契約（ないしはメカニズム）にのみ分析を限定することができる（Fudenberg and Tirole [1991] 第 7 章を参照のこと）．契約には，監査が実行されるかされないかが，E の申告に対応して特定され，E は C にどれだけ手渡さねばならないかも，E の申告に対応して特定されている．

契約 (A1) ある（確定的な）契約において，監査関数 $B: \mathbb{R}_+ \to \{0, 1\}$ および分配ルール $s: \mathbb{R}_+ \to \mathbb{R}$, $\bar{s}: \mathbb{R}_+ \times \mathbb{R}_+ \to \mathbb{R}$ が特定されている．これらは以下の意味を持つ．E は第 1 日に y^a を申告する．もし $B(y^a) = 0$ であるなら，監査は行われず，E は C に $s(y^a)$ だけ手渡し，残りの $y - s(y^a)$ だけ手許に留

保する.もし $B(y^a) = 1$ なら,C は E を(C の支払による費用 c をかけて)監査し,C は $\bar{s}(y^a, y)$ だけ受け取る.ここで,y は監査後の価値である.この場合,E は $y - \bar{s}(y^a, y)$ だけ自ら留保する.

契約 (A1) を以下のように単純化していく.真実を申告させること (truth-telling) を目的とするのであるから,もし $y^a \neq y$ であるなら $\bar{s}(y^a, y) = y$ とするのが常に最適である.すなわち,監査の結果,真実でないことが判明した場合,E は何も受け取れるべきではない.したがって,E は嘘の申告 y^a が $B(y^a) = 0$ を満たすときだけ嘘をつくことになる.ここで,

$$\hat{B} = \{y | B(y) = 0\} \quad \text{非監査領域} \tag{5A.1}$$
$$\bar{B} = \{y | B(y) = 1\} \quad \text{監査領域}$$

と定義する.真実申告制約(ないしは誘因両立制約,incentive compatibility constraint)は,このとき,(i) E は真実 $y \in \hat{B}$ と異なる $y^a \in \hat{B}$ を申告しない,(ii) E は真実 $y \in \bar{B}$ と異なる $y^a \in \hat{B}$ を申告しない,となる.

(i) により,$s(y)$ は $\hat{B}$ 上で一定値をとる.この一定値を $\hat{s}$ とおく.一定でなければ,E は すべての $y \in \hat{B}$ について $\hat{B}$ 上で $s(y)$ を最小とする y^a を申告するだろう(なぜなら E は $y - s(y^a)$ だけ受け取ることができ,しかも監査を受けることはないからである).(ii) により,$y \in \bar{B}$ であれば,必ず $\hat{s} \geq \bar{s}(y, y)$ である.そうでなければ E は $y \in \bar{B}$ ではなく,何らかの $y \in \hat{B}$ を申告しようとするだろう.

最後に,すべての $y \in \hat{B}$ について $s(y) \leq y$ であり,またすべての $y \in \bar{B}$ について $\bar{s}(y, y) \leq y$ である.なぜなら,これらの関係が成立しなければ,E にとって真実を申告する意味がなくなるからである.

以上の考察をまとめると以下のとおりとなる.$\bar{s}(y, y) \equiv s(y)$ とおくと,

$\hat{B}$ 上において, $\qquad s(y) \equiv \hat{s}$ (5A.2a)

$\bar{B}$ 上において, $\qquad \hat{s} \geq \bar{s}(y,y) \equiv s(y)$ (5A.2b)

すべての y について, $s(y) \leq y$ (5A.2c)

である.

最適な契約とは, (5A.2a)～(5A.2c) を満たしながら, E の収益,

$$\int (y - s(y)) dF(y) \tag{5A.3}$$

を, C の収支が均等するという制約,

$$\int (s(y) - cB(y)) dF(y) \geq K \tag{5A.4}$$

の下で最大化するメカニズム $(s(y), B(y))$ である. なお, 監査費用は, $B(y) = 1$ のときにだけ発生するが, C の収益に含まれている.

次に示す命題は, 最適契約がとても単純な形をとることを表している. 最適契約の性質は E が C に負う債務額 s^* に依存する. もし $y \geq s^*$ であるなら, E はその額を支払い, 監査は受けない. もし $y < s^*$ なら, E は監査を受け, C が y をすべて獲得する. もし「監査」という言葉を「破産」と読み替えるなら, 最適契約は返済額を s^* とする標準的な負債契約の特性を持つ. この命題は, Gale and Hellwig [1985] において証明されている.

命題 A1 プロジェクトが実現されるものと仮定する. すなわち, (5A.2) および (5A.4) を満たすメカニズムが存在すると仮定する. このとき, 最適契約は以下の形式をとる (測度 0 の可能性を無視している). ある何らかの s^* の値について, $\hat{B} = \{y \mid y \geq s^*\}$, $\bar{B} = \{y \mid y < s^*\}$ とし, $y \in \hat{B}$ について $s(y) = s^*$, $y \in \bar{B}$ について $s(y) = y$.

命題 A1 は CSV 理論の主要な結論であり, 負債による資金調達の役割を説明している. しかし, この命題および CSV アプローチ自体には, さまざま

な制約が付帯している.

1. 命題 A1 は確定的な契約のみが可能であるという仮定の下に導出されている. しかしながら, 確率的契約が可能であれば, より適切な契約を結ぶことができることは容易に確認できる. y が確率 σ で $\bar{y}$, 確率 $(1-\sigma)$ で $\underline{y}$ という 2 つの値をとる簡単な場合を想定し, $\underline{y}<K$ と $\sigma\bar{y}+(1-\sigma)\underline{y}>K$ を仮定する (y が連続である場合にも拡張が可能である). 確定的な最適契約の 1 つは, $\bar{y}>s^*>\underline{y}$ となる支払い s^* を特定したものとなる. その結果, $y=\underline{y}$ であるときには, 確率 1 で監査が行われる.

ここで, 次の確率的契約を考える.

契約 (A2)　E は $\bar{y}$ か $\underline{y}$ を申告する. E が $\bar{y}$ を申告する場合には, E は C に s^* を支払う. E が $\underline{y}$ を申告する場合には, 確率 $(1-\rho)$ で監査を受けずに C に $\underline{y}$ だけ支払い, 確率 ρ で監査を受けて全額を C に支払う. ここで, ρ は,

$$\bar{y}-s^* = (1-\rho)(\bar{y}-\underline{y}) \tag{5A.5}$$

を満たすよう選択される.

式 (5A.5) によって, この確率的契約が真実申告制約を満たすことが保証される. y が $\bar{y}$ をとるときには, E は躊躇せずに $\bar{y}$ を申告する. なぜなら, E にとって真実の申告と $\underline{y}$ を申告することとが無差別となるからである. 一方, y が $\underline{y}$ をとるときには, E は s^* だけ支払う力がないので, 真実を申告せざるをえない.

この確率的契約は確定的負債契約に対してパレート優位である. E は y がどちらの値をとる場合でも, 同じだけの収益を得る ($\bar{y}$ のとき $(\bar{y}-s^*)$, $\underline{y}$ のとき 0). 一方, C もやはり同じ粗収益を得ている ($\bar{y}$ のとき s^*, $\underline{y}$ のとき $\underline{y}$). さらに, $\underline{y}$ のときに確率 $(1-\rho)$ で 監査費用を節約できる. s^* を調整して, 確定的契約に比べて E も C もともに収益が改善するようにできるのは明らかである.

確率的契約が問題なのは，容易には負債と解釈することができないということである（確率的契約についての一般的な分析については，Mookherjee and Png [1989] を参照せよ）．式 (5A.5) に示される契約は，負債契約というよりも，どちらかというと（確率的）監査の仕組みに近い．この問題については，以下の5において再び言及する．

2. ここで説明した CSV モデルでは，C は特定の監査ルールにコミットすることができ，事後的に再交渉する可能性はないと仮定している．このことがなぜ重要であるかを理解するために，以下の例を検討してみよう．企業家の収益は確率1で $\bar{y} = 100$ であり，立証費用は $c = 20$ である．CSV モデルにおいては，企業家が 90 だけ支払うと約束すれば，その約束は強制できる．この理由は，事後的には，企業家はデフォルトに陥り何も得られないよりは，90 を支払って 10 を手許に残すことを好むからであるとされている．しかし，このためには，投資家が立証費用を支払ってでも企業家の資金を押収するという脅しが，から脅しではなく信憑性を持つという仮定が必要である．ここで，企業家が約束した額の 90 でなく 80 より少し高いだけの額を支払うという可能性を考えてみよう．そうなると，投資家は（信じるべき評判を聞いていないかぎり）立証費用 20 よりも低い差益しかないので，企業を監査しない選択をとるだろう．このように，監査するかしないかの意思決定において，見直しをしたり再交渉したりしないというコミットメントができない場合には，投資家が企業家に支払いを強制できる額は 80 を上限とするようになるのである．

この例では，再交渉の分析は比較的直接的である．しかし，企業家の収益 $\bar{y}$ が不確実である場合には，問題はかなり複雑なものとなる．なぜなら，企業家によって支払われる額は総収益のシグナルとなるからである．多くのシグナリング・モデルでそうであるように，シグナルはさまざまな形をとり，事後的な均衡は複数存在する．リファインメント (refinements) によってこれらの均衡のいくつかは消去できるが，最適な事前的契約の分析はすぐに複雑になってしまうのである（Gale and Hellwig [1989] を参照せよ）．

3．現実には，企業に対する請求権として，負債と株式は通常共存している．しかし，CSVモデルでは，配当と（第三者保有の）株式の存在を説明できるようには思えない．問題は，破産とならない場合には，Eは常に貸し主にちょうど応えるだけの支払いしかしないということにある．すなわち，他の請求者のために残される分はまったくない（E自身以外にはないという意味である．この意味でEは株式の100％保有者である）．そして，もちろん破産する状況の下では，債権者に対してさえ要求に応えることはできないのであり，第三者株主は何も得られない（すでに示したように，負債の不完備契約モデルにおいても，配当の存在を説明することが難しい．しかし，それらのモデルでは株式保有者は，企業家から支払いを引き出すため企業を清算するパワーを持つと考えているので，株式の価値が正であるということと矛盾しない）．

　4．状況を立証する費用 c はCSVモデルでとくに重要な役割を果たす．しかし，c はいったい何だろうか．c は監査費用であるのか，破産手続きを進めるための法的費用であるのか，それとも他の何かであろうか．これが問題となるのは，モデルの帰結が意味のあるものとなるためには，c が十分に大きくなければならないからである．そうでなければ，常にEを監査することによって，ファースト・ベストに近づくことができる．しかし，監査費用はそれほど大きいようには思われないし，実証分析においても破産に伴ってそれほど大きい（直接的）費用が見いだされているわけではない（たとえばWarner[1977]を参照せよ）．

　5．たぶん最も重要な点は，完備契約ないしは完備なメカニズムが可能であるという見解に基づいて，モデルが構成されていることである．そのような見解に従うとすれば，契約の当事者たちは第0日に膝をつき合わせて，将来の起きる状況すべてについて，それぞれの当事者の義務を特定した契約を取り結ぶ．その契約は，再交渉に耐えるものでなければならない．ごく簡単な仮定の下では，最適契約が負債契約と解釈できるということを，すでにこの付録において示している．しかし，この結論がかなり一般的であるとも思え

ない．より多期間のモデルを構成すれば，契約には複数期日の監査が特定されると予想される．この監査は，過去の事象に（可能性としては確率的に）依存して発動されるだろう．破産はしばしば企業の操業停止をもたらす．しかし，多期間モデルでは，監査の実施も同様に直ちに企業の操業停止を意味すると考えなければならない理由もない．むしろ，監査は企業の日常的な活動において，普通の出来事である．

　要するに，CSVモデルを拡張して考えると，負債の理論ないしは破産理論というよりも最適監査の理論に近くなるように思えるのである．

第6章　公開企業における資本構成の決定

　前章では，企業家が投資家（ないしは投資家のグループ）から資金を調達しようとするときに締結する契約の中で，最適な契約とはどのようなものかについて論じた．そこでは，企業家は企業を運営することによって大きな（私的）利益を獲得すると仮定された．投資家に損失がないように保ちながら，企業家が自らの目的を追求する自由を最大限に確保するためには，コントロール権が企業家と投資家の間にどのように配分されるべきかを分析した．

　本章では，前章の分析を拡張して，株式を公開している大企業のケースを分析する．経済学的には非公開企業 (private company) と公開企業 (public company) との間にはっきりした区別があるわけではない．ここでは，公開企業の場合には，経営者にコントロール権を配分して私的利益を享受する機会を与えることが，企業経営上それほど重要であるわけではないという前提のうえで分析を進める．同様に，経営者にコントロール権を与えて，関係特殊的投資を実現させるよう，また技術革新や発明に積極的であるよう動機付ける必要もないかもしれないと考える．大企業における経営者の業務の大部分は，どちらかというと定型的日常業務なのである[1]．むしろ，いかに金融構造を構成して，投資家が経営者の力を**抑制**できるようにするかという問題が

---

[1] これらの設定は，企業家に対する場合と対照的である．企業家の場合には，技術革新や発明創案に対する積極的な態度がとくに重要であった．

大事である．経営者は，投資家利益を犠牲にしても自らの目的を達成させようとする存在としてとらえられる．たとえば，経営者は自分自身に過大な給与を支払い，法外な役得にありついているかもしれない．利益が見込めない投資であっても，自らのパワーを強めるのに役立つと考えれば，投資を継続しているかもしれない．また，企業をもっと効率的に運営できる経営者が存在するのに，席を譲ることを拒絶しているかもしれない（対照的に，投資家は利益ないしは純市場価値にのみ興味を示すと仮定されている）[2]．

投資家が1人の場合には，この問題に対処する方法は明らかである．すなわち，ただ1人の投資家を100％の所有者としてしまうなど，投資家にすべてのコントロール権を賦与すればよい（企業家の効用を無視してもよい場合，ないしは投資家がすべての交渉力を持っている場合については Aghion-Bolton モデルを参照せよ）．しかし，本章では投資家には資金制約があり，企業には多くの小規模投資家が存在すると考える[3]．このため，第5章で考察した非公開企業には存在しなかった点が，2点新しく問題となる．第1に，企業を所有する主体，すなわち株主は，日々の業務を監督するには，規模において小さすぎ，数も多すぎる．したがって，株主たちは日々の業務に関わる（残余）コントロール権を取締役会に委譲し，取締役会はさらに管理職たちに委譲する．Berle and Means [1932] によって有名になった表現を用いれば，所有とコントロールとの分離が生じる[4]．

第2に，株主たちが小規模で分散していると，経営を監視するインセンティブがないか，ほとんど持たなくなる．この問題が生じる理由は，監視が公共財であるからである．すなわち，ある1人の株主が監視によって企業の業績

---

[2] 経営者が求めるものについては，たとえば Baumol [1959], Marris [1964], Jensen [1986], Williamson [1964] などを参照せよ．

[3] 投資家自身もリスク回避的であり，分散化された投資を好むために小規模であるのかもしれない．

[4] より正確に言えば，所有と「有効な」コントロール，ないしは所有と経営との分離が生じる．重要な点は，株主たちは議決権という形で，最終的なコントロール権を保持しているということである．

を改善させることができたとすると，その行為によってすべての株主が利益を受ける．監視に費用がかかるとすると，株主たちは皆，**他**の株主が監視を実行することを期待して，フリーライドしようとする．残念ながら，すべての株主が同じように考えてしまい，結局のところ監視はまったく実現されないか，ほとんど実現されないということになってしまう．

このフリーライダー問題は，持ち株比率を高めて買収してしまう（ないしは他の方法でコントロール権を握る）主体が出現することにより解決されることもある．しかし，企業買収のメカニズムは常にうまく働くとは限らない[5]．結論として，多くの場合，公開企業の経営者たち，もしくは取締役会は，外部からほとんど邪魔されることなく，自らの目的実現を図ることができると言える．それも，ひょっとすると株主利益を犠牲にすることによって実現されているかもしれないのである[6]．

---

5) この理由の1つは，企業買収の利益のうちかなりの部分が，買収される企業の株主にも分配されてしまうということにある．第1に，小口株主たちは，株式を所有し続けることによってキャピタル・ゲインを享受することができる（Grossman and Hart [1980] を参照せよ）．第2に，買い付けを行うことによって，他の投資家も当該企業の株式が過小に評価されていたことに気づき，買い付け競争がなかなか終わらないということがある．このように，株式買い付けを行おうとする主体が，買い付けに伴う事前的費用を回収できない可能性がある．この他に買い付けを阻害する要因としては，既存経営者がとりうるさまざまな防御的措置（訴訟，ポイズンピル，従業員持ち株制度の導入），友好的ホワイトナイトに買い付けを勧誘し非公開情報を提供すること，さらに最後の局面に至って，買い付けを始めた主体が主張している政策を現経営陣が実行することなどがある．実際，企業買収による利益のほとんどは，買収する企業ではなく，買収の対象となった企業の既存株主に帰属してしまうというのが現実である．この点について，Bradley et al. [1988] および Jarrell et al. [1988] を参照されたい．企業買収について，より進んだ議論は第8章において提供される．
6) 本書では経営者と取締役会との間に明確な区別をおかない．すなわち，株主のためになるように経営者を動かすという取締役会の働きを無視している．多くの場合に，この仮定は納得できるものと考える．取締役会のメンバーはしばしば既存の経営者によって選任されるので，経営者に忠誠を尽くそうとするであろう．また，取締役会のメンバーが企業の大株主であることはあまりないので，積極的に役割を果たすインセンティブもほとんどない．一方で，取締役会が経営者に介入し，経営を束縛することがあるのも疑いがない．いくつかの事例は広く伝わっている．この問題に関しては，Mace [1971], Vancil [1987], Weisbach [1988] を参照せよ．

本章では，所有とコントロールの分離の下で，企業の所有者がいかに経営者の行動を抑制できるかという問題を検討する．1つの可能性として，経営者たちに特定のインセンティブ・スキームを与えるという方法がある．しかし，インセンティブ・スキームは，経営者たちの努力を引き出すのに役立つことがあるかもしれないが，経営者たちが企業帝国を目指して事業規模を拡大しようとするのを抑制したり，コントロール権を放棄させたりするにはそれほど役立たないように思える．なぜなら，経営者たちが，巨大会社であることやパワーや役得において大きな利益を受けているとすれば，それらを手放すよう説得するためには，非常に多額の金銭を提供しなければならないからである．投資家の立場に立つと，経営者たちが巨大な企業帝国を求める性向を**強制的に**抑制する方策をとった方が，まだましかもしれない．資本構成に負債を設定するというのは，この目的を実現するための1つの方法である．さらに，負債というのはインセンティブ・スキームに比べてより柔軟に措置できるという利点がある．なぜなら，負債設定においては経営者が選択しうる範囲を明確にし，その選択が市場における企業業績の予想を敏感に反映するようできるからでる．

　本章では2つの簡単なモデルを用いて，負債が経営者の行動を抑制する働きを説明する．どちらのモデルにおいても，経営者が支配する資産において，利益の衝突があると考える．第1のモデルにおいては，時間が経過するにしたがって，はたして経営者に企業帝国を縮小させることができるであろうかという問題に焦点を当てる．第2のモデルでは，関連した問題ではあるが，経営者が企業帝国をどの程度まで拡大しようとするだろうかという問題を扱う．わざわざ2つのモデルを扱うのは，資産の清算と拡大とを分析するために，異なる方法が必要とされるからである．第1のモデルで扱う短期負債はとくに重要である．一方，第2のモデルで扱う長期負債は，より意味の深い役割を担っている．しかし，本文では簡単にしか触れられない．付録において，もう少し踏み込んだ議論をする．そこで説明されているモデルでは，2つのモデルがある特殊な場合について統合されている．

本章は次のように構成される．第1節ではモデルの背景となる仮定について説明し，第2節から4節においてモデルが展開される．第5節では，本章のモデルがとても単純であり，それほど際立った特徴を持たないにもかかわらず，資本構成における実証的な事実をいくつか説明する力があることを説明する．第6節では，ここで用いた「インセンティブ・アプローチ」と「エージェンシー・アプローチ」を，他の資本構成理論と比較する[7]．これまでの多くの文献においては，エージェンシー問題を完全に無視してしまい，負債による税務上の利益か市場取引成立の利益を強調してきた．ないしは，投資家と経営者の間の利害の衝突というよりは，むしろ株主と債権者の間の利害の衝突に焦点を当ててきた[8]．本章では，投資家と経営者との利害の衝突を分析してこそ，上位債 (senior debt) がなぜ発行されるのかを理解できるし，債務支払いを履行できない場合になぜ破産という形でのペナルティーがかかるのかを理解できるということを説明する．すなわち，負債が**ハード・バジェット制約**になぜ関係を持つのかということを説明する．

1 モデルの説明

本章のモデルは第5章におけるモデルといくつかの点で異なっている．そこで，厳密な分析を始める前にいくつかの重要な仮定を列挙しておく．

1. 非常に多数の小規模投資家が，当該企業に投資している．すなわち，株式も負債も分散している．
2. 資本構成は投資家の期待利益を最大化すべく決定されるのであって，投資家収支の均等条件下で経営者の効用を最大化するように決定されるの

---

[7] 資本構成に関する文献サーベイとしては，Harris and Raviv [1991] を参照せよ．
[8] 株主と債権者との利益の衝突については Jensen and Meckling [1976] を参照せよ．投資家と経営者との衝突を扱った論文には，Grossman and Hart [1982]，Jensen [1986]，Stulz [1990] がある．本章の分析は Hart [1993] および Hart and Moore [1995] とに基本的に従っている．

ではない．経営者の効用は，外部の機会で得られる効用と少なくとも同程度に高い．すなわち，経営者の参加制約は制約とならない．
3. (誰が見ても間違いなく) 極端なケースではあるが，経営者の効用が自らコントロールする資産の量が大きいほど高く，金銭的利益（報酬）の高さには依存しない場合を考察する．
4. 経営者は，企業利益をすべて私的に流用できるわけではない．結果として（第三者所有の）株式は均衡において正の市場価値を持つことになる．

上記の4つの仮定は強い仮定である．しかし，公開企業の研究を始めるにあたって設定する仮定としては適当であろう．第1の仮定は，投資家に資金制約があることを取り込むものである．この仮定によって債権者との再交渉が有効に阻止されるということに注意してほしい（フリーライダー問題による．この問題に関しては，第5章第5節を参照せよ）．したがって，ある企業が債務のためにデフォルトに陥った場合，不可避的に破産となる．第2の仮定は，経営者の選好は，投資家の選好に比べると重要ではないという考え方を定式化している．第3の仮定は，分析を単純化するための仮定である．インセンティブ・スキームは，経営者を動機付けるにあたって基本的に役立たないことを意味する．この仮定によって，負債が持つ経営者の行動を抑制する働きに焦点をあてることができる．最後の仮定により，（第三者所有の）株式が正の市場価値を持つことになるから，ある意味で第5章のHart-Mooreモデルよりも示唆に富んだモデルとすることができる．

分析が進行するにつれて，読者はそれぞれの仮定の役割を理解し，それぞれの仮定がいかに制約的に働くか（ないしは働かないか）が分かっていくだろう．

2 モデル1

第1のモデルでは，企業が清算されるべき状況を扱う．本章で展開する他

図 6-1

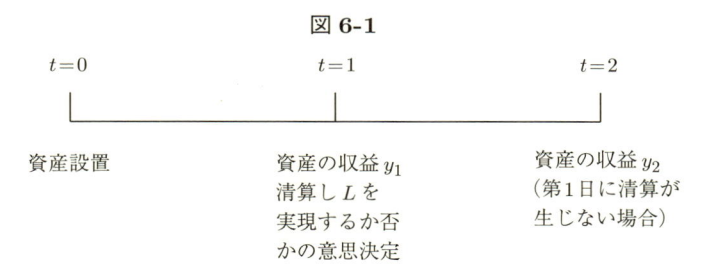

```
         t=0              t=1                t=2
         |————————————————|——————————————————|
     資産設置        資産の収益 $y_1$       資産の収益 $y_2$
                    清算し $L$ を          (第1日に清算が
                    実現するか否          生じない場合)
                    かの意思決定
```

のモデルと同様に，Myers [1977] にならったモデルである．

1つの企業を考える．この企業にはしかるべき資産が設置され，所与の3期間にわたって存在する（図6-1を参照せよ）．

第0日には企業の金融構造が選択される．第1日には設置された資産が y_1 の利益をもたらす．この期に企業を清算することが可能であり，清算する場合（すでに実現された y_1 に加えて）L だけの収益が発生する．L は企業の資産を他の何らかの用途に用いた場合の価値を表している．このモデルにおいては，企業の資産が他所ではより高い価値に評価される場合があることを否定しない[9]．

もし企業が清算されなければ，第2日には既存資産はさらに y_2 だけの利益をもたらす．この期で企業は解散し，収益は投資家に分配される．

前章における分析と異なり，清算には，全体を清算するかまったく清算しないかの選択しかないものとする．より一般的に分析する場合には，資産の売却は連続的に行われると想定すべきである．

企業はある1人の個人経営者によって営まれる．ここでは，経営者の目的はコントロールする資産規模を最大化することであると仮定したことを思い起こされたい．モデル1においては，経営者が事業を拡大する余地はないと仮定する．したがって，経営者の唯一の目的は清算を回避することになる．

---

[9] 第5章で展開した Hart-Moore モデルにおいては，企業の清算は決して効率的となることはないと仮定した．しかし，ここでの分析において効率性を考慮する場合には，経営者の私的利益は除外して考えている．もしこの経営者の私的利益をも考慮に入れるということであれば，本章のモデルにおいても企業の清算が効率的となることは決してない．

さらに,経営者がこの目的を達成した場合には,企業資金の使途を,もはや他に何も持たない[10].

y_1, y_2, および L に関するすべての不確実性は第1日において解消され,情報はすべて対称的であると仮定する.また,利子率は0であり,投資家はリスク中立的であると仮定する.

契約費用がかからないファースト・ベストでは,投資家は経営者と次のような契約を結ぼうとすることになる.

　　　契約1: $y_2 < L$ のときにだけ企業を清算する.

言い換えると,企業を継続することに比べて,清算することの(投資家にとっての)価値が高ければ清算が実行され,その場合を除いては清算が実行されないということになる.このような契約を結ぶことによって,第0日における企業価値はファースト・ベストの価値,

$$V = E[y_1 + \text{Max}\{y_2, L\}] \tag{6.1}$$

を達成することができる[11].

これ以後,分析を,y_1, y_2, L が観察可能であるにもかかわらず立証不能であり,強制的に執行可能な契約を結べないセカンド・ベストに限定する.とくに,法廷において $y_2 < L$ かどうか判別されることはないので,契約1を強

---

10) この点において,モデル1はJensen [1986] タイプの「純粋フリー・キャッシュ・フロー・モデル」とは異なっている(Jensen型の分析例は第3のモデルで示される).純粋フリー・キャッシュ・フロー・モデルにおいては,経営者は常に企業資金を他に振り向ける途を持っており,投資家に帰属すべき収益のうち,債権者の抵当に入っていない部分を浪費しようとする.したがって,フリー・キャッシュ・フロー・モデルにおいては,株式の価値はゼロとなる.これと異なり,モデル1では,以下すぐに明らかとなるように,株式価値は正の値をとりうる.ただし,この点において2つの分析が決定的に異なっていると考えるべきではない.なぜなら,Jensen型の仮定をより極端な形で設定しても,主要な結論は同様に成立するからである.

11) 経営者はパワーだけを望み,貨幣に興味を持たないという単純な仮定をおいているので(第1節を参照せよ),経営者へ支払う報酬を無視することができる.さらに,経営者は当初資産を持たず,非貨幣的な利益供与に心動かされることもないと仮定している.

制的に執行することはできない[12].

ここでは，強制可能な契約に代わるものとして，金融構造の役割を考える．y_1, y_2, L が立証不能であるが，投資家に支払われる金額は立証可能であると仮定する（すなわち，投資家への支払いは公に認知される行為である）．そこで，証券を第0日に発行でき，その支払い請求権を実際にそれまでに支払った額に条件付けることができる．とりあえず，第1日が満期である短期負債，第2日が満期である長期負債，および株式に対象を限定する．また，これらの2種の負債は両方とも上位債 (senior debt) であって，第1日に発行される請求権の保有者は，第0日に発行された債券保有者に対する債務がすべて支払われた後でしか支払いを受けられない．より高度で複雑な証券の役割は以下で考察される．

前述のとおり，もし企業が第1日に短期負債をデフォルトした場合，破産手続きが発動し，結局清算されることになる．すなわち，この場合収益は L となる[13]．

y_1, y_2, L についての不確実性が解消されたばかりの第1日において，経営者がどのような状況に直面しているかを考える．P_1 を第1日を期限とする債務額，P_2 を第2日を期限とする債務額とする．すなわち，P_1 と P_2 はそれぞれ短期負債および長期負債の額面である（もちろん，第0日においてはこれらの負債は，デフォルトの危険があるために，額面以下の金額で取引されるのが一般的である）．デフォルトは破産を招き，コントロール権の喪失による損失を招くと考えているので，経営者は自発的にデフォルトすることはない．もし，$y_1 \geq P_1$ であれば，経営者は第1日に債権者に対して P_1 だけ支払い，第2日に分配するために $y_1 - P_1$ だけの金額を企業内に留保するだろう．したがって，当初の株式保有者と債権者にとっての総回収額は $y_1 + y_2$ であ

---

12) 第1日において清算が生じた場合に L を立証することと，清算が生じなかった場合に L を立証することとは意味が異なる．第5章注8を参照せよ．
13) ここでは，企業が営業中の事業を継続しようとする，より高度な破産手続きシステムを無視している．そのようなメカニズムは第7章の分析の対象である．

る．債権者がこのうち $P_1 + \text{Min}\{P_2, y_1 - P_1 + y_2\}$ だけを受け取り，株式保有者が残りを受け取ることになる．

次に，$y_1 < P_1$ の場合を考える．もし，$y_1 + y_2 \geq P_1 + P_2$ であればやはり，経営者は第1日にデフォルトに陥るのを避けることができる．第2日を満期とする下位債 (junior debt) を額 $(P_1 - y_1)$ だけ発行し，第2日の所得 y_2 から，上位債 P_2 と一緒に返済すればよい．このように，株式保有者と債権者あわせての総回収額はこの場合も $y_1 + y_2$ であり，上位債保有者がこのうち $P_1 + P_2$ だけを受け取り，株式保有者が残りを受け取ることになる（下位債保有者は $P_1 - y_1$ だけ払い込み，$P_1 - y_1$ を払い戻される）．しかし，もし $y_1 < P_1$ かつ $y_1 + y_2 < P_1 + P_2$ であれば，経営者はデフォルトを避けることができず，清算が始動される．この場合には，債権者の回収額は $\text{Min}\{P_1 + P_2, y_1 + L\}$ であり，株式保有者が残りを受け取る．

当初株式保有者と債権者にとっての総回収額を R とおくと，以上の考察は，

$$R = \begin{cases} y_1 + y_2 & y_1 \geq P_1 \text{のとき，もしくは} \\ & y_1 < P_1 \text{かつ} y_1 + y_2 \geq P_1 + P_2 \text{であるとき，} \\ y_1 + L & \text{その他の場合} \end{cases} \quad (6.2)$$

と要約できる．

後に参照するため，ここで非効率が生じる余地が2通りあることを指摘しておく．第1に，経営者は，P_1 と P_2 の和が y_1 と y_2 の和に比べて大きいことを理由に，$y_2 > L$ であるときでさえ企業を清算しようとすることがある．第2に，経営者は，P_1 と P_2 の和が y_1 と y_2 の和に比べて小さいことを理由に，$y_2 < L$ であるときでさえ事業を継続しようとすることもある．

ここで，最適な資本構成について考察する．企業の資本構成，すなわち P_1 と P_2 とが，第0日における企業の市場価値を最大にするべく，第0日の時点で選択されると仮定する．この市場価値とは，当初のすべての証券保有者における期待回収額の合計 $E[R]$ である．この仮定は直感的には分かりにくいかもしれない．なぜなら，資本構成は通常経営者（ないしは取締役会）によっ

て決定されるし，経営者は企業の市場価値よりも企業の威容や規模を保つことに心を砕くと仮定してきたからである．しかし，ここで市場価値最大化の仮定を正当化する方法が，2つ考えられる．第1に，資本構成が，第0日の株式公開の前に，当初所有者によって決定される場合である．当初所有者は，予定されている債券および株式売却から得られる収益を最大にしようとするだろう（要するに，引退を目前としているということである）．第2に，第0日以前には企業はすべて株式発行によって資金が調達されており，第0日になると敵対的買収の危険を避けるために，第0日における市場価値を最大化すべく経営陣が資本構成を定めると考えてもよい．（敵対的買収を行う主体は現在存在しているが，第1日には他所へ行ってしまうかもしれない．そこで経営者は，将来に望ましく行動するということを，現在時点で自ら「拘束」しなければならない．そうでなければ，株主たちは，買収者に株式を売却してしまうだろう）[14]．

y_2 と L とに事前的不確実性が存在しない場合には，資本構成の選択は単純な問題にすぎない．もし，$y_2 > L$ であれば，$P_1 = 0$ とするのが最適な選択である[15]．一方，$y_2 < L$ であれば，P_1 を非常に大きく設定することが最

---

14) これらの筋立てはもちろん特別なケースである．しかし，これらの分析は，経営者が**自ら**の効用を最大化するように金融構造を決める場合にも適用可能であると考えられる．その場合には，本文で示した3期モデルにおいて，負債を持たないという自明な解が導かれるだろう（経営者が債権者から圧力を受けることを望まないのは明らかである）．しかし，もっと多期のモデルになると，経営者は自発的に負債を発行するかもしれない．なぜなら，投資家において，経営者が将来ひどい行動をとって株式価値が減じられてしまう懸念が大きく，負債こそが投資家から資金を募ることができる唯一の方法になるかもしれないからである．

また，（敵対的買収が発生する確率が，第0日で1，第1日で0となると仮定せずに）期日によらず敵対的買収が一定の確率で発生するという場合にも，負債の存在が経営者を束縛する効果を持つかもしれない．この効果を示すことができるように，分析を拡張するのも興味深い課題である．このような条件の下でも，負債には経営者を束縛する効果があることを示しているモデルについては，Zwiebel [1994] を参照せよ．

15) もし清算が避けられる場合には，経営者は企業の資金を使う途がないという仮定を思い起こされたい．そのため，清算が望ましくはないという仮定を前提すると，P_1 を非常に低く（ゼロに）設定することによるコストはない．

適となる（P_2 の値はどちらの場合にも意味を持たない）．株主の受取額は，$V_0 = \text{Max}\{y_1 + y_2, y_1 + L\}$ であり，ファースト・ベストが実現される．

y_2 と L とが不確実である場合になって，はじめて興味深い状況が発生する（y_1 が不確実であるかないかはそれほど重要ではない）．分析の単純化のために，ベクトル (y_1, y_2, L) が 2 つの値，(y_1^A, y_2^A, L^A) と (y_1^B, y_2^B, L^B) しかとらず，それぞれの発生確率が π^A と $\pi^B = 1 - \pi^A$ であるという特殊な場合を考える．

$y_2^A \geq L^A$ であり，かつ $y_2^B \geq L^B$ である場合には，第 1 日を満期とする負債を持たないとき，ファースト・ベストが達成されるのは明らかである．一方，$y_2^A \leq L^A$ であり，かつ $y_2^B \leq L^B$ である場合には，第 1 日を満期とする高額の負債を発行することによってファースト・ベストが達成される．面白いのは，$y_2^A > L^A$ かつ $y_2^B < L^B$ である場合（ないしはその逆の場合）である．このケースをさらに 3 つのサブケースに分けて考える．

1. $y_1^A + y_2^A > y_1^B + y_2^B$．この場合には，ファースト・ベストを達成できる．たとえば，$P_1 = y_1^A + y_2^A$, $P_2 = 0$ とすればよい．すなわち，短期負債を状況 A における総企業価値と等しく設定する．なぜなら，サブケース 1 の場合には，総収益が低い状況はそのまま企業が閉鎖されるべき状況であるということを意味するからである．このとき企業は，状況 A の場合には（y_2^A だけ借り入れることにより）デフォルトを避けることができ，状況 B の場合には避けえない．これは効率的な結果をもたらす．

2. $y_1^A + y_2^A \leq y_1^B + y_2^B$ かつ $y_1^A > y_1^B$．この場合には，$P_1 = y_1^A$ とし，P_2 を非常に高額に設定することによってファースト・ベストを達成できる．なぜなら，サブケース 2 では，第 1 日の収益が低い状況はそのまま企業が閉鎖されるべき状況であるということを意味するからである．このとき企業は，状況 A の場合には（y_1^A だけ支払うことによって）デフォルトを避けることができ，状況 B の場合には（これ以上借り入れを行うことができないので）避けえない．この場合も，もたらされる結果は効率的である．

3. $y_1^A + y_2^A \leq y_1^B + y_2^B$ かつ $y_1^A \leq y_1^B$．この場合には，ファースト・ベス

トを達成することができない．所与の P_1 と P_2 の値について，状況 B の下でデフォルトに陥るための必要十分条件は，$y_1^B < P_1$ かつ $y_1^B + y_2^B < P_1 + P_2$ である（(6.2) を参照せよ）．しかし，これらの不等式が成立すると，$y_1^A < P_1$ かつ $y_1^A + y_2^A < P_1 + P_2$ を得る．したがって，状況 A の下でもデフォルトに陥ることになる．清算することが非効率である状況 A の下で清算を発動させずに，清算することが効率的である状況 B の下で清算を発動させるのは不可能である．このように，どちらの状況が起きたとしても清算させるか，どちらでも清算させないかの選択しか残らない．第1の選択は P_1 を非常に高額に設定することによって実現され，第2の選択は $P_1 = 0$ と設定することによって達成される．第1の選択が第2の選択に比べて望ましいのは，

$$\pi^A L^A + \pi^B L^B > \pi^A y_2^A + \pi^B y_2^B \tag{6.3}$$

のときに限られる．すなわち，清算した場合の期待収益が，事業を継続した場合の期待収益より大きいときに限られる．

以上で，不確実性によって生じる状況が2つの場合の，最適資本構成分析が完結する．とくに内点解が存在するか否かが，確実性下の場合と異なっている．確実性下では債務額をゼロとするか無限大とするかという選択となるが，不確実性下では，有限値を選択することによって最適となることがある（サブケース1および2の場合）．また，高額な債務を設定すると非効率な清算が発動される場合があるし，少額の債務を設定すると効率的な清算を阻止してしまうことがある（サブケース3の場合）[16]．

経営をコントロールするうえで，金融構造とインセンティブ・スキームが

---

[16] この段階で，債権者との再交渉を不可能とする仮定を思い起こされたい．もし逆に，第5章のように再交渉にはコストがかからないと仮定するなら，$P_1 = \infty$ が最適となる（投資家の収益を最大化するように資本構成が選択されるという仮定が維持されるという前提の下に）．こうなる理由は，$P_1 = \infty$ であるときには，清算を発動することが効率的である場合，投資家が清算を主張する権利を有するからである．同時に，清算を発動することが非効率である場合には常に，投資家が P_1 を下方調整するべく再交渉できる．このように，モデル1では，再交渉にコストがかかるという仮定がとても重要な役割を果たしている．

どのように異なっているのかを考えよう．上述のとおり，y_1, y_2, L が立証不能であると，発生する状況に条件付けたインセンティブ・スキームを設定することができない．同様に，経営者は報酬よりもパワーの維持を重んじると仮定しているので，経営者が清算を実行することに報いるインセンティブ・スキームは有効に働かない．しかし，次のようなインセンティブ・スキームは一定の役割を果たすかもしれない．すなわち，企業の資本は株式のみで構成されており負債は持たない，経営者が新規に資本を募ることは許されておらず，第1日に株主に少なくとも P^* だけ配当しないかぎり解雇されるというものである．

しかしながら，このようにインセンティブを仕組んでも，実は債務を課すのと同じ働きを期待することになる．なぜなら，結局，

　　　清算 $\Leftrightarrow y_1 < P^*$

という清算の発動ルールを設定することになってしまうが，このルールは負債を $P_1 = P^*$ かつ $P_2 = \infty$ と設定することと，実質的に等しいからである．さらに，負債を用いると，資本構成がより柔軟になるので，一般により望ましい結果をもたらすことが可能である．とくに，$P_2 < \infty$ と設定する場合にそうである（サブケース1を見よ）．$P_2 < \infty$ であるとき，清算発動ルール，

　　　清算 $\Leftrightarrow y_1 < P_1$ かつ $y_1 + y_2 < P_1 + P_2$

は，y_1 のみならず y_2 にも依存している．このように，負債という手段を用いると，第1日における経営者の資金再調達能力とあわせて，前述の単純なインセンティブ・スキームでは作り出すことができないような方法で，y_2 の値にも敏感に反応する結果をもたらすことができるのである[17]．

---

17) ここでは，投資家は y_1, y_2, L のような皆が観察できる値についてメッセージを送ることができないと仮定している．メッセージを用いることによって，y_2 に敏感に反応する清算ルールを，別に形作ることができる．たとえば Moore [1992] を参照せよ．

3　モデル2

モデル1で扱っているのは，企業を縮小すべきかどうかが唯一の課題である場合である．設定した条件下では短期負債が（清算を発動するという）主要な役割を果たしており，長期負債はあまり重要な役割を果たさない．モデル2では企業の拡大の可能性をも考える．このように拡張すると，新規資本の導入を制御する方法として，長期負債がより意義のある役割を持つようになる[18]．残念なことに，清算と新規投資を同時に分析するのは難しい．そこで，モデル2では分析を単純化するための仮定をおいている（以下の仮定1を参照せよ）．この仮定によって，短期負債をゼロとすることが最適となる．したがって均衡において清算は発生しない．それゆえ，長期負債に焦点を当てて分析することができる．

モデル2におけるゲームの時間的進行は，第1日に企業が投資プロジェクトを実行できるとする以外は，モデル1と同様である（図6-2を参照せよ）．投資プロジェクトのコストは i であり，第2日に r だけの収益をもたらす．変数 i および r の値は第0日において不確実であるが，第1日にこの不確実性は解消される．

経営者は企業を帝国のように拡大しようとする性向を持つと仮定しているので，常に可能なかぎり投資を実行しようとする．すなわち，経営者は万難を排して清算を阻止しようとするのと同様に，何としてでも投資しようとする．それを止めることができる力は，ただ資本調達能力の抑制だけである．しかしながら，モデル1と同様に，投資資金が調達された後に，経営者は企業の資金を他の何らかの用途に私的流用しようとするわけではない．

プロジェクト・ファイナンスは仮定により除外される．すなわち，既存の資産についての収益 y_2 と切り離して，新規投資の収益 r に対する請求権を発行することはできない[19]．さらに，$P_1 = 0$ が最適となり，均衡において清算

---

[18]　モデル2は Hart and Moore [1995] によっている．
[19]　もしプロジェクト・ファイナンスが可能であると仮定してしまうと，新規投資を独立した投資として資金調達できる．この新規投資の価値は市場に対して第1日に明らかに

図 6-2

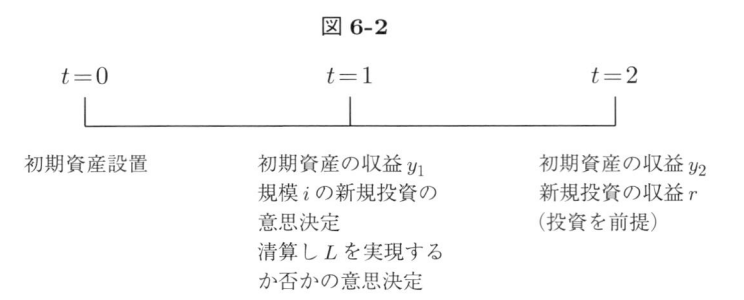

```
t=0                  t=1                    t=2
|────────────────────|──────────────────────|
初期資産設置          初期資産の収益 $y_1$    初期資産の収益 $y_2$
                     規模 $i$ の新規投資の   新規投資の収益 $r$
                     意思決定              （投資を前提）
                     清算し $L$ を実現する
                     か否かの意思決定
```

が発生しなくなるための仮定をおく．

仮定 1 確率 1 で $y_1 < i$ かつ $y_2 \geq L$ である．

仮定 1 によると，経営者は第 1 日の収益から投資資金を捻出することができない．さらに，企業を清算することは効率的な選択ではない．この仮定は，成功を目指すためには，少なくとも初期の時点において新資本の注入が必要であるような，成長企業においては妥当であろう．

命題 1 仮定 1 の下では，当該企業の第 0 日における市場価値は $P_1 = 0$ において最大化される．

以下は証明の概略である（詳細は Hart and Moore [1995] を参照せよ）.

される．経営者がこの投資に既存の資産から内部補助できないようにするためには，負債水準を禁止的なまでに高く設定するという方法がある．いくつかの理由があって，このプロジェクト・ファイナンスを除外している．第 1 に，投資 i は，既存資産の保全や改善などのための**追加的**投資であり，最終的な収益 $y_2 + r$ も，単に（1 つの）プロジェクトからの総合収益であるかもしれない．第 2 に，既存資産も新規プロジェクトも同一の経営チームによって管理され，内部移転価格を調整することによって収益が再分配されているかもしれない．そうなると，市場では利益の合計をたどることができるだけである．最後に，もし特定のプロジェクトに対するファイナンスが可能であったとしても，そうして実現するプロジェクトは経営者が築く帝国の一部としての性格が薄く，支配欲を満たすという私的利益も少ないので，わざわざ資金調達を図る**意欲**を持つかどうか疑問が残るということがある（この点については Li [1993] を参照せよ）．

$(P_1 + P_2)$ を同じくするどのような選択を考えてみても，P_1 を 0 とし，P_2 を $(P_1 + P_2)$ と置き換えた方が望ましい．なぜなら，P_1 を 0 とすることによって，(非効率な選択である) 清算に至る可能性を低下させるからである．また，P_1 が 0 であることによって，経営者が粗悪なプロジェクトに投資する危険が増すわけではない．なぜなら，$y_1 < i$ であるので，経営者は市場で資金調達しなければならず，上位債の既起債額 $P_1 + P_2$ のみが新規調達可能額を決定するうえで重要だからである (以下の不等式 (6.4) に至る説明を参照せよ)．以上によって命題が成立する．

$P_1 = 0$ であり清算が生じないとすれば，モデル 2 の分析は比較的単純である．経営者が投資を実行した場合の総収入は $y_1 + y_2 + r$ であり，その金額に対して当初の (上位債) 債権保有者が抵当権 P_2 を持っている．したがって，第 1 日に企業が借り入れできる限度額は $y_1 + y_2 + r - P_2$ である．そのため，経営者が投資を行うための必要十分条件は，

$$y_1 + y_2 + r - P_2 \geq i \tag{6.4}$$

である．もし，不等式 (6.4) が成立すると，第 0 日に投資した投資家の総回収額 R は

$$R = y_1 + y_2 + r - i \tag{6.5}$$

であり，第 0 日における債権者が P_2 を受け取り，株主が残りを受け取る (新規債権者は満額の返済を受ける)．

もし，不等式 (6.4) が満たされなければ，第 0 日に投資した投資家にとっての総収益は，

$$R = y_1 + y_2 \tag{6.6}$$

である．

モデル 2 で非効率が発生する可能性が 2 点ある．経営者は $y_1 + y_2$ が P_2 よりも大きいからといって，$r < i$ である場合でさえも投資しようとすることが

あるかもしれない．また，経営者は y_1+y_2 が P_2 よりも小さいからといって，$r>i$ である場合でさえも投資できないかもしれない（後者の問題は，デット・オーバーハング問題 debt overhang problem として知られている．Myers [1977] を参照せよ）．

ここまでくると，モデル2における最適資本構成を分析するのは難しくない．もし i と r に事前的不確実性が存在しなければ，容易にファースト・ベストを達成できる．もし $r>i$ であるなら $P_2=0$ とし，逆に $r<i$ であるときには P_2 を非常に大きくすればよい．前者の場合には，不等式 (6.4) が常に満たされるので投資が実行される．この選択は効率的である．後者の場合には，不等式 (6.4) は決して満たされることはなく，投資も実現されない．やはりこの選択も効率的である．

ここで r や i が不確実であると，もっと分析が必要となる．単純化のために，再び (y_1, y_2, r, i) の組み合わせが，(y_1^A, y_2^A, r^A, i^A) と (y_1^B, y_2^B, r^B, i^B) という2つの値しかとらないと仮定する．発生確率は，それぞれ π^A と $\pi^B=1-\pi^A$ である[20]．

$r^A \geq i^A$ かつ $r^B \geq i^B$ である場合には負債を持たないのがファースト・ベストとなり，$r^A \leq i^A$ かつ $r^B \leq i^B$ である場合には多額の負債を設定するのがファースト・ベストとなるのは，前と同様に自明である．自明でないのは，$r^A > i^A$ かつ $r^B < i^B$ の場合である．この場合をさらに，2つのサブケースに分けて分析する．

1. $y_1^A + y_2^A + r^A - i^A > y_1^B + y_2^B + r^B - i^B$．当該企業の純市場価値と新規プロジェクトの収益性とが完全に（正に）相関している．この場合には，P_2 を $y_1^B + y_2^B + r^B - i^B$ と $y_1^A + y_2^A + r^A - i^A$ との間の何らかの値に設定することによってファースト・ベストを達成できる．こう設定すると，不等式 (6.4) が状況 A では満たされるが状況 B では満たされないので，投資が状況 A でしか実行されないからである．結果は効率的である．

---

20) 発生する状況が2つ以上存在する場合の分析については，Hart and Moore [1995] を参照せよ．

すなわち，負債を状況 A における純企業価値の最大値と，状況 B における純企業価値の最大値との間の値に設定することによって，状況 A の下では経営者が収益の見込める新規プロジェクトに対し資金調達する余裕を持つ一方で，状況 B の下では収益の見込めないプロジェクトに資金調達することが困難となるようにできるのである．

2. $y_1^A + y_2^A + r^A - i^A \leq y_1^B + y_2^B + r^B - i^B$．当該企業の純市場価値と新規プロジェクトの収益性とが完全に（負に）相関している．この場合には，P_2 をどのような値に設定してもファースト・ベストを達成できない．なぜなら，

$$y_1^A + y_2^A + r^A - P_2 \geq i^A \Rightarrow y_1^B + y_2^B + r^B - P_2 \geq i^B$$

となるから，状況 A で投資をさせながら，状況 B で抑制するのは不可能だからである．したがって，A と B どちらの状況においても投資をさせない（P_2 を非常に大きな値に設定する）か，ないしはどちらの状況においても投資をさせる（$P_2 = 0$ と設定する）かの選択しか残らない．前者がより望ましいための必要十分条件は，

$$\pi^A(r^A - i^A) + \pi^B(r^B - i^B) < 0$$

である．すなわち，新規投資についての期待純利益が負となるという条件である．

この第 2 のモデルから得られる教訓は，第 1 のモデルから得られる教訓を補完する．経営陣が企業帝国の建設に興味を持っているとする．このとき，投資家にとっての最大の危険は，経営者が既存資産から得られる収益に対して請求権を設定することによって，収益の見込めない投資のために資金を調達しようとする事態にある．こうした場合でも，長期的な収益の一部を抵当とする，長期の上位債を設定することによって，経営者の資金調達能力を抑制できる．しかしその一方で，長期負債をあまりに多額に設定してしまうと，経営者が収益の見込めるプロジェクトを遂行することさえも妨げてしまう．

本章では，上位債の発行額は一定であるとした，「単純な」資本構成に限定して分析を進めている．しかしながら，より複雑で高度な証券を発行することが効果的となることもあるのを示すのは難しくない．モデル2において，$y_1 \equiv 0$ であり $y_2 \equiv r$ であると仮定する（すなわち，既存の資産から得られる収益と，新規投資から得られる収益は常に一致することになる）．このとき，ファースト・ベストは以下に示す形で実現される．企業は第2日を満期とする，あるクラスの上位債を K だけ発行するとしよう．この K は非常に大きな額である．この証券には約款が付帯し，当該企業は同程度に優先権のある新規負債を額 K まで発行できるものと規定している（したがって総債務残高は $2K$ となる）．規定されている以上の負債を発行する場合，このクラスの債権より，優先権の順位は低くなる．

　このような資本構成をとったとすると，第1日に調達できる最大額は $1/2(y_2 + r)$ である．企業は満額 K まで負債を発行し，第2日における総所得 $(y_2 + r)$ を既存の債権者と新規債権者とに分ける（K は非常に大きな額としているので，企業は第2日に破産する）．今や，企業が投資する条件は，$y_2 = r$ を考慮すると，

$$\text{投資の実行} \Leftrightarrow 1/2(y_2 + r) \geq i$$
$$\Leftrightarrow r \geq i$$

となる．これは，そのままファースト・ベストの結果をもたらしている．さらに，上位債を（一定額だけ）発行するという単純な資本構成だけでは，ファースト・ベストを達成できないということも簡単に確認できる．

　より複雑で高度な証券を考案することは理論的には面白いだけでなく，その存在を現実に観察することもできる（Ragulin [1994] を参照せよ）．残念ながら，こうした高度な証券を概説することは本書の範囲を超えることになる．読者がこの方面の議論の発展に興味を覚えたなら，Hart and Moore [1995] を参照されたい．ただし，そのようなより高度な証券が現実に発行されているからといって，本章の議論の価値が損なわれるわけではない．負債は，私利

を求めた経営者の行動を抑制するという, 重要な役割を担っているのである.

4 モデル3

仮定1はモデル2を単純化することに役立った. しかし, 一方で, とくにJensen [1986] において強調されている, 経済学的にも興味深いケースを除外してしまっている. これは, もし $y_1 > i$ であれば, 企業はフリー・キャッシュ・フローを持つことになるので, これを用いて収益の見込めない投資を実行できる (すなわち, $r < i$ でも投資をする) ということである. 短期債務は, 経営者にこのようなフリー・キャッシュ・フローを吐き出させるという役割を持つ.

ただし, 短期負債のこのような役割はモデル1において説明した機能とは異なるものである. モデル1においては短期負債は清算を発動するという働きを持っていたのであり, 事業拡大を抑制する働きは持っていなかった.

短期負債が持っている, この新しい働きについては本章付録で分析する. そこでは, モデル1とモデル2とが結合される. しかしながら, 2つのモデルを一般的な形で統合するのは難しいので, 単純化のために仮定を2つおいている. 第1に, 経営者は (1つだけではなく) 無数の新規投資プロジェクトを選択できると仮定する. ただし, それらのプロジェクトには収益性がなく, それぞれについて $r < i$ であるとしている (実際にはさらに単純化するために, r は0とおいている). 第2に, $y_2 > L$ と仮定している. すなわち (仮定1のように) 清算を発動する選択は, 常に非効率である. このとき, 負債の発行は, 以下の要因を考慮して決定される. まず, 経営者が収益性のない再投資に費やすことのできる資源を最小化しなければならない. そのため, P_1 および P_2 はできるだけ高額の, y_1 と y_2 にできるだけ近い値に設定されなければならない. しかし, y_1 および y_2 が不調だった場合には, 非効率な選択である清算が発動してしまう可能性がある. この可能性を最小限にするために, P_1 および P_2 は低く保たなければならない. このトレード・オフに対す

る適切な選択は,本章付録において導かれる.

ここで,以後参照するために,本書において有用と思われる結論を書き出しておく.y_1 と y_2 とに不確実性がなければ,ファースト・ベストは,モデル3において $P_1 = y_1$ および $P_2 = y_2$ と設定することによって達成できる.

5 資本構成の実際

以下では,ここまでに展開した負債と資本の構成についての単純なモデルを用いて,現実の資本構成をどうとらえることができるかについて考察する.資本構成については非常に多くの実証分析がある.すべての観察事項が一貫しているわけではないが,いくつかの定型化された事実 (stylized fact) は存在する.それらの事実は以下のようにまとめられる.

収益性の高い企業ほど負債水準は低い.有形資産の割合が大きい企業ほど負債水準は高い.キャッシュ・フローが安定している企業ほど,負債水準が高い.株式の債務化を行うと,株価が高くなる.債務の株式化を行うと,株価が低下する.単純に株式を発行するだけなら,株価が低下する[21].

以下ではこれらの事実のすべてが,ここまでに展開したモデルによって説明されることを示そう.ただし,すべてのこうした事実が,モデルの当然の帰結として導かれるわけではない.ある場合には,モデルの結論はまったく逆にもなりうることが示される.こうした曖昧さが残るのは,負債のエージェンシー・アプローチにおける弱点と思われるかもしれない.しかし,こうした性質は資本構成を分析する他の理論においても避けられないと考える.すなわち,パラメータの値や情報構造の形を「適宜」仮定すれば,他の理論においても正反対の結果がもたらされる.以下で示すように,エージェンシー・アプローチが優れている点の1つは,他の理論では説明がつかないことを説

---

[21] これらは,Harris and Raviv [1991], Masulis [1988] [1980], Myers [1990], Asquith and Mullins [1986], Kester [1986], Long and Malitz [1985], Titman and Wessels [1988] において議論されている.

明できることである．なぜ企業は「ハードな」負債を発行するのか．ここで「ハードな」負債とは，優先権を持ち，デフォルトするとそのまま破産手続きを発動させる力のある負債のことである．

まず収益性と負債との関係を考察する．モデル1によって，収益性の高い企業（とくに高い y_2 を示す企業）においてなぜ負債水準が低くなるかを説明することができる．企業を2種のグループに区分し，第1種の企業は $y_2 > L$ であり，第2種の企業では $y_2 < L$ であるとする．また，特定の企業がどちらのグループに属するかは，皆が知っているものとする．さらに，どちらのグループに属するかによって L の値はあまり変わらないが，y_2 の値が大きく異なるものとする．この意味で，第1種に属する企業の方が第2種に属する企業より収益性が高いと考える．以上の仮定の下では，収益性の高い第1種の企業に対して $P_1 = P_2 = 0$ と設定するのが最適となる．なぜなら，清算が非効率な選択だからである．一方，収益性の低い第2種の企業に対しては P_1 を高い値に設定するのが最適である．なぜなら，この場合，清算が効率的な選択だからである．このように，収益性と負債水準の間には負の相関が存在する．

しかしながら，仮定を少し変えると収益性と負債水準が正に相関するようになる．今度は，グループによって L は大きく変化するが y_2 はあまり変化しないとする．この状況の下で，第1種の企業の方が第2種の企業より収益性が低いと考える．すなわち，収益性が高い企業は，既存事業が高収益であることによって収益性が高いのではなく，高い清算価値を持つことをもって収益性が高いと考えるのである．そのような場合には，高収益の会社こそ，経営者に，会社を清算させることによって（より一般的には，資産の売却によって），コントロール権を手放させるようにするため，高い負債水準が設定されている必要がある．

モデル2に基づく場合には，収益性と負債の間に明確な関係があることを予測できない．もし企業の高い収益性が，新規投資の高い価値を意味していれば，高収益の会社ほど低い負債水準の方が望ましい（もし確実に $r > i$ であると，$P_1 = P_2 = 0$ が最適となる）．しかし，もし高い収益性がすでに行った投資

の価値が高いことを意味するものであるなら，高い収益性を持つ企業ほど高い負債水準を持つことが望ましい．不確実性により変数がそれぞれ2つの異なる値をとると考えた例のうちサブケース1の場合，すなわち $r^A > i^A$, $r^B < i^B$, $y_1^A + y_2^A + r^A - i^A > y_1^B + y_2^B + r^B - i^B$ の場合には，P_2 が $y_1^B + y_2^B + r^B - i^B$ と $y_1^A + y_2^A + r^A - i^A$ の間の値をとるときに最適となる．したがって，最適な P_2 の値は $y_1^B + y_2^B$ と $y_1^A + y_2^A$ との増加関数となる（この点について詳細は Hart and Moore［1995］を参照せよ）．

　モデル3を用いると，収益性と負債が負の相関を持つことを，かなり明確に予測できる（このとき負債水準は負債資本比率で測っている）．y_1 および y_2 が2倍になったとする．もし同時に L も2倍になったとすると，同次性により最適負債水準も2倍になる（詳細は付録を参照せよ）．しかし，もし L が2倍以下にしかならないのなら，非効率な意思決定である清算のコストはその分高くなるので，最適負債水準は2倍以下しか増大しない．したがって，現存事業の収益が清算価値に対して相対的に増大すると，負債資本比率は低下することになる．

　次に，有形資産が総資産に占める比率が高いほど負債水準が高いという事実について考える．もし資産の有形性が高いほど清算価値が高いとすれば，この事実はモデル1によって明快に説明される．他の条件が同一ならば，L の値が高くなるほど清算がより好ましい選択肢となり，最適な P_1 や P_2 の値も増大する（$y_2 < L$ ないしは条件 (6.3) が満たされる可能性がより高くなる）．

　モデル2においては，資産有形性の代理変数として十分に適切な候補がない．したがって，負債水準と資産の有形性の関係においてとくに言及することはない．

　モデル3においては，モデル1と同じように，負債と資産の有形性との間に正の相関が存在することを説明することができる．資産の清算価値が増大すると，非効率な清算が実行されるかもしれないという，高債務を持つことによるコストが低下する．しかし，収益性の低い再投資が抑制されるという，高債務の便益は資産の清算価値に依存せず同一である．したがって，最適負

債水準は増大する．詳細は付録を参照されたい．

　次に，負債とキャッシュ・フローの安定性の関係について考察する．この関係を理解するためには，モデル3を考察するのが最も適切である．最初に y_1 と y_2 とに不確実性がない場合を考える．このときには，$P_1 = y_1$，$P_2 = y_2$ とするのが最適である．ここで，第1日のキャッシュ・フローに不確実性を導入する．不確実性を導入することによって，2つの効果が発生する．まず，y_1 が高くなるときには，経営者が浪費的投資を実行してしまう力を抑制するため，負債を増大させねばならない．一方，y_1 が低くなるときには，非効率な清算が発動される可能性を低下させるため，負債を減少させねばならない．本章付録では，パラメータの値に依存して，どちらかの効果が支配的となり，その結果最適負債水準が増大したり減少したりすることが示される．

　このように，ここで示す理論によって，なぜ企業がより安定的なキャッシュ・フローを持つと負債水準が増大するのかを説明することができる．しかし，同時に負債水準が減少する傾向を持つことも説明できてしまうのである．

　次にイベント・スタディの結果について考える．ここでは，すでに紹介した事実のうち最初の事実，すなわち株式の債務化を行うと，株価が高くなるという事実に着目する（もう片方の事実も同様な分析によって説明可能である）．この分析はモデル1に基づいている．ただし，他のモデルに基づいても同様の結果が導かれる．以下の分析は，資本再構成 (recapitalization) ないしは株式の債務化に駆り立てる力は，敵対的買収の脅威であるという理解に基づいている．

株式の債務化による株価上昇効果（典型例）

　モデル1によってこの事実を説明できる．まず，敵対的買収が間近に迫っているという私的情報を，第0日の直後に経営者が得たとする（このタイミングを，ここでは第 $1/2$ 日と考える）．単純化のために，少なくとも市場にとっては，この情報が想定外であったと仮定する．しかし，もし経営者が資本再構成によって市場にシグナルを出したとすれば，市場は当然反応する．

図 6-3

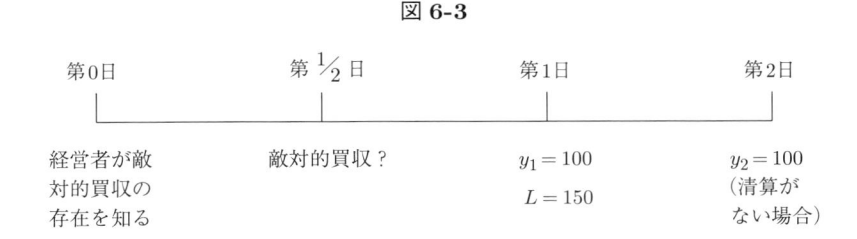

```
第0日           第½日          第1日           第2日
｜───────────────｜───────────────｜───────────────｜
経営者が敵      敵対的買収？    y₁ = 100       y₂ = 100
対的買収の                      L = 150        （清算が
存在を知る                                     ない場合）
```

第0日　　　　　　第½日　　　　　第1日　　　　　第2日

経営者が敵対的買収の存在を知る　　敵対的買収？　　$y_1 = 100$　　$y_2 = 100$
　　　　　　　　　　　　　　　　　　　　　　　　$L = 150$　　（清算がない場合）

　さらに（たとえば過去の経緯など）特定できない理由により，企業は当初全額株式で資金調達していると仮定する．また，経営者がおおむね効率的に企業を運営していけると市場に信じてもらえないかぎり，敵対的買収が成功してしまうものとする（買収を仕掛けるのにも一定のコストがかかるので，もし経営者がおおむね効率的に経営できれば，その経営者は安全であるという考え方に基づいている）．

　この企業について，図6-3に示されているように，$y_1 = y_2 = 100$ かつ $L = 150$ であり，この値は広く知られているものとする．第 $\frac{1}{2}$ 日における買収に先立って，経営陣が何の対応策もとらない場合，市場参加者はどのように考えるだろうか．とくに発行済みの負債があるわけではないので，清算せねばならない圧力はない．そこで，もし買収が失敗した場合に，第1日になって経営陣が清算を発動することは**ない**と予想するだろう[22]．株主がそう予想すると，買収者に応じてしまうことになるので買収は成功するだろう．

　こうした展開を避けるために，経営者は第1日に効率的な行動をとるということを，第0日の直後に自ら拘束しておかなければならない．明らかに，この目的にかなう方法の1つが株式の債務化である[23]．たとえば，250だけの支払いを約束する短期負債を経営者が新規に発行し（すなわち，$P_1 = 250$，$P_2 = 0$ と設定する），その資金で自己株式を買い戻す．$y_1 < P_1$ かつ $y_1 + y_2 < P_1 + P_2$ となるので，新規債務によって第1日のデフォルトが確定し，当然清算の事

---

[22] 後の時点で他の買収者が出現する可能性は，無視できるほど小さいと仮定する．
[23] 敵対的買収が公示されてから株式の債務化を行っても遅すぎると仮定している．

態となる．この結果は効率的である．こうして敵対的買収は挫折し，経営者はコントロール権を保持する．ただし，コントロール権を維持できるのも第1日かぎりであるが．

資本再構成によって，株式価値はどのような影響を受けるだろうか．資本再構成が起きるまでは，株式価値は（ほぼ）$y_1 + y_2 = 200$ である（ここでは，敵対的買収は起こりそうにないと思われていると仮定している）．資本再構成の後の企業の総価値は $y_1 + L = 250$ である．新規負債を発行することによって得られた資金がすべて自己株式の買い戻しに用いられたとすると，この250の値はすべて当初株式保有者のものとなる．このように，資本再構成の効果は株式価値を50だけ高めるものとなっている[24]．

このようにモデル1は，株式の債務化が株価を上昇させるという明らかな事実と整合的である．しかし，以下で示されるように，同じモデル1でも情報構造が変化すると，同じ行為が株式価値を減じるように働きうる．

株式の債務化による株価下落効果

$y_1 = 100$，$L = 80$ とする．y_2 の値は $y_2^A = 100$ と $y_2^B = 60$ という2つの値をとり，それぞれの確率が π^A と $\pi^B = 1 - \pi^A$ であると知られていると仮定する．事前的確率として，π^A は1にとても近い値をとり，π^B は0に近い値をとるものとする．ここで，経営者は第0日の直後に，状況Bが確実に生じると知りうると考える（こうした情報を得ることは，事前的にはまったく予期されていなかったとする）．市場には，すぐにこの情報が伝わるものとする．ここでは第 $1/4$ 日に伝わると考える．さらに，前述の例とは異なり，敵対的買

---

[24] 本文の例においては，株式の債務化を実行する前には，企業はすべて株式によって資金調達していると仮定している．ここでの主要な論理は，当初，企業にリスクのない債務残がある場合にも，容易に一般化できる．その場合には，敵対的買収の脅威によって，企業はより多くの債務を重ねることになる．しかし，不確実性が存在し，企業がリスクのある負債を負っている場合には，話はより込み入ってくる．なぜなら，敵対的買収者は，債権者と利益を分割しなければならなくなるので，買収を仕掛けることを躊躇するかもしれないからである．この点については，Israel [1991] および Novaes and Zingales [1994] を参照せよ．

図 6-4

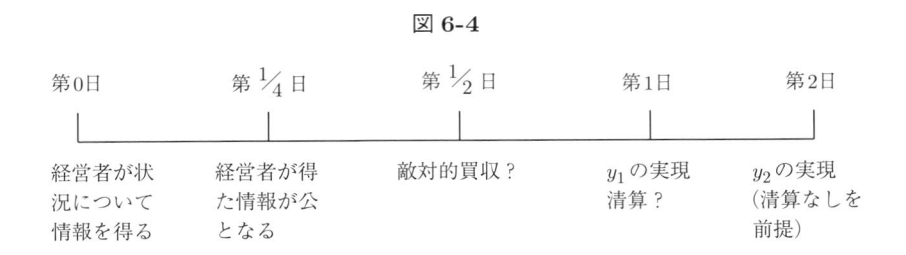

第0日	第 $\frac{1}{4}$ 日	第 $\frac{1}{2}$ 日	第1日	第2日
経営者が状況について情報を得る	経営者が得た情報が公となる	敵対的買収？	y_1 の実現 清算？	y_2 の実現（清算なしを前提）

収者が第 $\frac{1}{2}$ 日に買収を仕掛けるということを，皆が知っているものとする．さらに加えて，企業は当初すべて株式によって資金を調達しているものとする．以上の情報構造は図 6-4 に示されている．

事前的には状況 A の発生確率が高いと予想されているので，状況 B が確実に生じるという情報を持たないかぎり，経営者が無負債の方針を変えようとすることはないだろう（そう考えるかぎり，企業は π^A の予想値をさらに 1 に近く調整してしまうかもしれない）．問題は，無負債企業には第 1 日に清算する圧力がまったくないということである．しかし，π^A が 1 に近いのであるから，この成り行きはほぼ効率的である．したがって，経営者には第 $\frac{1}{2}$ 日に買収されてしまう危険がない．初期保有されている株式の市場価値は近似的に $y_1^A + y_2^A = 200$ である．

経営者は，現実に発生するのは予期されず望まれもしない状況 B であるという情報が，市場に間もなく知れわたってしまうと分かっている．状況 B においては清算の実行が効率的となるから，第 1 日に清算を実行せざるをえない形で自身を束縛しないかぎり，経営者としての地位が危機に瀕することになる[25]．経営者にできることの 1 つは株式の債務化である．たとえば，$P_1 = 180$ と設定すると，状況 B が発生した場合清算が余儀なくなり，第 $\frac{1}{2}$ 日の敵対的買収を挫折させる．

---

[25] こうした自己束縛は市場が現実に起きる事態を認知する第 $\frac{1}{4}$ 日に実現していなければならない．ましてや買収が発生する第 $\frac{1}{2}$ 日以前であることは言うまでもない（第 $\frac{1}{4}$ 日と第 $\frac{1}{2}$ 日とは非常に近接しているだろう）．

もちろん，こうした情報構造を前提とすると，経営者が好ましくない情報を得た，すなわち状況 B を避けられないという情報を得たというシグナルを，資本再構成によって，市場に向かって発することになる．しかし，新規負債には（$y_1^B + L^B = 180$ であるから）リスクが伴わないので，価額 180 で発行できる．この収入はすべて当初株式所有者が獲得するので，資本再構成を宣言するときの株式価値はやはり 180 である．このことによって，たとえ資本再構成が投資家の利益となるにもかかわらず，株式価値は 200 から低下することが分かる．要するに，資本再構成によって発せられた好ましくない状況についてのシグナル効果が，債務増大の効果を打ち消してしまっているのである[26]．

このように，モデル 1 に従うと，株式の債務化が株式価値を増大させるという明白な事実だけでなく，低下させるということさえも説明されてしまうのである．

6　資本構成についてのその他の理論

すでに述べたように，資本構成を論じるときにエージェンシー・アプローチを採用している文献は多くない．モジリアニとミラーの有名な中立性定理（irrelevance theorem, Modigliani and Miller [1958]）以来，研究の流れは資本構成決定における租税の効果，情報の非対称性の効果，および市場の不完全性の効果に着目する方向にあり，エージェンシー問題にはあまり関心が集まらなかった．本章を閉じるにあたって，エージェンシーという見方がいかに大事か，そして資本構成の問題を理解するうえで，企業の経営者と投資家との利益の相克がいかに決定的に重要かということを簡単に説明したい．公表されている他の理論に比べて，エージェンシー・アプローチが優れている

---

[26]　経営者の行動が株主のためになっているのに，悪いニュースが伝わることによって株価が低下してしまうというアイデアは，決して新しいものではない．たとえば，Shleifer and Vishny [1986b] を参照せよ．

点は，このアプローチによってなぜ企業は上位債を発行するのか，そして負債の支払いができないとなぜ破産という形でペナルティーが課されるのかを説明できる点にある．これらの考え方についての，より進んだ詳細な分析は Hart［1993］において示されている．

　モデル1に基づいて議論するのが分かりやすい．経営者は自己の利益を追求するという仮定だけを別として，モデル1の他のすべての仮定を踏襲する．ここでは経営者はコントロール権の増強に興味を持たず，企業が第1日に清算するか否かについても無差別であると考える（経営者は信頼でき正直であると仮定する．しかし，金銭に対しては「正常な」範囲内で関心を持っているとする）．このような前提の下では，無負債資本構成の下で簡単にファースト・ベストを達成できる．すなわち，経営者に，

$$I = \theta(d_1 + d_2) \tag{6.7}$$

というインセンティブ・スキームを与えればよい．ここで，d_1 および d_2 はそれぞれ第1日と第2日に株主に支払う配当であり，θ は小さな値の正数である．この方法の肝心な部分は，経営者に企業価値を最大化するインセンティブを与えるということである（θ が小さいので株主にとってもほとんど費用がかからないという利点がある）．もし経営者が第1日に事業を継続した場合，

$$\theta(y_1 + y_2) \tag{6.8}$$

だけの報酬を受け取る．一方，もし企業を清算すると，

$$\theta(y_1 + L) \tag{6.9}$$

だけの報酬を受け取る．明らかに経営者が清算を発動するための必要十分条件は $y_2 < L$ であり，この条件はファースト・ベストを保証する．

　経営者に適切な報酬を設定することによって，無負債資本構成の下で効率的な結果をもたらすことができるだけではない．他のいかなる資本構成を持っ

てしても，一般的には非効率な結果しかもたらされないのである．このことは，モデル 1 における議論において明らかである．実際，

$$y_1 < P_1 \quad かつ \quad y_1 + y_2 < P_1 + P_2 \tag{6.10}$$

であると，経営者は清算を避けることができない．しかし，もし P_1, $P_2 > 0$ であるなら，$y_2 > L$ のときにも条件 (6.10) は満たされうるのである．すなわち，仮定を弱くしても，非効率な清算までもが発動されてしまう危険を避けられないことが分かる．

モデル 2 において同様の分析を行うと，負債の設定には，（私利を求めない）経営者から収益性の見込める投資プロジェクトを実行できる機会を奪ってしまうという意味で，コストがかかることを説明できる（「デット・オーバーハング」問題）．

ここまでの結論をまとめると，経営者が私利に走らない場合，企業は負債を発行すべきではないということになる．ただし，ここまでは税の存在を無視してきた．ほとんどの先進資本主義経済では，負債に対する利子所得は配当所得に比べて租税上の利点を持つ．しばしば，この利点によって企業がなぜ負債を発行するのかが説明されると論じられている．実際，これまで多くの論文が，この考え方に基づいて最適資本構成を論じてきた．すなわち，負債は企業課税を減じる効果を持つかぎり望ましいが，その一方，負債は（条件 (6.10) が満たされるときに）非効率な清算を発動してしまう問題を持っているという説明である．

しかし，税の存在それ自体では，なぜ企業は本章で分析した種類の負債を発行するのかという問題に対して，何の説明にもならない[27]．経営者が私利に走らない場合には，PIK 債券 (payment-in-kind) の形で**繰り延べ可能**な負債のみを発行するとき，ファースト・ベストが達成できる[28]．すなわち，企業は第 1 日満期で多額の債務 P_1 を負い，第 2 日満期でやはり多額の債務 P_2 を

---

[27] 以下の議論においては，個人に対する課税を無視している．すなわち，Miller [1977] で考察された問題は生じないものとする．

負う.しかし,経営者は($y_1 < P_1$ となったときに)裁量によって P_1 の一部支払いを繰り延べることができるものとする.このような措置によって,P_1 が高額に設定されると,企業は配当ではなく利子支払いとして所得を払い出し,税額上の利点を余すことなく受けられる.一方,$y_1 < P_1$ となった場合には,期限のきた債務を $(P_1 - y_1)$ だけ繰り延べることによって非効率な清算を避けることができる.さらに,私利に走らない経営者は,インセンティブ・スキーム (6.7) を受けられるということを前提にすると,清算を選択することが効率的である場合に,躊躇なく清算を実行するであろう(この場合,d_1,d_2 は債権者と株主の両者への支払い合計であると解釈される)[29].

同様の分析をモデル 2 に基づいて行うと,租税の存在だけでは,なぜ企業が優先権のある(長期)**上位債**を発行するかを説明できないことを示すことができる.とくに,経営者が初期に下位債だけを発行していれば,企業は負債による課税上の利点を受ける一方,収益の見込める投資プロジェクトに対しても,後で上位債を新規発行することによって,いつでも資金を調達できるのである(すなわち,デット・オーバーハング問題を回避することができる.またここで,下位債とは,将来当該証券より優先権のある債券を発行できる権利を企業が有する旨の約款のついた債券である).

現実には,企業はかなりの額の繰り延べ不能な上位債を発行している[30].

---

28) PIK 債券によって経営者は,利子を現金の形で支払うか,ないしは追加的な証券として支払うかの選択肢を持つことができる.この方法は,米国において 1980 年代にレバレッジド・バイアウト (LBO, leveraged buyout) において頻繁に用いられた.Tufano [1993] および Bulow et al. [1990] を参照せよ.

29) 1989 年以前には明らかに,米国の企業が PIK 債券を用いて課税所得を帳消しにしてしまうことには,ほとんど制約がなかった.1989 年以後には,包括財政調整法 (Revenue Reconciliation Act) の導入により,制約が課されている.Bulow et al. [1990] を参照せよ.

30) Smith and Warner [1979] によると,1974 年 1 月から 1975 年 12 月までに発行され,米国証券取引委員会 (SEC) に登録された負債から無作為抽出した結果では,90%以上の負債が追加的負債の発行に制約を設けていた.1980 年代においてそのような債務約款の効力は弱まっているが,いまだに新規公開負債の発行において,追加負債発行に対して何らかの制約を設けるのは珍しくない.Lehn and Poulsen [1992] を参照せよ.

したがって，単純な租税の働き以上の力が働いていると見るべきであろう．

次に，負債を説明するうえでの非対称情報の働きを考察する．Myers and Majluf [1984] によると，企業の収益性について何らかの私的情報を持った経営者には，株式の発行より負債の発行を好む傾向がある．モデル1に基づいてこの論理を理解しよう．経営者は，第1日に y_2 の額について知るが，市場参加者が知るのは第2日を迎えてからであると仮定する．さらに，（説明されない）過去の経緯によって，企業には短期負債 $P_1 > y_1$ があるものとする．以上の条件の下で，経営者が大口株主であれば，もしくは経営者が当初株主の利益に忠実であれば，y_2 が高い値になると知るかぎり，P_1 を払い出すためには株式を発行するのではなく，負債を発行しようとするだろう．理由は以下のとおりである．市場は企業の事業を継続した場合の価値を過小評価している．経営者は，この条件下で，株式を発行することと借り入れを行うことを比べる．もし，株式を発行したとすると（経営者自身の保有分を含めて）初期株主の株式価値が希薄化されてしまう．したがって，負債発行を選択するのである．

しかしながら，経営者に (6.7) で示されるようなインセンティブ・スキームが供与され（さらに追加的な株式所有が禁じられるなら），この効果は実現されないことに注意しなければならない．これらの条件の下では，経営者の総報酬は，企業の事後的な総価値 $y_1 + y_2$ もしくは $y_1 + L$ だけに依存し，株主と債権者との利益分配に依存することはない．したがって，もはや株式ではなく負債を発行しようというインセンティブを持たないのである[31]．

最後に，負債は市場を「完備 (complete)」とするために発行されるという見解について考える（たとえば，Stiglitz [1974] や Allen and Gale [1994] を参照せよ）．この考え方の背景にあるのは，アロー・ドブリュー型の証券が一

---

[31] こうした推察は Dybvig and Zender [1991] にも見られる．本文の議論によって，Myers-Majluf モデル（ないしは負債に対するその他の非対称情報理論）の正当性がすべて説明されるわけではない．議論を詳細に説明したものとして Hart [1993] を参照せよ．

通りすべて供給されているのではない以上，リスク回避的投資家は，単に株式だけではなく，企業の利益に基づく請求権にも興味を示すのではないかという発想である．企業は，そのような投資家に対して，株式はもとよりリスクのある負債をも提供することによって，市場価値を増大させることができる．

しかしながら，この理論には，資本構成理論として見ると，2つの問題がある．第1に，この理論によるかぎり，なぜ企業はより複雑な請求権を自ら発行しなければならないのかを説明できない．市場の他の参加者が，そのような「派生 (derivative)」請求権を発行することができるのである．第2に，もしこの請求権が投資家の投資機会をより豊富なものとするためにのみ存在しているのなら，なぜ債権者に対して返済不能になると，デフォルトとして破産手続きが発動されてしまうのか．すなわち，企業はなぜ，定額の債権を特定した優先株を発行し，株主への配当がないときには，減額された額だけ返済することができるようにしないのか．もし経営者が私利を求めなければ，そのような優先株を発行することによってリスクのある負債と同じ返済の流れを提供することができる．しかも，優先株には，破産という非効率な措置を行わねばならないというコストを，避けることができる利点がある．

本節は，また本章全体は，以下のとおりに要約される．租税の存在，非対称情報，並びに市場の不完備性は，企業の資本構成の決定において重要な要因であることは疑いもない．しかし，それらの要因は，それぞれ単独では，なぜ負債に優先権が付与されるのか，そして支払い不能になった場合なぜ破産という形でペナルティーがかかるのか，すなわち負債は「ハードな」予算制約と結びつくのかを説明できない[32]．くどすぎるかもしれないが，本章で展開した理論はこれらの事実を説明**できる**ということを確認されたい．もし債務が繰り延べ可能であれば，モデル1において経営者は決して清算を余儀なくされないだろう．もしくは，モデル3において，フリー・キャッシュ・フローの払い出しを強いられないであろう．モデル2ないしはモデル3において，もし負債の優先度が低ければ，経営者は第1日に既存債務よりも高い

優先権を持つ新規負債を発行することによって，収益の見込めない投資の資金を調達できてしまうだろう．

結論は以下のとおりである．エージェンシー・アプローチによって，すべてが説明されるわけではない．しかし，資本構成理論を完全な形で展開しようとすれば，エージェンシー・アプローチは，必ずや，少なくとも基本的で重要な部分を占めることになるであろう[33]．

---

32) ただし書きが少し必要かもしれない．もし経営者が私利を追求しなくとも，生産物市場で戦略的行動をとっている場合，また労働組合と交渉を行っている場合には，企業行動を束縛する方法として上位債の発行は有用であると主張されることがある．Baldwin [1983], Brander and Lewis [1986], Perotti and Spier [1983] を参照されたい．しかし，戦略的行動は重要な要因であるとしても，それだけで，多くの産業，国，時代にわたる，（優先権のある）負債の頻繁な発行ないしは同種の多様な負債の発行がすべて説明されるとしたら，驚きを隠せない．後者について Rajan and Zingales [1994] を参照せよ．
33) 本章で展開したモデルの弱点の1つは，なぜ企業が配当を支払うのかを説明できないことにある．本章のモデルでは，経営者は常に利益を内部留保することを（弱く）選好し，より巨大な企業帝国を築くことに用いる（株主は第2日に「清算された」配当を受け取る．しかし，それはあくまで企業がその時点で解散されるという前提に立っているからである）．配当の存在を説明する方法の1つは，株主は完全に受動的であるという仮定をはずすことである．経営者は，大口株主や買収者が会社の事業に口出しをするのを抑制するために，配当を支払うのかもしれない．実際，第5節で考察した株式の債務化はこのような性格を持っている．配当行動について説得力のあるモデルを構成するのは，将来の研究課題として重要なテーマである．

付録——短期債務のもう1つの役割　モデル3

モデル3はモデル1とモデル2を結合したモデルであり，投資と清算の両方を可能とする．最初に以下の仮定をおく．

仮定 A1　確率1で$y_2 > L$である．また，任意の値iについて，経営者は費用をiとし，収益を$r = 0$とする新規投資プロジェクトを有する．

この仮定の下で，経営者に清算を発動させずにフリー・キャッシュ・フローを払い出すよう強いることが，短期負債の役割である．

第1日の時点において，不確実性がすでに解消している経営者の立場を考える．$y_1 \geq P_1$の場合には，経営者は当期の利益から$y_1 - P_1$を投資できる．しかし，借り入れによって投資を増大できるかもしれない．借り入れ可能最大額は$y_1 + y_2 - P_1 - P_2$である．したがって，最大投資額は，

$$I = \text{Max}\{y_1 - P_1, y_1 + y_2 - P_1 - P_2\}$$

である．投資の生産性は完全にゼロであるから，当初の証券保有者が回収できる額は，

$$R = y_1 + y_2 - I = \text{Min}\{y_2 + P_1, P_1 + P_2\}$$

である．

次に$y_1 < P_1$を仮定する．このとき経営者は，$y_1 + y_2 \geq P_1 + P_2$であれば，第1日にデフォルトを回避できる．この場合，経営者は$y_1 + y_2 - P_1 - P_2$だけ投資しようとし，投資家の回収額は$P_1 + P_2$となる．一方，もし，$y_1 + y_2 < P_1 + P_2$であれば，デフォルトに陥り企業は清算されてしまう．

以上により，投資回収額は，

$$R = \begin{cases} \mathrm{Min}\{y_2 + P_1, P_1 + P_2\} & y_1 \geq P_1 \text{のとき}, \\ P_1 + P_2 & y_1 < P_1 \text{ かつ } y_1 + y_2 \geq P_1 + P_2 \text{のとき}, \\ y_1 + L & y_1 < P_1 \text{ かつ } y_1 + y_2 < P_l + P_2 \text{のとき}, \end{cases} \quad (6A.1)$$

とまとめられる.

次の課題は，このモデル3において最適資本構成を分析することである．y_1, y_2 および L に事前的な不確実性が存在しないときには，容易にファースト・ベストを達成できる．単に，$P_1 \geq y_1$，かつ $P_1 + P_2 = y_l + y_2$ と設定すればよい．このとき，フリー・キャッシュ・フローが残らないので経営者は投資できない．一方で，（借り入れできれば）清算は回避できる．

不確実性が存在するときには，問題はより複雑になる．再び，(y_1, y_2, L) には2通りの状態が可能であり，(y_1^A, y_2^A, L^A) および (y_1^B, y_2^B, L^B) がそれぞれ確率 π^A および $\pi^B = 1 - \pi^A$ によって発生すると考える．$y_1^A + y_2^A = y_1^B + y_2^B$ であれば，$P_1 \geq \mathrm{Max}(y_1^A, y_1^B)$ および $P_1 + P_2 = y_1^A + y_2^A$ と設定することによってファースト・ベストを実現できる．なぜなら，確実性が支配する場合と同様に，フリー・キャッシュ・フローを存在させず，しかも経営者が借り入れを行うことによって，y_1 が低い場合でも清算を避けることができるからである．そこで，一般性を失わないまま，

$$y_1^A + y_2^A > y_1^B + y_2^B \qquad (6A.2)$$

を仮定する.

ここで，2つのサブケースを考察する.

1. $y_1^A \leq y_1^B$

この場合には，$P_1 = y_1^B$, $P_2 = y_1^A + y_2^A - y_1^B$ と設定することによってファースト・ベストを実現できる．状況Aが発生する場合には，経営者は $y_1^B - y_1^A$ だけ借り入れることによって，第1日を満期とする債務を支払えばよい．状況Bが発生する場合には，経営者は当期の収益から返済できる．どちらの場

合にも，デフォルトに陥ることを避けられる一方で，経営者は新規投資を行うためのフリー・キャッシュ・フローも借り入れ能力も持たない．

2. $y_1^A > y_1^B$

この場合には，ファースト・ベストを実現することはできない．理由は以下のとおりである．状況 A の場合にスラックを生じさせないためには，

$$y_1^A + y_2^A \leq P_1 + P_2$$
$$y_1^A \leq P_1$$

としなければならない．しかしそうなると，状況 B の下で企業は破産してしまう．基本的には選択肢が2つある．第1の選択肢は，どちらの状況でも破産を避けられるように，P_1 と P_2 を設定することである．しかし，状況 A では一定の投資が発生してしまう．第2の選択肢は，状況 A が発生する場合に投資が起きないように，P_1 と P_2 を設定することである．しかし，この選択肢の下では，状況 B が発生した場合に，企業は破産してしまう．

破産回避 どちらの状況が発生しても破産を避けるという，第1の選択肢を考える．明らかに，状況 A の場合だけでなく，状況 B の場合にもスラックを持たねばならない理由は何もない．これを実現する方法は2通りある．第1の方法は，$P_1 \geq y_1^A$，かつ $P_1 + P_2 = y_1^B + y_2^B$ と設定する方法である．こうすると，状況 B が発生した場合には，経営者は $y_1^B + y_2^B - P_1$ だけ借り入れることによって清算を避けることができる．しかし，状況 A が発生すると $(y_1^A + y_2^A - y_1^B - y_2^B)$ だけ投資できることになる．すなわち，

$$I^A \equiv \text{状況 A の下での投資} = y_1^A + y_2^A - y_1^B - y_2^B$$
$$I^B \equiv \text{状況 B の下での投資} = 0$$

となる．当初証券保有者にとっての期待回収額は，

$$R = \pi^A(y_1^A + y_2^A - I^A) + \pi^B(y_1^B + y_2^B - I^B) = y_1^B + y_2^B$$

である．第2の方法は，$P_1 + P_2 = y_1^A + y_2^A$ とおき，$P_1 = y_1^B$ を選択することである．このとき，状況Bの下でも，経営者は借り入れることなしに債務を返済できる．すなわち，

$$I^A = y_1^A - y_1^B$$
$$I^B = 0$$
$$R = \pi^A(y_1^A + y_2^A - y_1^A + y_1^B) + \pi^B(y_1^B + y_2^B) = y_1^B + \pi^A y_2^A + \pi^B y_2^B$$

となる．第1の方法が第2の方法より選好されるための必要十分条件は，第1の方法が（完全に無駄な）投資をより少なく保つこと，すなわち，

$$y_2^A < y_2^B$$

となる．

破産発動 次に2番目の選択肢，すなわち状況Bが生じたときに破産を発動させる選択肢について考える．これまでと同じ条件の下では，$P_1 = y_1^A$ かつ $P_2 = y_2^A$ とするのが，状況Aでスラックの発生を避けるうえで最適な選択となる．当初証券保有者にとっての期待回収額は，

$$R = \pi^A(y_1^A + y_2^A) + \pi^B(y_1^B + L^B)$$

となる．

サブケース2の分析において残っているのは，破産を避ける場合と破産を発動させる場合の R の値を比較することである．サブケース2における結論は以下に示す条件 (6A.3)～(6A.5) に集約されている（モデル3全体における結論を得るためには，$y_1^A \leq y_1^B$ における考察を行ったサブケース1と条件

(6A.3)～(6A.5) を総合しなければならない).

$$y_1^A > y_1^B \text{ かつ } y_2^A < y_2^B \text{ かつ} \tag{6A.3}$$
$$y_1^B + y_2^B > \pi^A(y_1^A + y_2^A) + \pi^B(y_1^B + L^B) \text{ のとき},$$
$$P_1 \geq y_1^A \text{ かつ } P_1 + P_2 = y_1^B + y_2^B \text{ と設定するのが最適}$$

すなわち,負債総額は,状況 B が生じた場合に,借り入れによって,ちょうど破産を避けることができるだけに設定される.しかし状況 A が生じた場合には,非効率な投資をする余裕のある負債額となっている.

$$y_1^A > y_1^B \text{ かつ } y_2^A > y_2^B \text{ かつ} \tag{6A.4}$$
$$y_1^B + \pi^A y_2^A + \pi^B y_2^B > \pi^A(y_1^A + y_2^A) + \pi^B(y_1^B + L^B) \text{ のとき},$$
$$P_1 = y_1^B \text{ かつ } P_2 = y_1^A + y_2^A - y_1^B \text{ と設定するのが最適}$$

すなわち,負債水準は,状況 B が生じた場合にその期の利益から短期債務を返済することによって,ちょうど破産を避けることができるだけに設定される.しかし状況 A が生じた場合には非効率な投資を可能とするフリー・キャッシュ・フローを手にする.

$$y_1^A > y_1^B \text{ かつ } \pi^A(y_1^A + y_2^A) + \pi^B(y_1^B + L^B) > \tag{6A.5}$$
$$\text{Max}\{y_1^B + y_2^B, y_1^B + \pi^A y_2^A + \pi^B y_2^B\} \text{ のとき},$$
$$P_1 = y_1^A \text{ かつ } P_2 = y_2^A \text{ と設定するのが最適}$$

すなわち,負債水準は,状況 A が生じた場合にその期の利益から債務を返済することによって,ちょうど破産を避けることができるだけに設定される.しかし状況 B が生じた場合には破産を避けられない.

以上がモデル 3 の分析である.

まだ残っている作業は，第5節の2つの結論の確認である．モデル3において負債と資産の有形性とが正の相関を示すということを確認するためには，不確実性を分析したサブケース2を考察すればよい（すなわち $(y_1^A > y_1^B, y_1^A + y_2^A > y_1^B + y_2^B)$ の場合である）．L^B の値が増大するにつれて，(6A.3) や (6A.4) に比べて (6A.5) が成立する可能性が高くなる．(6A.3) や (6A.4) が成り立つ場合には，$P_1 + P_2$ は $y_1^A + y_2^A$ より低い値をとるのに比べ，(6A.5) が成り立つ場合には，$P_1 + P_2 = y_1^A + y_2^A$ となる．したがって，$P_1 + P_2$ は L^B の（弱）増加関数である．

次に，負債とキャッシュ・フローの安定性との関係を考察する．最初に y_1 と y_2 とに不確実性がない場合から始める．このときは，$P_1 = y_1$，$P_2 = y_2$ と設定すると最適となる．次に，$y_1^A = y_1 + \delta$，$y_1^B = y_1 - \delta$，$y_2^A = y_2^B = y_2$，$\pi^A = \pi^B = 1/2$，$L^A = L^B = L$ であるものとする．ただし，$\delta > 0$ である．このとき，(6A.3)～(6A.5) により，$1/2\, y_2 - \delta > 1/2 L$ であればどちらの状況でも破産を避けるのが最適となる．これを実現する方法の1つは，$P_1 = y_1 + \delta$，$P_2 = y_2 - 2\delta$ と設定することである．この場合には，不確実性の程度が増大すると（総）債務額が**減少**する．一方，$1/2\, y_2 - \delta < 1/2 L$ が成り立つときには，$P_1 = y_1 + \delta$，$P_2 = y_2$ と設定して，状況 B が発生した場合に破産を発動するのが最適である（(6A.5) を見よ）．この場合には，不確実性の程度が増大するにしたがって，総債務額は「増大」することになる．

第7章　破産手続き

　前2章においては，非公開企業（第5章）と公開企業（第6章）の金融構造について分析した．どちらで考えた企業においても，負債は経営者ないしは所有者の行動を制限する働きを持っている．第5章のHart-Mooreモデルにおいては，負債が存在することによって，企業家は資金を私的流用できなくなり，投資家へ払い出さざるをえなくなる．第6章においてはいくつかのモデルを紹介したが，それらのモデルにおいては，負債の存在によって経営者は資産の売却を余儀なくされ，収益性がないのに経営者のパワーだけが強められるような投資を行う力が抑制された．

　もちろん，企業が負債を持つと，多分に予期できない事件が発生し，負債のためにデフォルトしてしまうことがありうる．このような場合には，企業は，（事実上）破産することになる．ここで問題となるのは，破産という状況の下で，実際には何が起きているのかということである（言い方を変えると，第5章や6章における「清算」価値 L の背景には何が存在するのかという問題である）．これが，本章の課題である．

　本章においては，最初に，正規の（formal）破産手続きの必要性と，それら正規の手続きが目的としているものについて検討する（第1，2節）．第3節では，西欧諸国における現在の手続きについて説明する．とくに，米国と（割く紙面は少なくなるが）英国の制度手続きについて，詳しく説明する．米

国においては，連邦破産法「第7章（チャプター・セブン）」および「第11章（チャプター・イレブン）」の手続きを主に紹介する．チャプター・セブンの下では，破産した企業に対して売却による現金化が求められる．一方，チャプター・イレブンでは，企業の更生（reorganize）可能性も考慮される．残念ながら，この2つの手続きには多くの不満が表明されている．チャプター・セブンは，健全に経営されている企業をも清算に導くものと解されているし，チャプター・イレブンは使いづらく，現職の経営陣による再建が有利となる方向に偏っていると批判されている．チャプター・イレブンには，企業をどうすべきかという意思決定と，誰が何を得るべきかという決定とが整理されていない点で欠陥もある．このため，議論が絶えないところとなってしまっている．

第4節では，ある一連の手続きについて論じる．これは，チャプター・セブンとチャプター・イレブンの最も優れた点を結びつけようという試みであり，別のところで Philippe Aghion, John Moore，および著者が提唱しているものである[1]（この手続きについては Lucian Bebchuk のアイデアに大きく依存している．Bebchuk [1988] を参照せよ）．Aghion-Hart-Moore (AHM) 手続きでは，負債に基づく請求権は株式に転換される．さらに，企業が清算されるべきか更生されるべきかという決定は，それら新規株主の投票による．第5節から7節までは，AHM 手続きを実行する際の問題点と，それぞれどのように処理すべきかについて論じ，いくつかの論点を説明して締めくくる．

前述のとおり，本章のスタイルは本書他章のスタイルとかなり異なっている．いかなるモデルも提示してはいないし，1つ1つの議論は略式のものにすぎない．本章では，あくまで，重要な実務上の問題に対して，理論を使ってどこまで解明できるかを試みている．本章は，この点での成否によって評

---

[1] Aghion *et al.* [1992] [1994a] [1995] を参照せよ．この手続きは，'The Insolvency Service, the Insolvency Act 1986: Company Voluntary Arrangements and Administration Orders, A Consultative Document' [1993], London 付録 E としても掲載されている．

価してほしい．

1　正規破産手続きの必要性

ただ1人の債務者とただ1人の債権者からなる第5章のケースから議論を始めるのが分かりやすいだろう．第5章において明らかとなったように，債務不履行（デフォルト）とは，資産コントロール権の債務者から債権者への移行である．すなわち，債権者が新しい資産所有者となるのである．状況がこのように単純であれば，正規破産手続きの必要がもしあったとしても，それほど大きくはない．そもそも破産手続きは，デフォルトとなってしまった場合に，所有権とコントロール権の移転を保証する以上のものではない．すなわち，負債契約の各条項をいかに遵守させるかということを考えるものである．この手続きに従って初めて，債権者は，資産を適切に処理すべく，資産そのものの売却について意思決定する権利を有し，企業家と負債契約について再交渉する権利を有するのである[2]．

債権者が多数存在する場合には（第6章で分析したように）問題はさらに複雑になる．この場合の難しさは，「（すべての）債権者へ所有権やコントロール権を移転すること」の意味するところが必ずしも明白ではなくなることにある．正規の破産手続きによらなくとも，デフォルトが生じた場合，法律によって救済措置が2つ保証されている．第1に，有担保貸付の場合には，債権者は貸付の担保となっている資産を獲得することができる．第2に，無担保貸付の場合でも，債権者は債務者を訴え，債務者の資産を売却するなど，法廷の判決を執行できるよう公的権力の行使を求めることができる（Baird and Jackson［1985］を参照せよ）．

問題は，債務者が債務を償うだけの十分な資産を保有していない場合である（こうした状況が最も典型的なものである．そもそもこのような状況にな

---

[2] しかしながら，Harris and Raviv［1995］においては，単一債務者単一債権者の場合でさえも，州公認の破産手続きの必要性があることについて説いている．目的は，債権者と債務者との交渉力を再配分することである．

いかぎり，債務者がなぜ破産に追い込まれることがあろうか）．債権者たちは，こうした状況の下で，いち早く担保を確保すべく，また少しでも債務者に対して有利な判決を得るべく，社会的には無駄としか言いようのない競争を強いられる[3]．さらに，そしてより重要なことに，この競争の結果，債務者の資産は解体されてしまう．資産総体としての価値が，資産の部分価値の合計よりも大きければ，すべての債権者たちは一定の損失を被ることになる．

以上を前提すると，債務者の資産整理は一定の秩序の下で行うべきであるとするのが，債権者共通の利益にかなうことになる．そしてこのことが，正規破産手続きを必要とする理由なのである．

ここまで，正規破産手続きが，政府によって定められるべきであり，当事者間で定められるべきではないとしているわけではない．契約に取引費用がかからない場合には，債務者と債権者は，デフォルトとその結果生じる集合行為問題とを予期して，デフォルトが実際に起きたときどうすべきかを最初の契約の一部として書き込むことができるだろう．とくに，企業が更生されるべきか清算されるべきかや，企業価値が多様な請求権者の間にどのように分配されるべきであるかということが，項目としてその契約に含まれるべきである．

現実には，取引費用はあまりに大きく，債務者と債権者は自らの破産手続きまで契約に明記することはできない．とくに，契約の進行に従って，債務者が新規資産を獲得し，債権者が新たに加わる場合には，すこぶる困難である．それよりも，当事者たちは政府によって定められた「標準的」破産手続きに従おうとするだろう．しかし，だからといって，これらの事実から，最適な標準的手続きの**特性**について，何かすぐに結論が導かれるというわけではない．どこに難しさがあるかというと，最適な手続きについての考察が一

---

[3] Jackson [1986] を参照せよ．人に先んじるためのこのような競争は，マイナスサム・ゲーム (negative-sum game) である．なぜなら，すべてのゲーム参加者の収益と損失は打ち消しあい，しかも皆がこのゲームにおいて一定の資源を費やさねばならないからである．

定の貢献をなすためには，なぜ契約が不完備とならざるをえないのか，そして公的な介入によっていかにこの不完備性を克服できるのか，という2点をともに理論化していなければならないところにある．この2つの問題のうち，前者については，第2章から4章までの分析によって一定の解答を得ている．しかし，後者についてはいまだ手つかずである．第2章から4章までに述べたように，当事者たちには分かっている変数を，法廷において明らかにできないところに，契約の不完備性の問題が生じる原因があった．すなわち，法廷は契約の不完備性の**源泉**となってはいても，解決する手段とはなっていないのである[4]．

したがって，以下では，まず基本原理を明らかにし，その基本原理に基づいて最適な破産手続きが満たすべき条件を論じるという方法をとらない．ここでとるのは，まず破産手続きが効率的であるために満たすべき目標を提示し，これらの目標を達成するうえで，合理性をもつと思われる手続きについて説明する．ここで提案される手続きはより現実的なものであり，現行の手続きに存在する問題点を克服している．さらに，手続きは十分に簡潔であり自然である．将来，分析が進めば，一定のクラスに属する手続きの中では最適であると証明される**可能性**がある[5]．

2 破産手続きの目標

上述のように，ここではまず基本原理を明らかにして，その基本原理に基づいて分析を進める方法を採用しない．経済学の理論に従えば，以下の項目を破産手続きに望まれる目標であるとしても間違いはないであろう．

---

[4] この点について，より詳しくは Hart [1990] を参照されたい．同様に，不完備契約を補完すべき法廷の機能については Ayres and Gertner [1989] を参照されたい．
[5] ここで示す手続きは，現実に採用されるにしても，強制的である必要性はないと考える．もし，この手続きから離脱することを望むものがいたら，また自分自身の手続きを構成しようとするものがいたら，それらの行為は認められるべきである．

1. 破産手続きが望ましいものであるためには，事後的に効率的な結果がもたらされるものでなければならない（すなわち，既存請求権者が受け取る，金額で表した正味手取金が最大になっていなければならない）[6]．
2. 破産手続きが望ましいものであるためには，破産状態に陥ったときに経営者に適切なペナルティーを課し，負債が持つ（事前的）行動束縛機能を保持していなければならない．しかし，破産を経営者にとって過酷にしすぎて，経営者がどのような犠牲を払っても避けたくなるほどにすべきではない．たとえば，経営者が破産を避けるために，企業資産を一か八かの賭のようなプロジェクトに投資するなどの行為を考えざるえないまでに追いつめてはならない．
3. 破産手続きが望ましいものであるためには，請求権の優先順位を維持するものでなければならない．すなわち，最も優先権の高い債権を保有しているものには，次に優先権がある債権者に支払いが行われる前に，全額返済されるべきである．以下続いて同様に優先性が配慮されるべきである（最後に位置するのは，普通株主である）．

以上の目標が正当であることを，以下で簡単に説明する．目標1は単に，他の条件が一定ならば，小より大が好まれるという事実を示している．すなわち，もしある手続きが変更されて，より高い事後的価値を実現できれば，（目標3にあるような）絶対的優先順位が保たれるかぎり，その変更によってすべての主体が利益を得る．第6章で分析した，負債が持つ規律維持の機能を前提すれば，目標2において意図するところも明らかであろう．第6章にお

---

[6] この効率性の定義においては，「外部性」の存在が考慮されてはいないことに注意しなければならない．主要な利益と費用は，企業価値の評価にすでに織り込まれているものと仮定されている．たとえば，特定の地方の雇用を維持することによる外部性の利益などは含まれていない．外部性を考慮するためには，政府による一定の措置が保証されていなければならない．しかし，破産法にそこまでの働きを期待するのは適切ではない．雇用を確保するためには，より一般的な雇用補助金によるべきであり，破産手続きの適用を歪めて，立ちゆかなくなった企業を救済すべきではない．

いて明らかになったように，負債の存在によって，経営者は請求権者の利益に従って行動するよう拘束される．もし，債務を履行できなくとも，経営者が企業再建にあたって有利な立場を維持できるなど，経営者にあまりにも軽い措置しか求めない破産手続きがあったとしたら，債務が持っているこのような事前的行動束縛機能は大きく損なわれてしまうだろう．

　目標3を満たしていることが望ましいのには，複数の理由がある．第1に，もし契約時に合意された債務の優先権の構造がいつも破られてしまうようだと，請求権が保護されないことが明らかとなり，皆その企業には進んで貸付たくはなくなるものである．第2に，破産手続きにおいて，内部に対する処遇と外部に対する処遇に相違があると，非効率なレント・シーキング活動を呼び起こしてしまうかもしれない．特定の主体は経営者に賄賂を贈り，破産手続きを早めて有利に進めようとするかもしれないし，他の主体は破産手続きを妨害しようとするかもしれない（Jackson［1986］を参照せよ）．第3に，第6章のモデル2で論じたように，経営陣は，収益性のないプロジェクトへ資金調達ができないように自らの行動を束縛することを目的として，上位債を発行する．もし請求権について優先権が尊重されなければ，このような束縛機能も弱まってしまう．

　目標1〜3は好ましいように思えるが，疑問の余地がないわけではない．破産手続きの研究者たちは，とくに目標3について疑問を示してきた．現行の制度を批判するものは，次のように論じている．もし，破産手続きが進行していくうえで，株主がほとんど何も獲得できないなら，経営陣は株主利益を尊重するために，企業が破産状態に近づくにつれ，リスクの大きい非効率な行動をとろうとするかもしれない．なぜなら，もしうまくいけば得をするのは株主であり，うまくいかなくとも損をするのは債権者だからである（White［1989］を参照せよ）．

　この議論は，経営者は株主利益に基づいて行動するという仮定に依存している．この仮定は，小規模の経営者所有の企業については妥当であるかもしれない．しかし，大規模な公開企業においては疑わしい．第6章においては，

公開企業の経営者は，私的利益に基づいて行動すると仮定するのがより適切であるとした．そのような条件下では，破産手続きを経営者にとってより甘くしてもよい状況が考えられる．経営者に自分の役職を保持しようとさせ，リスクの高い行動をとらないようにするためである．しかし，これはすでに目的2において言及されている．

　小規模の経営者所有の企業においてでさえ，破産による打撃を和らげる方法として，絶対的な優先順位の組み替えを許すことが望ましいかどうか明らかというわけではない．経営者か所有者に，ないしは両者に，上位債の形で，「ゴールデン・ハンドシェーク（特別退職金）」（ないしは「ゴールデン・パラシュート」）を与えることの方が，より適切な方法であるかもしれない[7]．

　以上の説明により，他の条件が同じならば，目標1～3が望ましい目標であると仮定することができる．しかし，以下で提案する手続きについては，そうした方がよいと思われるなら，決して目標の優先順位にこだわるものではない．

　最後に示しておきたいのは，3つの目標は，互いに矛盾することがあるかもしれないということである．たとえば，現職経営陣が特殊な技能を持っている場合，事後的な効率性の達成という目標（目標1）によれば，破産した企業の経営陣を退陣させるべきではない．しかし，このことを前提とすると，経営陣は破産を避けるインセンティブを持たなくなってしまうだろう．すなわち，目標2が確保されない[8]．

　こう考えると，望みうる中で最適な手続きは，それぞれの目標の間で，とくに目標1と目標2との間で適切なバランスをとることである．以下で説明する手続きは，このことを肝に銘じて作成した．できばえは十分に満足のいくものと考えているが，バランスに欠けると思われるときには，調整変更が

---

7) 加えて，経営者が破産手続きを申請するのをひどく遅らせないように，債権者に強権を与えて，企業を無理矢理破産に追い込むことが望ましいかもしれない．債権者に企業を破産に追い込むインセンティブを与えることについては，Mitchell [1993] を参照せよ．
8) 目標1と目標2の対立については，Berkovitch *et al.* [1993] で分析されている．

必要である．この点については後ほど考察する．

3　現在の破産手続き

本節では現在の破産手続きについて検討する．世界には多くの異なった破産手続きが存在するが，2種類に大別される．すなわち，現金競売 (cash auction) と，ストラクチャード・バーゲニング (structured bargaining) である．それぞれを順に説明する．とくに米国と英国とにおける適用について注意を払う．

現金競売（米国チャプター・セブン，英国の清算など）
　現金競売においては，管財人 (trustee, receiver) が企業資産の売却を管理する．しばしば資産は分割売却される．すなわち，企業は（閉鎖された後に）清算，整理される．しかし，ときには企業は事業を継続した現況のまま売却される．いずれの場合でも，売却から得た収入は，当初の請求権者に，絶対的な優先権順位に従って分配される（通常，担保付債務，種々の優先権が設定された請求権，無担保債務，劣後債，そして最後に株式の順である）．

　資本市場が完全であれば，現金競売は（たぶん）理想的な破産手続きである（Baird [1986] を見よ）．ある企業を採算がとれるようにできる主体がいれば，（市中銀行からか，投資銀行からか，ないしは株式市場からなど）何らかの資金源から資金を調達することができ，その企業の入札に参加できる．応札者どうしが完全競争を行えば，その会社は真の価額で売却されることが保証される．しかもその会社の資産は，最高価額をつけた用途に用いられることになる．すなわち，その会社の事業を継続した場合の価値が清算価値を上回るとき，そのときにかぎって企業は事業を継続したまま存続することになる．

　現実には，現金競売の効率性に関して，疑いが示されるのが一般的である．取引費用，非対称情報，およびモラル・ハザードにより，またそれらが組み合わさる効果により，企業の操業を維持するために必要な資金を十分に調達

するのが難しいというのが，偽らざるところであろう（すなわち，資本市場が完全ではない）．したがって，競売において競争が十分に働かないかもしれず，企業が事業継続のままで値付けられることはほとんどない．結局，少なからぬ企業が分割清算され，ないしは低い価額で売却されることになる．

　取引費用によって，資本市場の不完全性を説明できる可能性に関して，説明しておきたい．たとえば，ゼネラル・エレクトリック (GE) のような巨大な公開企業が，競売に付されているとしよう．GE の収益の期待現在価値が 1,000 億ドルであるとする．これだけの金額に応じることができる入札者がはたして存在するだろうか．この質問への答えは否であろう．応札するものがいたとしたら，事実上，GE は非公開企業となってしまう（応札者が自ら公開企業でないかぎりの話である）．応札者のもくろみでは，GE を一定期間の後に株式公開するということになろうが，その間応札者は GE の価値変動というリスクを被ることになる．この間のリスクに「見合った」収益を得るため，応札者は当初の入札で，低めの価額を提示しようとするだろう．この結果，2 つの効果を考えなければならない．第 1 に，事業継続のまま買収しようとしても，GE の資産を分割入札する場合の入札合計額より低い額しか提示できず，競売では分割入札に負けてしまうかもしれない．なぜなら，分割入札の場合，多くの入札者間にリスクを分散させリスク・シェアリングを実現できるからである．第 2 に，競売において誰が勝つかによらず，回収できる現金は低いものとなるだろう[9]．

　ここで問題となる取引費用は，経営陣が企業価値について私的情報を持っている（そして市場にそれを立証することができない）こととは関係がないことを強調しておく．むしろ，取引費用の発生は，新設される企業のためにリスクを進んで負おうとする投資家のグループを，うまく形成できないとい

---

[9] 現金競売の難しさは深刻である．同産業に属する他企業が，破産した企業の買収を試みるというのは自然であるが，破産した企業の原因となる問題は産業全体に影響しており，それら他企業にも資金上の問題がありがちだからである．Shleifer and Vishny [1992] を参照せよ．

うことに関係している[10]．しかし，リスクを自然に受け入れるグループも存在する．それは，当初の請求権者たちである（結局のところ，彼らはリスクを1度は受け入れたのだから）．もし買収する側が，こうしたグループに直接にアクセスし，破産後に新設される会社の証券を提供することができれば，取引費用は削減できるだろう．この措置は，連邦破産法「チャプター・セブン」のような現金のみを対象とする競売においては許されていない．しかし，

---

[10] 公開企業を買収するための資金を提供してくれる投資家を探すのにはコストがかかるという考え方には，実証的な裏付けもある．根拠となる研究の1つは，新規株式公開 (Initial Public Offerings, IPOs) についての研究である．Ritter [1987] は株式を新規公開するとき発生する費用に関し，計量可能な要因を2つ分析した．直接的支出とアンダープライシング（過小値付け，underpricing）である．1977年から1982年までに，米国で投資銀行によって株式公開された企業からサンプルが抽出されている．IPOの種類によって異なるが，2種のコストあわせて，実現された市場価値の平均21%から32%にもなっていることが示された．アンダープライシングの効果は，発行者である投資銀行のリスク回避的行動によるものであろうし，非対称的情報の問題がさまざまに関与していると思われる（たとえば Rock [1986] を参照せよ）．2番目の根拠は，私的整理（ワークアウト，workout）に関するものであるが，こちらはきちんと詰めた実証結果というわけではない．企業が財務的に困窮すると，債権者に対し，再交渉に応じるよう説得し，債務の満期繰り延べや債権の株式化を図ろうとするのが一般的である．債権者たちはしばしばこれらの要請に応じようとするのだが，なぜ破産ないしは清算に追い込まないのだろうか．もし，現金競売によって最大価値がもたらされるという確信があれば，破産ないしは清算措置を選択するのが合理的であるように思える．ただし，入札者たちが企業の買収資金を容易に調達できることを前提とする必要がある（再交渉に応じようとする態度は，米国の破産手続きにおける選り好みにも観察される．債権者たちは連邦破産法チャプター・イレブンを回避したいと考えてもよいと思えるのに，実際にはほとんどチャプター・セブンではなくチャプター・イレブンにおいて申請される．しかし，このことはチャプター・イレブンに相当するものが存在しない他国の私的整理については説明していない）．根拠となる実証結果の第3は，企業金融の他の側面，すなわち企業買収である．他企業を買収しようとする企業は，現在の株主が所有している株式と交換に，現金と証券とを組み合わせて提供することがある．実際，1993年には，米国における1億ドルから10億ドル規模の合併や買収において，その55%の事例で，現金以外の決済手段が組まれている (Merrill Lynch Business Advisory Services, *Mergerstat Review* を参照せよ)．現金以外の決済による買収を評価するのは，現金による買収を評価するより一般に難しい．そこで，とくに競争に勝たなければならない場面では，買収しようとする企業は直接現金を提示しようとするのではないだろうか．しかし，そうはしないのだから，現金を調達することが難しいのであろう（ただし，現金以外による買収を行う理由として，税金や非対称情報の存在が考えられるかもしれない）．

以下で説明する破産手続きにおいては重要な点となる（「チャプター・イレブン」においても）[11]．

上述の理論的な説明でも，注10に示される実証的事実でも，資本市場が不完全であることの問題の深刻さを十分に表しきれているわけではない．この問題の深刻さを考えると，市場が不完全であってもなくても十分に機能を果たす破産手続きを採用することが望ましい．後に示す手続きは，このような柔軟性を持ったものである．その手続きのうちの1つは，企業の競売を現金でも現金以外でも許している．もし資本市場が完全であれば，企業は最大の支払いを申し出る入札者が落札するだろう．この入札者は現金による入札者に比べ有利というわけではない．そのため，現金のみが許される競売と正確に同じ結果となる．一方で，もし資本市場が不完全であれば，この手続きによって，現金競売に比べより望ましい結果がもたらされる．

ストラクチャード・バーゲニング（米国チャプター・イレブン，英国会社再建手続きなど）

現金競売の有効性に懸念が残るため，少なからぬ数の国においてストラクチャード・バーゲニングの考え方に基づいた手続きが開発されている．これらの手続きを基礎付けるのは，企業の請求権者たちが，当該企業のこれからについての交渉に，とくに，清算されるべきか再建されるべきか，そしてそうした資産価値がどのように分配されるべきかについての交渉に，あらかじめ定められたルールに従って参加すべきであるという考え方である．欧米におけ

---

[11] 経営陣が私的情報を持つことによって金融上の問題が何も生じないとまで，あわせて言っているわけではない．この点に注意してほしい．たとえば，GEの経営陣は企業価値が1,000億ドルであると知っているが，市場には知られていないとする．このとき，経営陣は競売に応札するための1,000億ドルの現金を調達することができず，企業は非効率な形で売却されてしまうかもしれない．残念ながら，この問題を破産法が扱うべきであるかどうかは明らかではない（破産法が何らかの形で寄与できるかどうかも明らかではない）．前に説明したように，破産法の合理性は，債権者たちの集合行為問題に対処することにある．しかしながら，債権者が1人しかいない場合においてさえも，この非対称情報の問題は生じうるのである．

る，ストラクチャード・バーゲニングの主な例としては米国連邦破産法チャプター・イレブンがある．しかし，英国の会社再建手続き (Administration) も，フランス，ドイツ，日本と同様に，同じ考え方に基づいている．

チャプター・イレブンは複雑であるが，基本的な要素は以下のようにまとめられる．債権者の請求権に対して，現状維持が図られる（すなわち請求権が凍結される．債権者は手続きの期間中には，企業資産を押収することも，裁判所の助けを借りて売却することもできない）．請求権者は，保有する請求権の種類（担保が設定されているかどうか，優先権があるかないか）に応じていくつかのグループに分けられる．委員会ないしは受託人がそれぞれのグループを代表するものとして指名される．何らかの決議案あるいは企業価値の分割について委員会の間で交わされる協議は，判事によって監督される．こうした一連の過程が実行される間，通常現職の経営陣が企業を運営する．この手続きのうえで重要なのは，それぞれの請求権者クラスにおいて，適切な水準の多数の賛同を得れば，一定の計画が実行されることである．必ずしも満場一致でなくともよい[12]．

英国では，1986 年破産法 (Insolvency Act) において，会社再建手続きがチャプター・イレブンの英国版として導入された．重要なのは，英国会社再建手続きは，チャプター・イレブンと異なり，現職の経営陣ではなく，（破産管財人 insolvency practitioner である）アドミニストレーター (administrator) が手続き期間中に企業を運営することである．他にも，議決権の行使ルールなどの数多くの違いがある．現在までのところ，英国会社再建手続き執行に伴うコストは高く，ほとんど適用例もないほどである．

チャプター・イレブンはここ数年，非常に多くの批判にさらされてきた．とりわけ，管財人や評論家たちに対して，時間がかかりすぎる，法的手続き

---

12) とくに合意が必要な計画については，それぞれの債権クラスにおいて，評価額において3分の2以上，件数において過半数を獲得し，株式においても3分の2以上を獲得しなければならない．しかしながら，特定の状況の下では，あるクラスに対して，何らかの計画が強制されることはありうる（クラムダウン（少数者拘束制度，cramdown）条項）．

費用および管理費用がかかりすぎる，破産企業の企業価値が大幅に損なわれる，経営陣に（相対的に）甘すぎる，担当の判事が権限をふるいすぎることがあるとして，評判がよくない[13]．

　チャプター・イレブン，ないしは同様の手続き等に，見直しの余地があることには疑いがない．見直しによって問題の改善を見込めるし，すでに多くの提案もなされている．だがストラクチャード・バーゲニングには，単なるつぎはぎでは解決できない，2つの本質的問題が内在している．これらの問題は，チャプター・イレブン等に指定されている交渉手続きでは，2つの意思決定を同時に措置しなければならないことに起因している．すなわち，企業をどうすべきかという意思決定と，請求権を再編していく過程で誰が何を得るべきかの意思決定という2つの問題である．

問題1　再建される企業には，客観的企業価値と言えるものがそもそも存在しない．したがって，破産後の企業が発行する証券を分配するにあたって，それぞれのグループに属する債権者たちに，どれほどずつ分配すべきかという問題には答えがない．それぞれの請求権者の請求額と優先順位について，誰も異議を唱えないとしても，困難であることには変わりがない．そのため，交渉が紛糾するのは避けられない．

問題2　たぶんこちらの方がより深刻な問題であろうが，企業の将来についての意思決定を誤る危険がある．企業が最終的にどういった形で処分されるのかによって，あまり影響を受けないものたちがいる（これらの主体には，どうなったにせよ権利が完全に保証されている場合もあるし，まったく保証されない場合もある）．投票の仕組みが前もって決定されるので，これら意思決定に影響を受けないものたちが投票を左右し，実質的に決定権を握ってしまう可能性がある．

---

13)　これらの問題については，Cutler and Summers [1988]，Gilson [1989] [1990]，LoPucki and Whitford [1993]，Weiss [1990] [1991] などの論文を参照せよ．

問題1が存在することは理解されており，文献上でもある程度十分に議論されてきた[14]．問題2も同様に認識されてきているが，分析例はそれほど多くはない．以下の例が，この問題の所在を明らかにするだろう．

例1 上位債権者（優先権のある債権者，senior creditor）が債権を100（ドルないしはポンド）分持っており，企業の清算価値が90であるとする．もし企業が現況のまま6ヶ月事業が継続されていたとすれば，（利子率が0として）平均110の価値を生み出していたものとする．ただし，不確実性が存在しており，うまくいけば180の価値となるが，悪くすると40にしかならないとする．どちらの可能性も同じ確率で発生する（180と40との平均は110である）．明らかに，価値を最大化する選択は企業を運営し続けることである．なぜなら，110の利益は清算価値90を超えるからである．しかし，運営の継続は上位債権者の利益にはならない．もし運営がうまくいったとしても企業価値は180であり，債権に対して所有分100しか得られない．しかし，悪くすると40しか確保できない事態となるのである．平均は70である．この平均70という値は，直ちに清算したとすれば上位債権者が確保できる値90よりも，さらに低い値となってしまっている．

時間のかかりそうな交渉に入ることさえ厭わなければ，企業救済への道が開かれる可能性があったとしよう．しかし，この例において，仮にそのような提案が出されたとしても，上位債権者は賛成しないだろう．彼らは，むしろ，企業を直ちに清算する提案の方に賛成することになる．効率的な結果が実現できることになれば，上位債権者に対する負債を全額支払って余りある

[14) たとえば Roe [1983] および Bebchuk [1988] を参照せよ．近年の Macy's の破産手続きは明らかに問題1の1例となっている．上位債権者は，企業が再建されたとしても価値はほとんどないと主張した（彼らは企業価値のうち相当な部分を受け取れるはずだとほのめかしているのである）．下位債権者と株主は反対のことを主張している．たとえば Patrick M. Reilly and Laura Jereski, 'Macy Strategy Seems to Sway Senior Creditors', *Wall Street Journal*, 2 May 1994, at A4 ないしは Laura Jereski and Patrick M. Reilly, 'Lawrence Tisch Leads Dissent on Macy Board', *Wall Street Journal*, 29 March 1994, at B1 を参照せよ．

価値が生み出される．すなわち，期待収益の110は上位債務の金額100を超えている．それにもかかわらず，このような形となってしまうのである．もし，上位債権者に対する支払いが確定されたうえで，議決が（まだ支払いが確定されず）下位債権者（優先権のない債権者，junior creditor）および株主に委ねられることが可能であったとしたら，下位債権者たちは企業の将来について効率的な意思決定をすることができるかもしれない．

しかし，ものごとには違った側面があるものである．例1の変形を考えてみよう．

例2 例1と同じ状況を設定する．ただし，企業を存続させてうまくいった場合の価値が，180ではなく120にすぎないとする．したがって，企業を存続させる場合の平均価値は（120と40との平均）80である．

この例では，下位債権者と株主は何も得られるものがない．なぜなら企業にとって1番望ましい帰結は90で清算することであり，この額は上位債務の額に満たないからである．したがって，下位債権者と株主は，企業の将来について何らの意思決定にも参加すべきではない．しかしチャプター・イレブンによると，それらの主体にも議決権が与えられねばならず，企業存続が推し進められることになる（なぜなら，うまくいった場合の120という可能性を考えるからである）[15]．下位債権者と株主が清算計画を拒否するに十分な議決権を持ったとしたら，上位債権者にできることは，せいぜい計画を受け入れるよう買収することぐらいしかないが，絶対的な優先権順位の否定につながる．悪くすると，営業維持が非効率な決定であるにもかかわらず企業は存続されてしまう[16]．もし議決が上位債権者の手に委ねられていたとしたら，

---

[15] この可能性はクラムダウン手続きが採用されない場合に限られる．Baird and Jackson [1985] を参照せよ．クラムダウンの下では，清算時に何も得られないという理由によって，下位請求権者 (junior claimant) の議決権は取り上げられる．しかし，このクラムダウン手続きは信頼しようがない．というのは，他の点はさておいても，企業の清算価値が法的に正確に評価されなければならないからである．

企業の将来について正しく選択できたであろうということが重要である[17].

　ここで，例1や例2で示された非効率があるのに，なぜさまざまな請求権者たちには交渉による解決の余地がないのかという問題を考えたい．たぶん，最も重要な理由としては，大企業の場合あまりにも多くの請求権者（債券保有者，売掛債権者，株主）がおり，既存の（非効率な）手続きに基づいて交渉しようとしても，とても難しく時間がかかるものになってしまうということがあるのだろう（フリーライダー問題や，一切の妥協拒否と居座りによるホールドアウト問題もあるし，もちろん請求権者間の情報の非対称性の問題もある）．

---

16)　絶対的優先権からの逸脱に関する実証研究によると，下位請求権者は，現実に上位債権者からの譲歩を引き出すのに十分なパワーを持っているということである．すなわち，例2に示した問題は現実の問題となっている．Franks and Torous [1989] を参照せよ．例1に示した問題の発生可能性には，例2の問題ほどきちんとした実証的根拠があるわけではない．しかし，管財人はよくこの問題について言及（また記述も）している．この問題の存在をきちんと認識しないと誤りを犯すことになろう．また，上位債権者は破産手続きをなるべく早く終えたいと願い，下位債権者はなにがしかの利益を得ようと，望みのないチャンスをねらって引き延ばそうとする．この軋轢が最近の Macy's の破産事件をめぐる1つの問題であるように思える．たとえば，Patrick M. Reilly and Laura Jereski, 'Media and Marketing: Macy May Seek Shorter Period for Extension', *Wall Street Journal*, 18 February 1994, at B2 を参照せよ．

17)　英国においてはもう1種類，倒産管財制 (UK Administrative Receivership) という破産手続きがある．倒産管財制の下では，浮動担保 (floating charge) として知られている包括的継続担保を持っている上位債権者が，企業が破産した場合に，レシーバー（財産保全管理人，receiver）を指名する権利を有している．通常このような浮動担保を持つ主体は銀行である．レシーバーは会社を管理し，閉鎖するか，それとも後日の売却を見越して現況のまま事業を継続するかを決定する．レシーバーは最終的には銀行に対して責任を負う．倒産管財制の下では，清算の場合に比べて企業が存続する可能性が高まる．しかし，倒産管財制には例1で示したのと同じ問題が生じる．とくに，銀行は一定額の請求権しか持っていないことに注意しなければならない．すなわち銀行の収益には，上限がある．そのため，銀行はうまくいった場合の可能性を無視して，優良な企業でさえも存続させないと決定してしまうかもしれない．さらに，銀行が企業を事業継続のまま売却すると決めた場合でさえも，問題は残る．自らの収益には上限があるため，より高い価額がつく可能性があったとしても，少しでも高い価額で売却できるよう努めようとするインセンティブを持たないだろう．結局，下位請求権者にはほとんど残らないことになる．

上位債権者の議決によって企業が清算されかねない例1を考えてみる．この帰結は，下位債権者と株主が，企業を清算してしまわないように上位債権者を買収することができれば避けることができる．たとえば，上位債権者に対し90から100の間の価額を提示すれば買収できるだろう．しかし，下位債権者や株主が数多くなり多様となると，そのような提案をまとめることはさらに難しくなる．そして，提案をまとめようにも，時間ばかりがかかってしまうことになるだろう（下位請求権者は，各々他の下位請求権者が上位債権者を買収してくれることを望むだろう）．結果として，合意が形成されないか，ないしは長い交渉期間が必要になる（「消耗戦 (war of attrition)」ともなるだろう）[18]．

　同様の問題は例2においても生じる．上位債権者たちは，互いの合意をとりつけて，下位請求権者に歩み寄り，再編を求めないよう補償することを決定しなければならない．上位債権者の数は相対的に少なく，そのため調整の問題が楽になるだろうから，そのかぎりにおいて，例2で合意に達する方が容易かもしれない．

　チャプター・イレブンのようなストラクチャード・バーゲニングにおいては，多数の意思が少数を拘束することになるので，上述の交渉上の問題は軽減される（私的整理と異なり，満場一致であることは求められていないので，フリーライダー問題や，ホールドアウト問題は軽減されている）．しかし，こうした場合でも，もたらされる結果は効率的ではないかもしれない．たとえば，情報の非対称性などによって，非効率が生じるかもしれない．例1において次のように仮定してみる．下位債権者は，企業の清算価値が本当に90もあるのかどうか，当てにならないと思っている．実はもっと低い値ではないかと考えている．一方，上位債権者は真の価値を知っているとする．このとき，下位請求権者が，清算しないように上位債権者からの賛同を得るにあたっ

---

[18] この場合に，交渉を難しくする要因は，債権者が多い場合に私的整理を失敗させてしまう原因と似ている．ホールドアウト問題やフリーライダー問題については第5章を参照せよ．

て「過小評価」された90以下の価額を申し出るのはきわめて合理的な行為である．この場合，真の清算価値が90であるなら，上位債権者は提案を拒否してしまうだろう．その結果，現状のまま事業を継続すれば実現できるかけがえのない機会が失われてしまうのである[19]．

4　代替的破産手続き

以上の議論は次のようにまとめることができる．現存の破産手続きには，2つの点において欠陥がある．（米国チャプター・セブンのように）完全資本市場の存在を仮定しているし，（同チャプター・イレブンのように）企業をどうすべきかという意思決定と誰が何を得るべきかという決定の問題とが整理されていない．著者は，ここで，これらの問題の生じない一連の手続き（AHM手続き）を説明する．要点は，異なる種類の請求権を持っている人々（すなわち異なる目的を持っている請求権者たち）を，均一な株主に変換し，企業の将来を単純な投票によって決定しようというものである．AHM手続きによって，パイの分け方において発生する交渉問題も避けることができる．なぜなら，株式を分配するにあたって，絶対的優先権の順位を保持できるような，1つの機械的な手順を用いるからである（この手順はLucian Bebchukによるものである．Bebchuk [1988] を参照せよ）[20]．

この提案の基礎となる考え方は，提案の細かな内容よりもさらに重要である．ここで提案する手続きにはいくつかのバージョンがあるが，そのすべてが，1つの基本的考え方に基づき一貫している．ここでは，2つのバージョンを示す．この2つは，担保付債権の扱いと，手続きの執行に責任を持つ判事ないしは破産管財人の果たす役割において異なっている．第1のバージョ

---

19) 非対称情報下の交渉について，一般的な説明は，たとえば，Fudenberg and Tirole [1991] 第10章を参照せよ．
20) しかしながら，AHM手続きでは請求権の金額と優先権の順位についての争議を避けることはできない．この手続きにおいては，現在そうであるように，判事および法廷に，これらの争議を解決するうえで重要な役割を演じてもらうよう期待されている．

ンは，チャプター・イレブンの精神に近いものであり，第2のバージョンは英国の倒産管財制ないしは会社再建手続きに近いものである（また旧連邦破産法第10章にも類似性がある）．もし，提案が採用されるとしたら，採用する国の制度構造と法制的な伝統の違いによって，どれが適切なバージョンとなるかは異なるだろう（バージョン1とバージョン2をそれぞれ取り混ぜてもよいだろう）．

バージョン1

最初に企業の破産が宣せられた（ないしは破産に追い込まれた）後，企業の負債は無効とされる．しかし，その企業に対する債権者は，手ぶらのまま追われてしまうわけではない．通常の場合，下記の課業Bに示されるように，彼らは主要な株主となる．企業は破産企業としての生涯を，「新規の」無負債 (all-equity) 株式会社として始めることが重要である．

ある個人が以後の過程を監督するよう指名される．ここではこの個人を判事としておこう．判事は，すぐに2つの課業に取りかからねばならない．（課業A）新規の無負債株式会社に対する現金入札，および非現金入札を募る．（課業B）この企業の株式に対する権利を配分する．2つの課業は同時に執行されてもよいが，あらかじめ定められた期間のうちに完了しなければならない．期間としては3ヶ月が妥当なところだろう[21]．

課業A：入札募集　判事は当該企業に対する入札を3ヶ月にわたって募集する．しかし，通常の入札と異なり，現金入札も非現金入札も許される．非現金入札においては，現金の代わりに破産後企業 (post-bankruptcy company) の証券によって応募することもできる．このように，非現金入札では企業の更生，および企業を事業継続のまま現況で維持し資本の再構成を図ることも

---

[21]　ある特定の期間でなければならないというわけではない．適切に調整されることが望ましい．

視野に入れている．以下に，非現金入札のいくつかの例を示しておく．

1. 現職の経営者が職務の継続を申し出て，請求権者に破産後企業の株式を提供する．
2. 同様の財務措置が新規の経営者によって提案される．
3. 破産企業と異なる企業の経営者が，**自社**株式を支払い手段として，破産企業の買収を提案する．
4. （現職のないしは新規の）経営陣が，当該企業の資本構成に負債を取り入れる．この実現には，たとえば，破産後企業がある銀行から資金融資を受けられるよう手配し（融資の実行は入札の成否に条件付けられる），請求権者に現金と（借り入れの導入された）企業の株式を提供することが考えられる．もう1つ考えられるのは，請求権者に破産後企業の株式と債券を組み合わせて提供することである．

入札のプロセスが十分に機能するためには，入札しようとするものに，企業の将来について必要なだけ正確な情報が伝わることが重要である．したがって，破産処理をする判事は，自らの業務として（本気で入札を考えているものが）3ヶ月の入札公募期間中に企業の帳簿類を閲覧できるようつとめなければならない．

課業B：権利の配分　新規の（無負債）株式会社の株式を分配できるようにする前に，判事が企業の請求権者が誰であるか，そしてそれらの請求額と優先権順位がどうなっているのかを明確にしなければならない．これは難しい仕事であり，破産処理に並行して行われなければならない．この業務が行われる方法について，いったん決まった後に基準を修正してはならない．

したがって，判事の慎重な検討の結果，次のような判断がもたらされていなければならない．すなわち，請求権者はn種のクラスに分けられること，それぞれのクラスの請求権（総）額がそれぞれ$D_1,\cdots,D_n$ずつであること，

クラス1の請求権は最も高い優先権があること，クラス2の請求権はそれに次ぐ優先権があること，等である．当該企業の株主は $(n+1)$ 番目のクラスを構成し，他のすべての請求権に対して低い優先権しか持たない．

これらのクラスを決定した後に，判事は新規の（無負債）株式会社の株式に対する権利を配分する作業に取りかかる．もし，企業の「真の」価値 V を皆が知っているのなら（すなわち，立証可能であるなら），絶対的優先順位に応じて，それぞれのクラス i に，（金額ベースで）どれだけの値だけ権利を与えるべきかを決定するのはさほど難しくない．残念ながら，非現金入札の価値を客観的に評価することはできない（このことが，チャプター・イレブンの下で，これほど多くの争議が起こってしまう理由である）．したがって，株式を配分するうえでは，Bebchuk [1988] のアプローチを採用せざるをえない．Bebchuk のアプローチにおける利点は，V の値が客観的には得られないにもかかわらず，絶対的な優先順位の実現を確保できることにある．

Bebchuk のアプローチとは，上位債権者には株式を，そして下位債権者には株式を購入するオプションを配分しようというものである．具体的に説明する．（クラス1の）最も高い優先権を持つ債権者には企業の株式をすべて割り当てる（したがって，もしこのクラスに属する債権者が d_1 だけ債権を持っていれば，d_1/D_1 だけの割合の企業の株式を受け取ることになる）．一方，（クラス2の）次に高い優先権を持つ債権者には，自らのクラスの債権総額に対して D_1 の金額で，すなわちクラス1の債権額に相当する金額で，クラス1の債権者から株式を購入できるオプションを与えられる（したがって，もしクラス2のある債権者が d_2 だけの債権を持っているとすれば，企業の株式全体の d_2/D_2 の割合まで，$(d_2/D_2)D_1$ という価額で購入するオプションが賦与される）．同様に，クラス $i(3 \leq i \leq n)$ の投資家は，自らの債権より優先権のある債権者から，自らのクラスの債権総額に対して $(D_1 + D_2 + \cdots + D_{i-1})$ の金額で株式を購入するオプションを与えられる．最後に，（クラス $(n+1)$ に位置する）旧株主は，自らの債権総額に対して $(D_1 + D_2 + \cdots + D_n)$ の金額で株式を購入するオプションを与えられる（この手続きにおいては，上

位請求権者は，もし割り当てられる株式が買い取られることになった場合には，株式を手放さなければならないというルールを設定する．すなわち，売り渡しを拒否できない）．

以下に例を示して配分過程をより明らかにする．ここでは，$n=2$ と仮定する．上位債権者は 5 人おり，それぞれ 200 だけの債権を持っている．また，下位債権者は 10 人おり，それぞれ 200 だけの債権を持っている．さらに，同等な旧株式を持っている株主が 100 人おり，それぞれの持ち株は 1 株ずつである．このとき，「新規」企業の株式について，上位債権者はそれぞれ 20 株ずつ受け取る．また，下位債権者には，それぞれ 1 株について価額 10 で 10 株まで購入できるオプションが与えられる（もしすべての下位債権者がオプションを行使したとしたら，上位債権者は総額 1,000 で売却することになる）．さらに，旧株主にはそれぞれ価額 30 で 1 株を購入できるオプションが与えられる（もし，すべての既存株主が与えられたオプションを行使したとしたら，上位債権者と下位債権者はあわせて 3,000 で権利を売却することになる）[22]．

以上によって，判事の第 2 の課業である課業 B が完了する．

3 ヶ月が経過した後で，判事は課業 A において執行した入札の結果を明らかにし，すべての当事者がその価額を知ることができるようにする（投資銀行など外部の専門家の助けを借りることになるかもしれないが，請求権者は

---

[22] すべてのオプション所有者が同じように行動しなければならないわけではない．たとえば，下位債権者では 1 人だけ，金額 100 で 10 株を購入するオプションを行使したとする（他の誰もオプションを行使しなかったとする）．この金額 100 は上位債権者それぞれから，株式 10% を購入するのに用いられる．上位債権者は，株式の 90% を所有し，オプションを行使した債権者は 10% を所有することになる．もう 1 つの例として，1 人の旧株主だけが 1 株を価額 30 で購入するオプションを行使したとする（他の旧株主や下位債権者はオプションを行使しなかったとする）．最初に，この金額 30 のうち 20 は下位債権者全員から 1% のオプションを買い取るために使われる．次に，残りの 10 によって上位債権者全員から 1% の株式を購入する．上位債権者には 99% の株式が，当の旧株主には 1% の株式が手許に残ることになる．この過程についてより詳しくは Bebchuk [1988] を参照せよ．

図 7-1

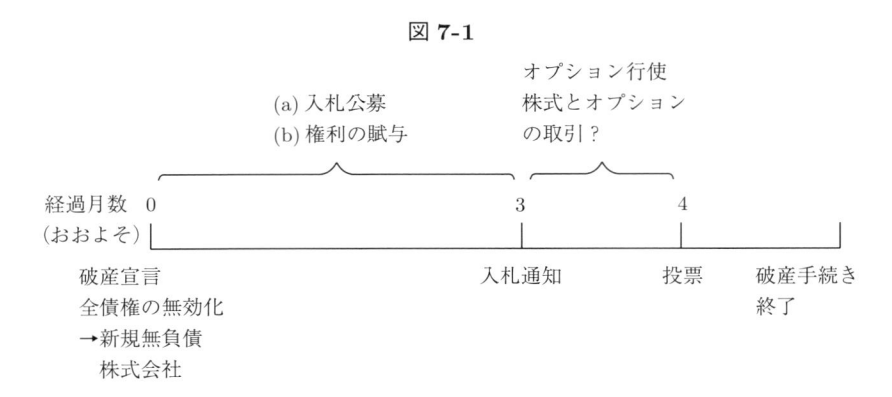

```
                            オプション行使
        (a) 入札公募        株式とオプション
        (b) 権利の賦与      の取引？
      ┌─────────┴─────────┐┌────┴────┐
経過月数 0                    3         4
(おおよそ)├───────────────────┼─────────┼──────────┤
      破産宣言              入札通知   投票    破産手続き
      全債権の無効化                           終了
      →新規無負債
        株式会社
```

これらの助言を無視することもできる）．この時点で，オプションの保有者にはオプションを行使するために（たとえば，さらに1ヶ月など）一定の期間が与えられる．この期間には，株式とオプションの市場ができるだろう．しかし，手続きの執行には必ずしもこの市場が必要であるわけではない．

4ヶ月が経過した時点で，行使されるオプションもあるだろうし，行使されないオプションもあるだろう（行使されないオプションは失効する）．この手続き最後の段階は，企業の株主（すなわち4ヶ月後の最終時点で株式を保有しているもの）が投票をし，現金や非現金などさまざまな入札からどれかを選択することである（投票は1株1票制により行われる．以下を参照のこと）．投票が完了した時点で落札された内容が遂行され，最終的に1つの企業が破産手続きから生まれ出ることになる．

以上の過程は図 7-1 に要約できる．投票の時点では，すべての請求権者の利益は（大筋で）調整済みとなっていることに着目してほしい．かつて債権者であったか，株主であったかを問わず（株主の場合には債権者から買い上げて投票することになる），現在は皆株主であり，最高の価額をつける入札に応じるインセンティブを持っている．

入札とオプションの関係を理解するために，もう1度数値例に戻ろう．3ヶ月経た時点で，最高値をつける入札でも，企業を 1,000 以下にしか評価しな

いと予想されたとする．このとき，誰もオプションを行使することを望まないだろう（下位債権者は1,000以下の価値しかないと考えられるものに1,000も出費することを望まない．ましてや，旧株主は3,000も支払うことを望まない）．そのため，上位債権者がすべての株式を保有することになる．次に，入札最高値が1,000以上3,000以下の値と予想されたとする．このとき，下位債権者はオプションを行使して上位債権者から株式を買い上げることを選択するが，旧株主はオプションを行使しようとはしないだろう．最後に，入札最高値が3,000以上であると予想されたら，旧株主は両クラスの債権者から買い上げようとするだろう．

この例から，企業の客観的な価値が明らかでなくとも，請求権の絶対的優先権が，オプションによっていかに保持されるかが明らかであろう．

バージョン1では，判事の役割は破産手続きを監督することにある．判事は破産手続きの執行に責任を持つが，破産状態にある企業を運営することはない．実際，この仕事はたぶん現職経営陣に任されることになるだろう（チャプター・イレブンにおけるように，主要な投資および財務上の意思決定においては，判事の同意が求められる）．しかし，バージョン2では，破産手続きを監督するものが，より重要な役割を担わなければならない．

バージョン2

バージョン2は，主に2つの点でバージョン1と異なっている[23]．第1に，担保付債権には本来の扱いがなされる．第2に，破産手続きを監督するものが，一定の期間企業を運営する業務を遂行する．

担保付債権の取り扱い　バージョン1では，すべての負債は（担保付であるかないかにかかわらず）株式に転換された．この措置によって貸借対照表を整理できるので，好ましい方法ではある．しかし，債権者にとってみれば，必

---

23) バージョン2はAghion *et al.* [1995] に基づいている．

ずしも望んでいない証券を押しつけられることになるので，不都合な点もある．バージョン2では，無担保債権だけが株式に転換される．すなわち，担保付債権には転換を課さない．したがって，破産手続きが開始される時点で，担保付債権を裏付けている担保について評価査定が行われる．もし，評価額が担保付債権額より高ければ，債権はそのまま本来の担保付債権として取り扱われる．もし，評価額が満たなければ，債権額のうち担保でまかなわれる分だけが担保付債権として扱われ，残額は無担保請求権と同様に処理される．すなわち，残額は株式に転換される[24]．

　この「最小限の」債務の株式化は企業の債務超過状態を解消するという望ましい特性を有している（もちろん，完全な債務の株式化も同じ特性を有している）．なぜ望ましいかというと，企業価値は少なくとも物的資産の評価額の総額よりも当然大きいからである．しかし，企業の残存価値，すなわち事業を継続させた場合の価値はより曖昧であり，最初から決めてかかることはできない．したがって，バージョン1の場合と同様に，バージョン2の場合にも，すべての無担保債権は株式に転換される（バージョン2では，最も優先権の高い（無担保）債権の保有者は直接に株式を受け取り，一方，劣後債権者や旧株主は株式を買い取るオプションを受け取る）．

---

[24] 対照的に，バージョン1では担保付債権は他の上位債権とまったく同様に扱われ，株式に転換される．より正確に述べると，バージョン1でも担保付債権の担保が評価される．もし評価額が債権額より高ければ，すべての債権が上位債権として取り扱われる（したがって，株式を受け取る）．一方，もし評価額が債権額より低ければ，所有する債権の一部が上位債権として，一部は下位債権として扱われる（すなわち，株式とオプションの両方を受け取る）．バージョン1と2の両方において，有担保債権者は担保資産を押収する権利を持たないと考えられている（ただし，当該資産が企業の再建に必要でないことを示すことができれば，そのかぎりではない）．この措置が設定されている理由として，もし押収を可能にしてしまうと，「われ先に」企業資産を剥奪する事態となり，非効率な結果がもたらされるという危険が考えられる（これは現在の連邦破産法がとっている立場でもある．Baird [1992] 第8C節を参照せよ）．しかし，バージョン2に従っている場合，企業が4ヶ月経過し破産手続き期間が終了した時点で，担保付債権保有者に対して，いまだ債務が履行できないときには，担保物件の押収を認めるのが適切であろう．

破産管財人の役割　バージョン2では，手続きが完了するまでの4ヶ月の間，破産管財人 (the bankruptcy practitioner) が実際に企業を運営する．すなわち，現職の経営陣に取って代わる．より正確には，既存の取締役会に取って代わる（しかし，もし破産管財人が適切であると考えれば，内部の特定の取締役ないしは経営者を留任させることができる）．

　破産管財人には主な責務が2つある．第1に，株主とオプション保有者の両方の利益に忠実に行動するという，一般的責務がある．すなわち，在任期間中には企業価値の最大化を目指さなければならない[25]．第2に，破産管財人は，企業の将来計画（複数の場合もある）を策定し，3ヶ月の期間が終了する時点で（オプションが行使される前に）株主に提示しなければならない[26]．この将来計画については何らの制約も設定されない．たとえば，企業を再建するという計画かもしれない．その際には，経営陣が一新されるかもしれないし，金融構造の変更を伴うかもしれない（株主には新企業の新たな証券が渡されることになる）．経営陣の一新と金融構造の変化の両者を伴うかもしれない．また，事業を継続した現況のまま売却されることになるかもしれないし，閉鎖されて資産は分割のうえ売却されるかもしれない．実際のところ，将来計画を立てることは，現金入札や非現金入札を行うに等しい．いずれにせよ何らかの形で計画が定められ，4ヶ月経過時点で（オプションが行使された後に）開かれる株主総会に提案される．そのうえで，もし過半数の賛同を得ることができれば実行される（破産管財人には，1つ以上の将来計画を株主に提示し，どの計画が最も多数の支持を得るかを見定めるという手段もある）．

　バージョン1との最も重要な違いは，正規の入札の実行を免ぜられるというところにある．破産管財人は，価値を高められるという確信さえあれば入

---

[25] この義務は2通りに具現できる．第1に株主およびオプション保有者に対する受認忠実義務 (fiduciary duty) を，破産管財人に課すことが考えられる．第2に，管財人になんらかのインセンティブを与えることが考えられる．

[26] 破産管財人は，現在の英国破産法の下で，レシーバー（財産保全管理人）ないしはアドミニストレーターが受け取るのと同様の形で，企業の資産から報酬を受け取る．

札を実行してもよい．しかし，必ずしも入札を行わなければならないわけではない[27]．同様に，管財人は企業の帳簿の閲覧を制限でき，入札が実行される場合には，どの入札事案が株主に提案されるべきかを決める裁量権を有する．この点において，管財人の立場は，債務超過に陥っているわけではないにもかかわらず企業売却を検討している取締役会の立場に似ている．

　バージョン2では，破産管財人に対してこの他の行為を実行する権限も与える．たとえば，もし必要と判断するなら3ヶ月経過する前に（担保に入っていない）資産の一部，ないしはそのすべてさえも売却することができる（不確実性により，企業の将来が顧客維持ないしは納入業者維持の面で危機に面するとき，この点は重要である）．加えて，管財人は新規の資本を調達したり，事業から何らかの現金を捻出する権限を持つこともある．たとえば，事業から得られた利益，ないしは資産を売却して得た現金を，（有担保）債権者に支払うため，あるいは（新規）株主の配当支払いのために用いることができる（後者の場合，下位請求権者に対するオプションの実効価額はその分だけ減じられる）[28]．

　バージョン2では，その立場に伴う権限を考えるかぎり，破産管財人の指名がとても重要な問題となるのは明らかである．多くの場合，（上位）高額債権者が，この指名をするのに最も適している．たとえば，英国において上位債権者は多くの場合銀行であるが，しばしば「レシーバー」を指名する権利を，起債契約の一部としてあらかじめ交渉によって獲得している（この権利は「浮動担保」と呼ばれる形で具体化されている）．ここで考えているバージョン2の手続きでは，そのような立場にある債権者が，破産管財人を指名

---

[27] 状況によっては，入札を公開すると，ライバルが企業経営や将来計画について機密の情報を知りうるかもしれず，企業の長期価値を減じることになるかもしれない．
[28] 破産管財人にあまりに多くの裁量権を渡すと，その力を濫用するという危険があるのは明らかである．たとえば，破産管財人は，自らの在任期間を4ヶ月以上に引き延ばすため，企業を帝国のように拡大させることを目指すかもしれない．しかし，在任期間延長のためには株主から過半数の賛同を得る必要があるので，こうした私利を求める行動も抑制される可能性が高い．

するのが合理性な措置だろう．同様の措置がドイツと日本においてもとられており，企業は重要な債権者として「メインバンク (lead bank)」を持っている[29]．とくに際立って高額の債権者がおらず，指名を行うのが自然な位置付けにあるものがいない場合，指名は法廷によって行われるだろう．

いったん指名されると，管財人は（指名してくれたものだけではなく）**すべての株主に対して責任を負う**．そうなると，もし管財人の業務遂行が適切ではない場合に，誰が解任する権限を持つのかという問題が発生する．4ヶ月が経過する以前には，法廷にこの権限を委ねるというのが最も合理的であろう．それぞれのクラスで多数の請求権者が不満を表明するときにのみ，解任が実行される．ただ，株式の所有権が確定するまでは，管財人が誰を代表しているかが明らかではない．だからこそ，管財人は「企業価値の最大化」を実現するために，ある程度安定した広範な権限を持っているべきである．一方，他の可能性として，最初から株主に管財人を解任する権限を与えるという方法もある．ただし，この措置には，新規株主が管財人に企業の売却を急がせるべく圧力をかけるかもしれないという問題がある．つまり，もし4ヶ月経過する前に，事業が好転するという見込みがつけば，保有する株式がオプション保有者に買い取られてしまうだろう．一方，もし事業が悪化しそうだということになれば，新規株主は株式をかかえたままでいなければならないだろう．新規株主は，こうした問題を認識して，状況の変化が表れる前に企業の売却を実現し不確実性を避けようとするのである（この問題は第3節の例1で説明したのと同様な現象である）．

5 評価

ここで，AHM 手続きが本章冒頭で示した3つの目標をどの程度満たしているかを考える．間違いなく，AHM 手続きは目標1を達成するにあたって

---

[29] 破産手続きにおけるメインバンクの役割にどのようなものがあるかについては Aoki [1994] を参照せよ．

合理的な措置となっている．なぜなら，新規所有者が企業の将来を決定することになるが，新規所有者は効率的な成果がもたらされるように投票するインセンティブを持つからである．次に，負債にはもともと経営者の行動を前もって制約する行動束縛機能 (bonding role) があるが，AHM 手続きにおいてもこの機能は保持されている（目標2）．とくに，株主が受け入れる入札や計画には，経営陣の入れ替えが含まれているかもしれないので，経営者としての地位は危機に瀕していると言える．しかし，経営者たちには，破産は決して経営の失敗によるものではなく，経営者としての職務を遂行させてほしいと，株主を説得する機会がある．この点で，破産はおそらくそれほど過酷な出来事ではなく，どのような犠牲を払っても避けたいというものでもないのである．

適当であると考えられれば，AHM 手続きは現職経営陣にとって，より甘いものにも，より厳しいものにも調整することができる（ただし，事後に非効率が発生するという意味で，何らかのコストがかかる）．たとえば，バージョン1では入札時に他の入札者にハンディキャップを課すことによって，現職経営者を有利にすることができる．外部の入札者が勝つためには，投票数の3分の2以上の賛同を得なければならないと規定するなどの例が考えられる（バージョン1とバージョン2の両方で破産の打撃を和らげる方法に，経営者に「ゴールデン・ハンドシェーク（特別退職金）」（ないしは「ゴールデン・パラシュート」）を企業に対する上位債の形で与えることがある）．逆に，バージョン1を現職の経営者により厳しくしたければ，**現職**が留任するためには投票数の3分の2以上の賛同を得なければならないとすればよい．

最後に，オプションを用いることによって，絶対的な優先権順位を保持することができる（目標3）（ただし，下位請求権者がオプションを行使するために十分な現金を持たねばならないという制約はある．この点については以下で考察する）[30]．

AHM 手続きがチャプター・イレブンに代表されるストラクチャード・バーゲニングと比較してどのような特質を持っているか，例1および例2に戻っ

て考えてみよう．

例1においては，2つの選択肢があった．清算して90をとるか，企業を存続させて平均110をとるかの選択である．AHM手続きがストラクチャード・バーゲニングと大きく違うところはここにある．従来債権者であったものが，株主として投票する場合には，企業の営業存続を選択するであろう．なぜなら，企業を存続して事情が好転した場合，増大した利益をすべて獲得することができるからである．もちろんこの場合には，かつての株主はオプションの行使を願うだろう．なぜなら，1を支払うことによって1.1の価値がある株式を手に入れるのだから（下位債権者の存在は無視されている）．言い換えると，かつて債権者であったものは，債権額100を，かつて株主であったものから全額獲得できる．また，かつて株主であったものは，残余請求権者として企業を現状のまま事業継続させるように投票するだろう．このように優良会社は救われることになるのである．

例2においての選択肢は，90で清算するか，ないしは営業を存続させて平均価値80を得るかである．この場合，かつて株主であったものはオプションを行使しようとはしないであろう．また，かつて債権者であったものも，新規株主として企業を清算し90を獲得するように投票するだろう．すなわち優良でない会社は閉鎖されることになる．

このように，例1と例2では，再建の可能性をつぶしてしまうことなく，問題が解消されている．例1では，現職の経営陣は現金を手にすることはないにしても職務を維持できる．さらに，機が熟する前に企業を清算してしまう

---

30) AHM提案が考案されると時を同じくして，他の2つの破産法改正案も発表された．Adler [1993] と Bradley and Rosenzweig [1992] である（Adler [1994] も参照せよ）．これらの提案では，AHM案と同様，企業が破産するとき，株式が債権者に譲り渡されるとしている．Adlerの提案においては，個々の債権者が破産企業の資産を専有する権利を持つことはない．一方，Bradley and Rosenzweig の提案においては，そのような権利の剥奪はない．両方の提案において，企業の負債が持つ期限の利益が喪失されることはなく，入札が募られることもない．また，両方の提案において，コントロール権を債権者に渡す方が経営は改善されると考えているが，どのようにして改善されるかまでは明示的に考察されることはない．

という，債権者のインセンティブを抑制することができる．例2においては，経営陣は現在の職を維持することはできないが，これは適切な措置である．どちらの例においても，争議が残る余地はない．また，どちらの例でも，残余請求権者が，最終的に企業の将来を見通して議決することになる（すなわち，自らの決定の結果を引き受けなければならないものが議決することになる）．その結果，最終的には価値を最大化する選択が実現される．

6 考察

本節では，付加的な論点をいくつか簡単に説明し，AHM 手続きの下で生じるかもしれない実際上の問題について考える．

下位債権者と当初株主の処遇について

AHM 手続きにおいては，下位債権者はいくばくかを手に入れる前に，上位債権者から買い入れを行わねばならない．したがって，下位債権者がオプションを行使するための現金を手許に持たない場合，不当に不利な立場に置かれることに配慮しなければならない（また，下位債権者は借り入れによって必要な資金を調達することができないかもしれないし，望まないかもしれない）．

手続きを修正して，この問題を改善する方法がある（以下の説明では，バージョン1を念頭に置いている．しかし，バージョン2に適用する場合にも同じ原則が通用する）．入札が完了した時点で，破産担当の判事は企業価値の下限を設定することができるようにすればよい．この下限は現金入札の最大値と同じ値に設定されるものとし，（具体的な値として）V^C とおく．いったんこの値が設定された後では，企業価値は V^C であると見なされて手続きが進み，株式が分配される．もし V^C が上位債権者の債権額を超えるものであれば，下位債権者は最初の株式分配において，その一部を受け取る．たとえば，もし上位債権者の債権額が100であり，入札最高額が150であった場合，上

位債権者に対して株式の 3 分の 2 が割り振られ，下位債権者には 3 分の 1 が割り振られる．もちろん，非現金入札があり，その入札は下位債権者にとって 150 以上の価値があるかもしれない．その場合，上位債権者は多く取りすぎている可能性がある．しかし，下位債権者は，そういう場合にも，オプションを行使して買い取る余地を残している．

もちろん，手続きにこのような修正を加えても，下位債権者への処遇は，いまだ十分ではないかもしれない．最悪の場合には，現金入札がまったくないかもしれない．その場合には $V^C = 0$ であり，すべての株式は，最初に上位債権者に分配されてしまう．このような場合，下位債権者はどの程度不利なのであろう．少なくとも 3 つの理由で，それほど悪いわけではないかもしれない．

第 1 に，下位債権者は，上位債権者から買い取るための現金を，皆で全額調達しなければならないわけではない．個々の下位債権者たちは，それぞれ個人として行動できる．1 人あたりの必要現金額はそれほど大きくはないだろう（実のところ，個人は所有するオプションの全額を行使する必要はない．その一部だけの行使を選択できる）．第 2 に，とくに大企業については，破産手続き期間中にも，オプションの市場ができあがるかもしれない（実際，破産担当の判事にはそのような市場を構築する義務があると考えられる）．この場合，下位債権者は現金を調達する必要はなく，単にオプションを売却すればよい．第 3 に，下位債権者の中で誰か現金を調達できず，何も得られない主体がたとえ残されたとしても，現在行われている措置に比べて特段悪化したわけではないだろう[31]．

---

31) LoPucki and Whitford [1990] は 1979 年 10 月 1 日以後米国において破産を申告し，資産価値が 1 億ドルを超え，1988 年 3 月 31 日までに再建計画が承認された 43 企業を調査した．その結果，無担保負債の平均回収率は 1 ドルにつき 49.5 セントであり，中央値で 1 ドルにつき 38.7 セントであった．Fisher and Martel [1994] は 1978 年から 87 年までの期間に，カナダにおいて再編が申請された 236 法人企業を対象に調査した．サンプル企業は 16「大」企業（負債価額が 500 万カナダドル超）と，220「小」企業（負債価額が 500 万カナダドル以下）に分けられた．大企業については，無担保負債の平均回収額は 1 ドルにつき 57.7 セントであり，中央値は 30 セントであった．ま

最後に，オプションを行使するために現金を調達しようとする下位債権者が直面している問題と，企業全体を買収するために現金入札しようとしている入札者の問題とは，きわめて異なっているということを理解しておかなければならない．下位債権者たちは個々別々に行動するので，オプションを行使することによってそれぞれが被るリスクは大きくない．同様に，他の誰かがオプションを買い取り，代わって権利を行使しようとする場合のリスクも大きいわけではない．対照的に，企業全体を対象として現金入札しようとする主体は非常に大きなリスクを被ることになる[32]．したがって，一方で資本市場が不完全なために非現金入札の役割があると考えることと，また一方で下位請求権者たちがオプションを行使または売却することによって，破産後の分配額のうち適当な割合を獲得できると考えることに矛盾はない．

請求権紛争

ここまでの説明においては，請求権者が保有している，請求権の金額および優先順位がどのように確定されるかということについてはほとんど注意を払ってこなかった．この問題を含めて，破産宣告の過程は複雑であり，一連の破産手続きにおいて重要な部分を占めている．3ヶ月という期間は，株式とオプションを分配するためには短すぎると言えるかもしれない．

3ヶ月の間に一定割合の請求権を処理し，この請求権に関わるやっかいな紛争に対処しうる方法がある．確定しうる請求権だけを選択し，そのような請求権だけを対象に株式とオプションを割り当て，投票を実行し，係争中の債権についてはそのままにして破産状態から再生させるのである．残された係争中の請求権については，何らかの決定がなされた時点で事後的に精算が行われ，請求権者に破産後企業の証券が与えられる[33]．係争中の請求権保有

　た，小企業については，平均回収額は1ドルにつき46.9セント，中央値は35セントであった．
32) 現金入札を行うことにおける取引費用については，第3節の説明を参照せよ．
33) これを実行するにはいくつかの方法がある．1つの方法は，同等の請求権者をとり，破産手続きの結果それら請求権者が選択したのと同じ証券を，これら新規請求権者に対

者は投票には参加しないが，不参加はそれほど大きな問題とはならない．なぜなら，企業価値を最大化する入札には，彼らも同じように賛同すると考えてよいからである[34]．

新規資金

企業が破産手続きにある間，多くの場合新規資金が必要となる．たとえば，納入業者や従業員への支払いなどに必要な資金である．破産管財人や経営者は（判事の同意を得て），通常債務超過に陥っていない企業が資金を調達するのと同様に，資金を調達することができる．負債を株式に転換したことによって，企業の債務超過状態は解消している（負債をまったく持たないか，担保付の負債しかない）ので，新規負債を発行できる状態にある．新規負債を発行する場合には，その負債の優先権は，残存する担保付負債に比べて低いが，株式よりは高くなる．

議決権行使手続き

今ひとつの問題は，議決権行使のための投票手続きそれ自体である．もし入札が2つしかなければ，それらについて単純な投票を行うのが自然である．しかし，2つ以上の入札があった場合には，多くの可能性を考慮しなければならない．株主たちは最も好ましい計画に投票することができ，最大の得票を得た計画が落札するというのが1つの方法である．他にも，株主は複数の計画に対して選好順位を示し，最も高い総合得点を得た計画が選択されるというのも選択肢となる．さらに，投票を2段階に分ける方法がある．第1段階では，株主は各計画について順位をつけ，第2段階で上位2つの計画について決選投票を行う．ただし，株主たちは価値最大化という共通の目的を持っ

し賦与するというものである．
[34] この仮定は単純化しすぎているかもしれない．株主は，上位請求権の実現が後回しにされると知ると，リスクのある再建案を選択するインセンティブを持つだろう．なぜなら，事態が好転した場合に彼らの利益になり，事態が悪化した場合にも損失は被らないからである（同様な事情については，第3節の例2を参照せよ）．

ていると考えられるので，（コンドルセの逆説のような）投票理論において悩みの種となる難問が，ここで発生することはあまりないだろう．

小企業

破産が非常に対処の難しい問題を引き起こしてしまうと考えられるのは，複数の債権者が関わる中規模から大規模の企業における場合である．以上の手続きは，そのような場合にこそ，最も役立つだろう．しかし，ほとんどの破産は小規模企業において発生し，通常は銀行が唯一の主要な債権者である．AHM 手続きの下では，（債権を買い取られることがないとして）銀行がすべての株式を獲得し，清算するか再建するかを「決定する」ことができる（現金を必要とし，株式を売却できるとは考えていない場合には，清算を選択するかもしれない）．さらに，この手続きでは，たとえば売掛金債権者のような下位債権者が銀行から権利を買い取ることを許している．この売掛金債権者は企業の営業存続に賛同するインセンティブを持つかもしれない．なぜなら，その企業と今後取引を継続し，利益をあげる機会を期待できるからである．このように，この手続きは，小規模企業の場合にも一定の役割を果たすと考えられる．

私的整理（ワークアウト）

破産に伴う問題の多くは，私的整理をも困難にする（フリーライダー問題があり，妥協を一切拒否し居座るホールドアウト問題もある）．AHM 手続きが州政府によって採用されない場合にも，私的整理を円滑に進める手段として，企業が自発的にこの手続きを選択しないという理由はない．

7 結論

本章の主要な論点について要約する．現在の企業更生手続きは，誰が何を得るべきかという問題と，破産企業をどうするべきかという問題を整理して

いないところに問題がある．本章では，この2つの問題を区分する更生手続きが可能であることを示した．異なる請求権（したがって，異なる目的）を持つ請求権者たちを，単一クラスの均一な株主に転換することに，この手続きの特徴がある．この株主たちが，単純に投票によって企業の将来を決定することになる．

　この手続きの基礎となる考え方についてもう少し説明しよう．基本的に，破産企業は，業績は好ましくないが債務超過に陥ってはいない企業と本質的には変わりがないと見なしている．債務超過に陥っていない企業の場合には，株主は取締役会を選出し，企業を継続営業するか，売却するか，それとも閉鎖するかについての決定を，日々委ねている．破産企業の請求権者に対しても，同じ選択肢が開かれるべきである．言い換えると，破産を起こしたからといって（事業継続のままであっても，分割してであっても）現金売却という形で企業存続の停止を自動的に発動せねばならない特別な理由はない．第6章で説明した，負債のエージェンシー費用理論によれば，破産は，経営上の問題の表れであって，企業自体に内在する問題の表れというわけではない（経営陣は負っている義務を履行できていない）．適切な措置としては，新しい経営陣をして，現存の経営陣に取って代わらせることであろう．AHM手続きでは，これを非現金入札（ないしは計画）という方法によって実現することを目指している．非現金入札を許すことによって，チャプター・イレブン型の再建計画が可能となる．しかし，チャプター・イレブンと異なり，企業の将来は単純な投票によって決定される．投票による意思決定は，破産企業以外では滅多に見られない複雑な交渉過程と異なり，債務超過に陥っていない企業にとっては標準的な手続きである．

　近年の米国におけるパラマウント買収係争（1994）を見ると，この手続きがうまく働くかどうか推察することができる．パラマウントには2つの入札者が名乗りを上げた．バイアコムとQVCである．それぞれの入札には，現金入札だけではなく，非現金入札も含まれていた．パラマウントの株主は，2つの入札およびパラマウントを独立した会社として存続させるという選択

肢について，事実上投票の形で選択した（バイアコムが勝利した）．このように，パラマウントの株主が迫られた選択は，非現金入札を含むAHM手続きにおいて請求権者に期待されている意思決定と類似している．

　最後に，前述の論点についてもう1度強調しておく．破産手続きが適切であるためには，資本市場が完全である場合にも，不完全である場合にも，有効な手続きでなくてはならない．AHM手続きはこの条件を満たしている．もし資本市場が完全であるなら，企業は最大の価値を支払う入札者の手に渡ることになるだろう．しかも，この入札者は現金による入札者よりも有利になるわけではない．したがって，チャプター・セブンと同じ帰結を期待できる（同様の理由により，破産管財人は資本市場が完全である場合，常に現金入札を要求できる）．この理由により，たとえ，資本市場の完全性を信ずるものたちが，チャプター・セブンに比べてAHM手続きが持つ長所を評価しなくても，強く批判する必要はない．一方，資本市場の有効性に疑いを持つものは，この手続きに価値を見いだすだろう．

第8章　公開企業における議決権構造

　第6章では，所有と支配（ないしは経営）が分離した公開企業におけるエージェンシー問題について考察した．フリーライダー問題が発生するので，非公開企業に比べてエージェンシー問題はより深刻であった．フリーライダー問題は，監視という行為が公共財となってしまい，個人や小規模株主が経営陣を監視するインセンティブを失ってしまうという形で発生する[1]．同様のフリーライダー問題が企業の議決権執行過程においても発生する．無能な経営陣を入れ換えようと，株主総会での委任状争奪戦を開始するためには多大な出費が必要である．しかし，経営陣の改善による利益はすべての株主が受けるにもかかわらず，費用はこのような努力を払う1人の株主だけが被るということであれば，その株主にとっては割に合うことではない[2]．実際，株主は，個人株主ないしは小規模株主の投票が決定権を持つ可能性はないと見越して，取締役会の選挙に（賢明にも）投票をしようとさえしないかもしれない[3]．
　ときに株式の大部分を獲得し企業を買収するものが出現すると，以上のフ

---

[1]　本章においても，本書におけるこれまでの章と同様に，経営者と取締役会の差を無視している．
[2]　委任状争奪戦は，投票にあたって，特定の経営陣（ないしは取締役会）に味方するよう他の株主を説得する戦略的行動である．この委任状争奪戦に関しては Ikenberry and Lakonishok [1993] および Pound [1988] を参照せよ．

リーライダー問題は克服されうる[4]．実際上，企業買収がどれほど容易であるかは，経営陣による防御方法がどの程度まで許されるか，法廷の姿勢，企業買収を規制する法制度の存在，多数をとる買収者がどれだけ少数株主の権利を制限することができるか等，多くの要因に影響される．本章では，これらの制度的，法的，政治的要因に加えて，企業買収は証券・議決権構造（security-voting structure）によって決定的に影響されうると論じる．とくに，企業の発行するさまざまな証券に，どのように議決権を配分するかという問題の重要性を論じる．株式公開に先立って，将来の経営陣が企業コントロール権の市場から十分に圧力を受けるように，そしてまた，経営陣の交代が適切な状況で生じるように，議決権の配分構成を工夫しておくことは，企業の当初所有者の利益となるところである．無理のない仮定をおくことによって，証券・議決権構造は，単一クラスの議決権付き株式だけを発行すること（「1株1票制」）によって最適となることが示される．この結論によって，なぜ米国および英国では多くの企業が1株1票制を採用しているのか，そしてその他の議決権構造が証券取引所や規制機関に評判がよくない傾向にあるのはなぜかが説明される．

　分析を進めるうえでの基本的な考え方は単純である．特定の経営陣の支配下にある企業の総価値が，2つの部分に分けられると仮定する．第1の部分は，株主が将来にわたって毎期受け取る配当の現在価値である（これを企業の公開価値 public value と名付ける）．残りの部分は，経営陣が享受する（金銭的）私的利益である（これを私的価値 private value と名付ける）．ここ

---

[3] 企業に1ないしは複数の大規模株主が存在する場合には，その程度に応じてこれら両方のフリーライダー問題は軽減される．大規模株主は，監視をしたり委任状争奪戦を開始したりするインセンティブを持つ．なぜなら，これらの行為によって発生する利益の，かなりの部分を獲得できるからである．同様に，大規模株主は，自らの投票が決定権を握っていることを知っているため，（賢明にも）投票するインセンティブを持っている．本章では，すべての株主が（初期には）小規模である場合を考えている．公開企業における投票の問題について，より進んだ議論は Manne [1964] を参照せよ．

[4] ときには，大規模株主が，正規の買収の形をとることなしに経営陣のコントロールを実現することがある．本章では，正規の企業買収だけを考える．

で，企業に複数の種類の株式が存在し，それぞれが異なる議決権を持っているとする．もし，制約付株式買い付け (restricted offer) ないしは部分的株式買い付け (partial offer) が可能であれば（すなわち買収を行おうとするものが，買収を目指す特定のクラスの株式をすべて買い取ることを求められていなければ），50％**未満**の企業の配当請求権を獲得することによって，企業を支配すること，すなわち議決権の 50％ を獲得することができる．もし制約付ないしは部分的株式買い付けが許されていないときには（すなわち，買収を行おうとするものは，買収を目指す特定のクラスの株式を申し出によりすべて買い取ることを求められているときには），配当請求権を 100％ 未満だけ買い取ることによって，企業を支配することができる．結果として，株主のためには低い公開価値しか実現できないが高い私的価値を有するライバル経営陣が，高い公開価値を実現するが低い私的価値しか持たない現在の優れた経営陣に，取って代わることができるようになる．これは，企業の配当について小さな割合しか権利を持たない株式に，プレミアムを支払うことによって実現される．同様に，低い公開価値しか実現できないが高い私的価値を持っている現職経営陣が，高い公開価値を実現できるが低い私的価値しか持っていない優れたライバル経営陣に対抗して，コントロール権をめぐる競争を勝ち取り，支配を維持することができる．それも，企業の配当について小さな割合しか権利を持たない株式によって，支配を実現してしまうのである．このように，1 株 1 票制の原則から逸脱すると，2 種類の「過誤」を犯すことになる．すなわち，起こるべきではないコントロール権の移転が実現し，起こるべきコントロール権の移転が実現しないことがある．1 株 1 票制を採用することによって，この 2 つの誤りによるリスクが（制約付株式買い付けが許されている場合には）軽減され，（許されていない場合には）解消される．

1 株 1 票制の原則は広汎な状況においてうまく働くが，常に最適な結果をもたらすとはかぎらない．本章では，次の命題が示される．すなわち，現職経営陣もライバル経営陣もどちらも十分に大きな私的利益を得るときには，1 株 1 票制にこだわらない方が，企業のコントロール権をめぐる競争を激し

くし，現職経営陣およびライバル経営陣の私的利益を株主に吐き出させることができるようになる．このことによって，企業の総価値が増大する．

　ある種の企業においては，1株1票制が最適にはならない理由が他にもある．本章は第6章の分析の枠組みの中で展開されるので，経営陣の選好は投資家の選好に比較して「重要ではなく」，資本構成の選択問題において重きを置かれない．しかし，ある種の企業においては，コントロール権を経営者に帰属させて，経営者が私的利益を享受できるように図った方が，ないしは経営陣に関係特殊的投資を実現するよう動機付けた方が効率的なことがある．あるいは，企業の当初の所有者が，議決支配権とあわせて私的利益を大規模投資家に「売却」し，取り上げられる危険なしに投資家が私的利益を消費できるように図ることがあるかもしれない．もし，経営者と投資家に資産制約があり，株式の大部分を購入することが難しい場合には（もしくはリスク回避的であれば），これらの措置を実現できるよう1株1票制から離れなくてはならない[5]．第5章のAghion-Boltonモデルでは，特定の条件下では私的利益を受ける主体にコントロール権を与えることが望ましくなることが示されている（「Eによるコントロール」と「Cによるコントロール」の比較を参照せよ）．

　企業のコントロール権取引については，多くの文献がある．その中でも，Bebchuk [1994], Grossman and Hart [1980], Manne [1965], Scharfstein [1988], Shleifer and Vishny [1986a], Stein [1988], Zingales [1995], Zwiebel [1995] などが特記される．証券・議決権構造についての文献は，Easterbrook and Fischel [1983] に始まる．この文献では，「残余請求権者として株主は，（集合的選択問題 collective choice problem はあるが）裁量的意思決定を行うにあたって適切なインセンティブを持ったグループである」と論じ，厳密ではないものの，1株1票制についての正当化が試みられている．本章は，Grossman and Hart [1988] および Harris and Raviv [1989]

---

[5] 大規模投資家ないしは大規模議決権保有者が存在する場合の企業の証券・議決権構造の分析については，Zingales [1994] および Bebchuk and Zingales [1995] を参照せよ．

に基づいている．これら2つの文献では，1株1票制が最適であると論じている．ただし，株主が意思決定するにあたって適切なインセンティブが与えられるという理由によるのではない．代わりに，1株1票制の下では，企業のコントロール権獲得を図る主体は，企業のコントロール権に見合った配当請求権を同時に獲得するよう強制されるという理由を根拠としている[6]．

本章は以下の構成をとる．第1節では1つの例を示す．この例によって，1株1票制の帰結を決定する主要な考え方をとらえることができる．第2節では，一般的なモデルを分析する．第3節では，他のいくつかの拡張とあわせて，制約付株式買い付けのケースを説明する．最後に第4節では，結論といくつかの実証結果について説明する．

1 非効率性：例示

本節では，1株1票制から逸脱すると，どのように非効率が発生するかを例示する．この例を通して，また本章を通して，当該企業には非常に小規模の（無視できるぐらい小さい）株主が数多く存在し，それぞれの株主は自らがあまりに小さいので，コントロール権をめぐる競争の結果には影響を与えないと（正しく）理解していると仮定する．

企業には2つのクラスの株式があると仮定する．クラス A の株式は，全体

---

[6] 1株1票制についての貢献には，他に Blair *et al.* [1989], Harris and Raviv [1988], Gromb [1993] がある．Blair *et al.* [1989] は租税が存在しない場合には証券・議決権構造は問題とはならないとした．しかし，論文では企業買収を企てるものは，条件付公開買い付け (conditional tender offer) のみを行うと仮定している（すなわち，企業買収を企てる者がコントロール権獲得の競争に勝つことを条件とした株式買い付けだけを考えている）．一方，本章では無条件公開買い付け (unconditional tender offer，企業買収を企てるものは，競争に勝つか否かにかかわらず応募のあった株式を買い取ることに同意する買い付け）を許している．Harris and Raviv [1988] および Gromb [1993] は1株1票制から離れた方が企業価値が上昇する場合があることを示した．しかし，個々の株主が十分に大きく，買い取りに対しての各々の意思決定が，コントロール権をめぐる競争の結果に影響を与えるほどであると仮定しているところで，本章での分析と異なっている．すなわち株主たちは自らの意思決定が結果を決定するほど強力だと考えていると仮定しているのである．

で配当の50%を請求する権利を持っているが，議決権を持たない．一方，クラス B の株式は，全体で配当の50%を請求する権利を持ち，議決権をすべて有している．現職経営陣の下で，企業の公開価値は200 であるとする（したがって，それぞれのクラスの株式は100 ずつの価値を持っている）．一方，ライバルとなる経営陣は現職経営陣ほど効率的ではない．ライバル経営陣の下での公開価値は 180 である（それぞれのクラスにつき90ずつである）．しかし，ライバルには，コントロール権さえ持てば大きな私的利益が発生する．ここではその値を 15 とする．一方，この値に比べて現職経営陣が実現する私的利益は無視できるほど小さいと仮定する．

明らかにライバル経営陣がコントロール権を獲得することは望ましくない．なぜなら総価値を減じてしまうからである．しかし，ライバル経営陣は無条件公開買い付けによって，コントロール権を獲得**できる**のである．たとえば，クラス B に属する株式すべてを 101 で買い付ければよい（無条件買い付けの下では，買収を企てるものは買収が成功するか否かにかかわらず，買い申し出に応じた株式を買い取ることになる）．もし，反対買い付け (counter-offer) がなければ，クラス B の株主には2つ選択肢がある．第1にライバルの買い付け案には乗らず株式を持ち続けること，こうすればライバルが負けたときには 100 の価値を持ち，ライバルが勝ったときには 90 の価値を持つ請求権を確保することになる．第2にライバルの買い付け案に乗り，101 を受け取ることである．どの株主も，自らの投票に決定権があるとは思わないので，すべての株主は買い付け案に応じ，ライバルが勝つことになる[7]．

ライバル経営陣は購入した株式について 11 のキャピタル・ロスを被る（公開価値が 90 しかない株式に 101 も払うからである）．しかし，この損失は私的利益の 15 で補われてしまうのである．株主は全体として損失を被る．なぜ

---

[7] クラス A とクラス B の株式を同じ数だけ所有する株主は，自らの投票が決定権を持つと考えれば，買い申し出には応じないだろう．なぜなら，ここでそれぞれ α だけの割合を保有すると仮定すると，保有する価値が 200α から 191α に低下してしまうからである（以下を参照のこと）．

なら，2つのクラス合計で191しか受け取れないからである．クラスBの株主は101で買い取ってもらっており，クラスAの株主は90の価値を持つ株式を手許に残している．最後に，現職経営陣はこの買い付け案に対し，反対買い付けを行うことによって抵抗しようとしても成功しないことに注意しなければならない．なぜなら，クラスBの株式に対して現職が支払える最高額は100であるからである（現職経営陣の私的利益は無視できるほど小さい）．この額で反対買い付けを行ったとしても，クラスBの株主はライバルの買い付け案に応じてしまうだろう．

1株1票制の下では，ライバルはコントロール権を獲得できない（制約付買い付けは想定していない）．もしクラスBの株式が，すべての議決権に**加えて**すべての配当請求権を持っていたとすると，クラスBの株主に対する買い付けにライバルが応じてもらうためには，200以上を提示する必要がある．しかし，この場合ライバルは$20(=200-180)$だけのキャピタル・ロスを被り，この額は私的利益を上回ってしまう．さらに，もしライバルの私的利益が20を超えるものであり，ライバルがこの買収策において利益を見込めたとしても，株主はこの取引によって損失を被ることはない．なぜなら，配当に対する全額請求権を持つ株式を，プレミアムをつけて買い取ってもらえるのだから．

以上の例では，1株1票制から離れることは望ましくない．なぜなら，（高い私的利益を持っていても）能力において劣ったライバルがコントロール権を握る余地を作ってしまうからである．本例を変形すれば，1株1票制から離れると，優秀なライバルがコントロール権を得るのを妨げてしまうという例を示すことも容易である．

現職経営陣の下での公開価値が前例と同様に200であるが，今度は，ライバル経営陣の下での公開価値が220となると仮定する．現職経営陣の私的利益は15である．一方ライバル経営陣の私的利益は現職に比較して無視できるほど小さいとする．このとき，上述の2クラスからなる株式構造の下では，ライバル経営陣は企業の価値をより高くできるにもかかわらず，コントロー

ル権を得ることができない．なぜなら，ライバル経営陣がクラス B 株式に支払える最高額が110だからである．この値はライバル経営陣の下での公開価値であり，私的利益をほとんど持たないので，公開価値が提供できる最高額になる．しかし，ライバルがこのような買い申し出をしても，現職経営陣は反対買い付けを行うだろう．たとえば111の反対申し出をすればよい．現職経営陣は，この反対買い付けによって11だけのキャピタル・ロスを被るが，この損失は15だけの私的利益で補われてしまう．結論として，ライバルはわざわざ買収を行おうとはしないだろうし，現職経営陣はコントロール権を保持することになるだろう．

先ほどの例と同様に，1株1票制の下ではこのような問題は発生しない．もし，クラス B の株式が全配当に対する請求権を持ち，**同時に**すべての議決権を持っているとすれば，ライバルはクラス B の株式所有者に220までの買い申し出を行うだろう．現職経営陣は，自らの経営下では株式価値は215しかないので，この買収案に抵抗することはできない．

本節の例では，現職とライバルという2つの経営陣のうち1つの経営陣だけが大きな私的利益を持っていた．以下では，もし両方の経営陣が大きな私的利益を持っているとすれば，1株1票制にこだわらないことによって，企業の総価値が高まる可能性があることが確認される．

2 モデル

本節では，証券・議決権構造のあり方が企業のコントロール権取引に与える影響を分析するため，一般的なモデルを示す．ある企業の当初所有者が，これから株式を公開するにあたって，企業の証券・議決権構造をどのように構成するか企画している状況を想定する．所有者の目的は，発行する証券の総価値を最大化することである．彼が引退を計画していると考えればよい[8]．この所有者は，企業の現在の経営陣には企業を良好に運営する能力がないと認識している．このような状況は，外部の経営者に代わった方が企業はより

うまく運営されるが，現職経営陣は企業を運営することにより大きな私的利益を受けているので，コントロール権を譲ろうとはしない場合に発生するだろう[9]．以上の想定の下では，当初の所有者は特定の条件下で（敵対的）買収が可能となるよう，公開企業の証券・議決権構造を形成する．

（現職経営陣とライバル経営陣のどちらについても）特定の経営陣の下での企業総価値は2つに区分される．（株主に帰属する）公開価値と（経営陣に帰属する）私的価値である．現職経営陣の下での公開価値と，ライバル経営陣の下での公開価値をそれぞれ y^I と y^R とおく．同様に私的価値をそれぞれ b^I と b^R とおく[10]．

私的利益はいくつかの形で実現される．たとえば，経営者は，株主に対して支払い可能な利益を削って，自らに過大な報酬を支払ったり，自らへ少なくない種々の役得を提供するために使っているかもしれない．もしくは，企業価値の一部分が企業間協力によって実現されるとき，経営者が所有する他の企業において，この価値が利益として実現されるように画策するかもしれない．他の可能性として，経営者は当該企業を，自ら所有する他の企業と，小規模株主には（事後的に）不利な価額で合併させようとするかもしれない（「締め出し合併 (freeze-out merger)」である）．最後に，経営者は自ら所有する企業から高い価格で仕入れたり，自ら所有する企業へ特別に安い価格で卸したりさせることによって，利益を移転することができるかもしれない[11]．

---

8) 当初の所有者は，これ以後企業の株式と議決権を続けて所持することはないと仮定する．継続して所持する場合の分析については，Zingales [1995], Bebchuk [1994], Bebchuk and Zingales [1995] を参照せよ．
9) 本章では，負債を設定することによって経営陣からコントロール権を奪う方法を無視している．
10) これらの私的利益は，第5章の Aghion-Bolton モデルや第6章のモデルにおける私的利益と比べて，貨幣の形をとっているというところで異なっている．しかし，それらのモデルと同様に，経営者は初期資産を持っていない（ないしはほとんど持っていない）ので，経営陣からこれら私的利益を前もって徴収しておくことはできないと仮定している．
11) 私的利益が無視できないほど大きいことを示唆する実証分析がある．Barclay and Holderness [1989] は私的利益の大きさが米国において株式価値の4%程度にのぼると

図 8-1

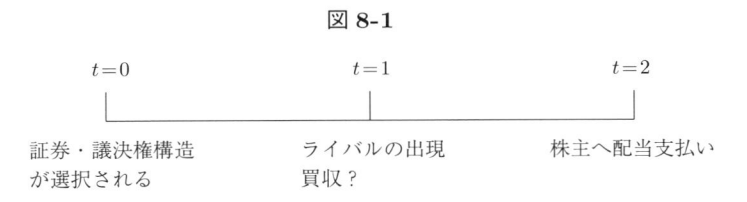

```
      t=0              t=1              t=2
       |────────────────|────────────────|
  証券・議決権構造    ライバルの出現    株主へ配当支払い
  が選択される        買収？
```

　企業は期日0において株式公開される．同日，証券・議決権構造が選択され，現職経営陣が任に就く．期日1になると，ライバル経営陣が1つ出現する[12]．期日0においては，現職経営陣の下でも，ライバル経営陣の下でも，y と b の値について不確実性があるものとする．この y と b についての不確実性は，期日1において解消される．期間中ずっと，情報は対称的であるものと仮定する．また，それぞれの経営陣にとって，y と b の値は外生的であり，経営陣の行動によって影響されないと仮定する[13]．期日1に，ライバルは買収を仕掛けるか，もしくは仕掛けないか，どちらかの行動をとる．ライバルが買収を仕掛けた場合，現職は抵抗するか否かを選択しなければならない．経営陣が入れ替わるための必要十分条件は，ライバルの買収が成功することである[14]．期日2になると，企業は解散され株主に配当が支払われる．すべての投資家はリスク中立的であり，利子率は0であるとする．このゲームの時間的進行は図8-1に示される．

　　　推計している．また Zingales [1994] はイタリアにおいて桁外れに大きく，60％程度ないしはそれに近い規模であるとしている．同様に，株式に2クラスを設けている企業においては，議決権のない株式に比べ議決権のある株式には高いプレミアムがついていることもすでに認識されている（たとえば，Levy [1982] によるとイスラエルでプレミアムは45.5％にのぼり，Rydqvist [1992] によるとスウェーデンでは6.5％，Zingales [1994] によるとイタリアでは81％にのぼる）．これらの高いプレミアムの値は，コントロール権によって高い私的利益が得られることと整合的である．
12)　この仮定は単純化のために設定されている．このモデルにおける主要な考え方は一般化可能であり，複数のライバルが存在する場合にも適用できる．しかし，そう設定すると，企業を獲得しようとするものどうしの競争により，株主価値が最大化される機能が働くという意味で，議決権構造はそれほど重要ではなくなる．
13)　企業買収に際しての経営者の行動分析については，Scharfstein [1988] および Stein [1988] を参照せよ．

単純化のために，株式には A と B の2つのクラスしか存在しないものとする．それぞれのクラスの株式について，配当請求権と議決権が s_A, v_A, および s_B, v_B だけ賦与される．ここで，$s_A + s_B = 1$ であり，$v_A + v_B = 1$ である（すなわち，クラス A の株式には，配当のうち s_A の割合と，議決権のうち v_A の割合が賦与され，クラス B の株式には，配当のうち s_B の割合と，議決権のうち v_B の割合が賦与される）[15]．一般性を失うことなく，B の議決権がより優勢であると仮定する．すなわち $v_B > 1/2$ である[16]．1株1票制は2クラス構造において $s_B = v_B = 1$ となる特殊ケースと考えられる[17]．

コントロール権をめぐる競争

コントロール権を獲得するために，ライバルは公開買い付け (public tender offer) を実施しなければならないと仮定する．ライバルが買収案を提示すると，現職経営陣はそれに抵抗するか否かを選択する[18]．1つないしは2つの

---

[14] 本章では「友好的」合併の可能性を排除している．ここで友好的合併とは，ライバルと現職の経営陣が交渉によって経営陣の交代を決める合併を指す．友好的合併を無視する理由は以下のとおりである．現職経営陣の私的利益の喪失を補償するために，ライバル経営陣は現職に十分な額の裏金 (side payment) を支払わねばならないかもしれない（b^I の値は b^R の値に比べてしばしば無視できるほど小さいと仮定されるが，絶対額としてはやはり大きい）．しかし，そのような裏金を受け取ることは，現職経営陣が株主に負っている受認忠実義務 (fiduciary duty) を侵すものと考えられるからである．したがって，現職が敵対的買収に対抗することに勝算があるときには，友好的合併を断り，買収される危険をあえて受容しようとするだろう（この点に関してモデルに不確実性は導入されていないが，買収は正の確率で失敗するという不確実性は容易に導入できる）．

[15] すべての結論はクラスの数が n であるときに容易に拡張できる．

[16] $v_B = v_A = 1/2$ の場合はとりたてて重要ではないので無視される．

[17] 制約付買い付けがない場合には $s_B = 1$ となる議決権構造は（$v_B > 1/2$ とすれば）すべて1株1票制と同等であることが示されるであろう．しかし，制約付買い付けが可能である場合には，1株1票制と同等であるための条件は $s_A/v_A = s_B/v_B = 1$ となる（第3節を参照せよ）．

[18] 現職は（レバレッジド・バイアウトのように）私的利益 b^I から反対買い付けの資金を調達すると考えてもよい．もしくは，（ホワイトナイトのように）「友好的」企業を見つけ，その企業に私的利益を移転し，その企業が現職経営陣に代わって反対買い付けを実行すると考えることもできる．

買い付け案が提示されることになり,株主はライバルの買い付けに応じるか,現職の買い付けに応じるか,それとも株式を持ち続けるかを決定する.

買収案が提示される時点で,それぞれ買収を企てている者の正体が分かるものとする.(無視できるほど)小規模の株主が多数おり,どの株主も買い付けの行方を左右するほど大きくはないと仮定する[19].買い付けに対する株主の意思決定の結果,ライバルが企業コントロール権を得るために必要な議決権の50%以上を獲得できるかどうかが決まる[20].このように,コントロール権をめぐる競争の帰結は確定的に与えられる[21].株主には合理的期待 (rational expectation) を仮定する.本節において合理的期待とは,株主が確実にどちらの買収が勝つかを予測できることを意味している.株主が無視できるほど小規模であるという仮定,および合理的期待の仮定により,失敗する買収を実施することは,決して割に合う行為ではないことが導かれる.なぜなら,買収者は,買い取るどの株式においても,キャピタル・ゲインを得ることができないからである.というのは,クラス i ($i=A$ もしくは B) の株式について $s_i y^w$ 以下の価額しか設定しないと,クラス i に属する個々の株主にとっては,株式を持ち続けて買収後の企業において,価値 $s_i y^w$ に比例した割合の株式を受け取った方が有利になってしまうからである.ここで,y^w は買収に成功した経営陣の下での公開価値を示している ($w=R$ もしくは I).したがっ

---

19) この部分の定式化と議論については,Bagnoli and Lipman [1988], Bebchuk [1989], Kovenock [1984] および Holmstrom and Nalebuff [1992] を参照せよ.
20) 簡単化のため,もしライバルが議決権の50%を獲得することに失敗した場合,ライバルが準備した候補者が取締役に選出されることもないと仮定する.すなわち,ライバルの買い付けに応じなかったものは,委任状争奪戦においてもすべて現職に味方すると仮定する.小規模株主は自らの投票について深く考えるインセンティブを持たず,したがって現職に味方するという「単純な」戦略を選択すると考えれば,納得できない仮定ではないだろう.
21) 株主がライバルの買い付けに応じる確率が 0 と 1 の間の値をとる場合を考える.買い付けに対する株主の意思決定がこの意味で確率的であったとしても,いくつかの合理的な仮定を設定すれば,コントロール権をめぐる競争の結末は,(近似的に) 確定的になる.株主の数が非常に多くさえあればよい.Holmstrom and Nalebuff [1992] を参照せよ.

て，買収したものが実現できる収益は，買収に成功した場合に受け取ることができる私的利益を通したものだけとなる[22]．

企業買収の形態

以下では「部分への適用はそのまま全部への適用となる (any or all)」（すなわち，制約条項なしの）公開買い付けだけを対象に考える．すなわち，企業を買収しようとするものがある特定のクラスの株式を買い取ろうとする場合には，そのクラスに属する株式をすべて同じ価格で買い取らなければならないと仮定する（しかし，買収を行うものは，他のクラスの株式まで買い付けの幅を広げる必要はない）．この仮定は，法廷では制約付買い付けが，力に任せた威圧的な行為であるとして心証がよくない傾向があることをもって正当化される（威圧的な制約付買い付けについては第3節を参照せよ）．いずれにせよ，この仮定は単に分析を単純化するために設定されている．第3節において，主要な結論は制約付買い付けの場合にも一般化できることが示される（Grossman and Hart [1988] および Harris and Raviv [1988] [1989] を参照せよ）．

また，公開買い付けは無条件である．すなわち，企業買収を行おうとするものは，たとえ買収が失敗したとしても，応募のあった株式の購入に同意することになる．しかし，条件付買い付けがあわせて認められることになったとしても，以下の分析には変わりがない．買収を行うものは，部分への適用はそのまま全部への適用となるという条件で買い付けなければならないとすると，コントロール権をめぐる競争はクラス B の株式をめぐって行われることになる．クラス B の株式は，議決権の 50%以上を占めている．ライバルはクラス A の株式を買い付けるだけではコントロール権を握ることができな

[22) 以上は，Grossman and Hart [1980] において説明されているフリーライダー問題である．加えて，買収に失敗すると買収コストも背負い込む．買収コストは，値こそ正であるが，コントロール権を獲得することによって発生する私的利益の額 b に比べると十分に小さいと仮定される．

いので，クラス B の株式を（すべて）買い付けなければならなくなってしまう．そのうえにクラス A の株式を加えて買い付ける意味はない．なぜなら，それらの株式からキャピタル・ゲインを得ることはできないからである（もしできたとしても，（極小規模の）クラス A 株主にとっては，買い付けに応じないで，キャピタル・ゲインを実現した方が有利である）．同様に，もし現職の経営陣が対抗するとしても，クラス B の株式を対象に反対買い付けを行うだろう．なぜなら，クラス A の株式では，ライバルに勝つだけの議決権を得られないからである[23]．

結果

ここに，現職経営陣の私的利益ないしはライバルの私的利益が無視できるほど小さいとき（あるいは両方とも小さいとき），1 株 1 票制が最適であることが示される．すなわち，第 1 節で示された例が一般化される．しかし，現職とライバルの両者が十分な大きさの私的利益を持つときには，1 株 1 票制は最適ではなくなることがある．以下，4 つの場合に分けて分析する．

ケース 1：b^I が b^R，y^I，y^R に比較して無視できるほど小さい場合

どのような条件の下でコントロール権が移転するかを調べるためには，ライバルによる買収に対して現職がどのように対応するかを見ればよい．現職の最適な対応は，

$$\text{クラス } B \text{ 株式に対して } s_B y^I \text{（より少しだけ高い価額）を提示} \quad (*)$$

することである．要するに，もし現職の経営陣が $s_B y^I$ 以下の価額での買い取りを申し出ても，クラス B の株主は，現職が勝つと予想するとしたらこの申し出に応じないであろう（株式を保有し続けた方が利益になる）．また，十分な私的利益を持たないと仮定しているので，現職はこれ以上の価額を提示

---

[23] 現職経営陣もライバルもどちらも，当初から株式を所有していることはないと仮定している．

することはできない．

　ライバルにとっての問題は，(a) 現職の対抗策 (*) を阻止することができ (すなわち，両者とも買い申し出を行った場合にはライバルが勝利でき)，しかも (b) ライバルの利益になる，買収案を提示することができるかどうかである．

　最初に，$y^R \geq y^I$ の場合，すなわちライバルの方が（公開価値の点で）優れた経営陣である場合を考える．この場合には，ライバルはクラス B の株式を $s_B y^R$ より少しだけ高い値で買い付けるという買収策をとれば，(a) と (b) の両方の条件を満たすことができる．株主は，この条件が示されたときだけ，ライバルからの買い申し出を受け入れることになる．なぜかと言うと，ライバルが勝つと予想するか負けると予想するかによらず，株主たちには買収後の企業の価値よりも高い価額が提示されているからである．加えて，もし現職が反対買い付け (*) によって抵抗しようとしても，ライバルの買い申し出を超える条件は出せないので，株式を受け取ることはできないだろう．このように，ライバルの買収案が現職のものを退けてしまうのである．最後に，ライバルはこの買収策によって（ほぼ）b^R だけの額を獲得する．なぜなら，買い取った株式については（ほとんど）損益ゼロになっているからである（本来の価値より少しだけ高く支払っているのみである）．

　ライバルがコントロール権を獲得する買収案で，これよりも利益が高い買収案はない．これは，誰が買収を図ったとしても買い付けた株式からキャピタル・ゲインを得ることはできないので，買収を図るものの収益は，結局コントロール権を獲得することによって得られる私的利益によって上限が画されることによる．

　次に $y^R < y^I$ の場合，すなわち現職の方が優れた経営陣である場合を考える．このとき，現職を退けるためには，ライバルはクラス B の株式に対して $s_B y^I$ より（少しだけ）高い値を提示しなければならない．理由は，ライバルがこれだけの価額を提示しないと，現職は反対買い付け案 (*) を提示して，ライバルに勝つのに必要な 50% の議決権を獲得することができるからで

ある. 価額が $s_B y^I$ となってしまうので，ライバルはクラス B の株式について，キャピタル・ロスを $L = s_B(y^I - y^R)$ だけ被る. この損失額は，コントロール権を獲得することによるライバルの私的利益に対して，比較検討されなければならない. 結論として，ライバルが議決権を獲得するための必要十分条件は $b^R > L$ であるということになる.

ケース1は以下に要約される.

1. $y^R \geq y^I$ の場合，クラス B の株式に対して $s_B y^R$（より少し高い価額）を提示することによって，ライバルがコントロール権を勝ち取る. すべての株主が買い取りに応じ，企業の市場価値は y^R である[24].
2. $y^R < y^I$ の場合，ライバルがコントロール権を得るための必要十分条件は $b^R > L$ である. ここで，$L = s_B(y^I - y^R)$ である. $b^R > L$ のとき，ライバルは，クラス B の株式に対して $s_B y^I$（より少し高い価額）を提示する（クラス A の株式価値は $s_A y^R$ である）. したがって，$b^R > L$ のとき（すなわちライバルがコントロール権を得るとき），企業の市場価値は $V = s_B y^I + s_A y^R = y^R + L$ となる. 一方，$b^R \leq L$ の場合（すなわち現職がコントロール権を保持する場合）には，企業の市場価値は y^I となる.

この要約から，議決権をめぐる競争の結果が，いかに証券・議決権構造に左右されるかを，容易に見て取ることができる. $y^R \geq y^I$ のときには，構造によらずライバルが勝つので影響はない. しかし，$y^R < y^I$ の場合には，証券・議決権構造は重要な要因となる. なぜなら，それが L の大きさを決定し，さらにライバルがコントロール権を得るか否か，およびライバルがコントロール権を得た場合の企業の価値をともに決定するからである. 経営能力

---

[24] ここで市場価値は，現職とライバルの経営能力についての不確実性が解消した後の企業価値を意味している.

に劣ったライバルがコントロール権を得るときには，株主は利益を得ることがない．なぜなら，企業価値は y^I（既存の価値）以上には上がらないし，低下する場合もあるからである．さらに，株主にとってのキャピタル・ロスの大きさは，L が大きいほど小さくなる．したがって，$y^R < y^I$ であるときには，株主は L を大きくすることを願うだろう．この目的は，s_B を大きく設定することによって達成される．とくに，1株1票制（ないしはより一般的に $v_B > 1/2 \Rightarrow s_B = 1$ となる議決権構造）が，この点において他のすべての議決権構造より優れている．なぜなら，この構造の下では，ライバルは毎期利益の配当請求権を100％買い取らねばならず，企業の市場価値も y^I 以下には落ちないからである．逆に他のすべての議決権構造では，y^I, y^R, b^R の値によって，経営能力に劣ったライバルが毎期利益の配当請求権のうち100％に満たない割合を買い取ることによってコントロール権を獲得でき，企業の市場価値を下げてしまうのである．

ケース 2：b^R が b^I, y^I, y^R に比較して無視できるほど小さい場合

ライバルと現職の役割を入れ替えれば，ケース1の分析をそのまま適用できる．しかし，多少の変更がある．ここまでコントロール権を勝ち取るためには，ライバルは現職を退けるような条件を提示しなければならないと仮定してきた．逆に現職がコントロール権を維持するためには，現職が何らかの買い申し出をする必要はないとしてきた．このことにおいて，ケース2に対する処方箋は多少異なっている．

最初にライバルが提供できる最も攻撃的な買収策について考えてみよう．コントロール権を勝ち取るとき，ライバルは，

$\quad$ クラス B 株式に対して $s_B y^R$（より少しだけ高い価額）を提示 $\quad$ (**)

しているだろう．なぜなら，この提案のもとでライバルは損益ゼロとなるからである．ライバルの私的利益は無視できるほどなので，この額以上を提示することはできない．一方で，ライバルが勝つと予想されているとすると，株

主は買い申し出に応じるより株式を保有し続けようとするから，$s_B y^R$ 以下の額を示しては1株も株式を得られない．

$y^I \geq y^R$ である場合には，明らかに，現職はクラス B の株式に対して $s_B y^I$（より少し高い価額）を示すことによって，ライバルの買収案を簡単に退けることができる．そうすれば，株主は，現職が勝つと予想しても，ライバルが勝つと予想しても，どちらの場合も，現職の買い申し出に応じるからである．したがって，この場合には，ライバルは買収の申し出そのものをせず，現職がコントロール権を維持するだろう．

一方，$y^I < y^R$ を仮定してみる．この場合には，ライバルの買収申し出を退けるためには，現職はクラス B 株式に対して，$s_B y^R$（より少しだけ高い価額）を提示せねばならない．このことは，現職が $L' = s_B(y^R - y^I)$ だけのキャピタル・ロスを被ることを意味している．もちろん，現職は，獲得している私的利益に比べて，この損失が小さいときにだけ，損失を甘んじて受けるだろう．したがって，$y^I < y^R$ であるとき，ライバルがコントロール権を握るための必要十分条件は $b^I \leq L'$ であると結論される．

ケース2は以下に要約される．

1. $y^I \geq y^R$ の場合，現職がコントロール権を維持する．企業の市場価値は y^I である．
2. $y^I < y^R$ の場合，ライバルがコントロール権を獲得するための必要十分条件は $b^I \leq L'$ である．ここで，$L' = s_B(y^R - y^I)$ である．$b^I \leq L'$ のとき，ライバルは，(**) の買収案を申し出て，企業の市場価値は y^R となる．$b^I > L'$ のとき，ライバルは買収案を申し出ず，企業の市場価値は y^I となる．

前述のとおり，ケース1とケース2は対称的ではない．ケース1の場合，$y^R < y^I$ であると，L の大きさは，ライバルがコントロール権を得るかどうかに影響し，さらにライバルがコントロール権を得たとき企業の市場価値が

どう変化するかにも影響する．対照的にケース2の場合，$y^I < y^R$であると，現職がコントロール権を維持できるかどうかはL'の大きさに影響されるが，買収を通じて企業価値がどう変化するかはL'の大きさとは独立に決まる．この差は，ライバルがコントロール権を獲得するためには，現職を退ける買収案を提案せねばならず，その買収案を提案をするためには，ライバルは自らの私的利益をいくらか吐き出さねばならないという仮定から生じている．一方で，現職がコントロール権を維持する場合には，ライバルは買収案を申し出ることはなく，現職も**自ら**の私的利益を吐き出すような提案をせずにすむのである[25]．

ケース2において，証券・議決権構造がコントロール権をめぐる競争の結果に与える影響は分かりやすい．$y^I \geq y^R$であれば，現職がいずれにせよコントロール権を握るので，証券・議決権構造は影響を持たない．しかし，$y^I < y^R$であると，証券・議決権構造によってL'の大きさが決まり，影響が生じる．優れたライバルがコントロール権を握る場合には，企業の価値がy^Iからy^Rへ増大するので，株主にとっては望ましい．したがって，望ましい証券・議決権構造は，L'の大きさを最大にする構造である．すなわち，1株1票制は（もしくはより一般的に，$v_B > 1/2 \Rightarrow s_B = 1$となる構造は）他のどのような構造よりも優れている．このような1株1票制という構造の下では$L' = (y^R - y^I)$となるが，他のどのような構造の下でも$L' < (y^R - y^I)$となってしまうのである．

ケース3：b^Iとb^Rの両者とも（y^I, y^Rに比して）**無視できるほど小さい場合**

この場合はとても単純な結果となる．$y^R > y^I$であるとすれば，ライバルはクラスBの株式に対して$s_B y^R$（より少しだけ高い価額）を提示すること

---

[25] 表現を変えると，ライバルが最初に手を打ち，現職はそれに対応するというゲームの構造から，非対称性が生ずるとも考えられる．また，買収案を出すためには（少額の）コストがかかることを前提すると，ライバルには負けると分かっている買収案を提示するインセンティブがないということも理由になるだろう．

によってコントロール権を獲得する．現職は，大きなキャピタル・ロスを被ってしまうので，この買い申し出に対抗することはできない．一方，$y^R < y^I$ であると，現職がコントロール権を維持する．なぜなら，ライバルはクラス B の株式に対して $s_B y^I$ だけの買収案を提示する資金を持たないが，これだけの額が用意できないと現職を退けることができないからである．

このようにケース3では，証券・議決権構造によらず，常により優れた経営陣がコントロール権を獲得する．なぜなら，どちらの私的利益も，公開価値において発生する不利益を埋め合わせるほど大きくはないからである[26]．この結論はすこぶる明らかではあるが，私的利益こそが最適な証券・議決権構造を決定するうえで，最も重要な要因であるという考え方を裏付けている．

以上の分析は次のとおりに要約される．1株1票制（あるいはもっと一般的に $v_B > 1/2 \Rightarrow s_B = 1$ となる構造）は，現職かライバルのどちらかの私的利益が無視できるほど小さければ，他のすべての構造に比べて優れている．もし，両者の私的利益が無視できるほど小さければ，1株1票制は他の構造に比べて優れているわけでも劣っているわけでもない．

しかしながら，4番目のケースが残っている．このケースでは，1株1票制が一般的に最適であるというわけではない．

ケース4：b^I と b^R の両者とも y^I，y^R に比して十分に大きい場合

b^I と b^R の両者とも十分な大きさを持っていれば，1株1票制から離れた方がよい可能性がある．1株1票制から離れることによって，ライバルと現職の間の競争が激しくなり，ライバルの私的利益を部分的に吐き出させることができるからである．

このことを説明するために第1節のモデルを用いる．$y^I = 200$，$y^R = 300$，

---

[26] このような結論に反する場合が1つだけある．それは，クラス B が単に議決権だけの場合（すなわち $s_B = 0$ の場合）である．しかし，この構造はケース3の他のどの構造より劣っており，無視されている．

$b^I = 51$, $b^R = 3$ と仮定する．証券・議決権は2クラス構造をなしているとする ($s_A = 1/2$, $v_A = 0$, $s_B = 1/2$, $v_B = 1$)．この構造の下では，コントロール権をめぐる競争はクラス B の株式に対して行われる．ライバルはコントロール権を獲得するために，153まで払うだろう ($1/2(300) + 3$)．一方，現職は151までしか払えない ($1/2(200) + 51$)．したがって，ライバルはたとえば152を提案すれば，勝つことができる．クラス A の株主は150の価値（ライバルの下での公開価値の半分）を持つ株式を手許に残すことになる．したがって，企業の総価値は302となる．

次に1株1票制の効果を考える．この場合，すべての株式に対して総額301の価額を提示することによって，ライバルがコントロール権を勝ち取ることができる．株主は，ライバルと現職のどちらの経営陣が勝つとしても，その支配下での企業価値よりも大きい額を得られるので，買い申し出に応じるだろう（もしライバルが300以下しか提示しなかったとしたら，ライバルが勝つと予想する株主は，少数株主として残ることを望み，買い申し出に応じないだろう）．さらに，現職が企業の株式の100％全部を買い取るために用意できる額は，自らのコントロールの下での公開価値と私的利益の合計である251でしかないから，このライバルの提案に抗することはできない．したがって，1株1票制の下ではライバルが勝ち，企業の価値は301となる．

簡単に言ってしまえば，ライバルと現職が，同じぐらい支払ってもよいと思っている対象について競争しているとき，株主がより高い利益を得ることができる．この例の場合には，50％の配当請求権と100％の議決権を持つクラスの株式は，配当請求権と議決権を同じ割合で組み合わせた株式に比べて，この効果の恩恵をより大きく受けている．しかし，この例から導かれる結論はきわめて脆弱であることに注意しなければならない．もし，現職の私的利益の価値が51ではなく54であったとしたら，現職が議決権をめぐる競りに勝ち，企業の価値は200にしかならないだろう（ライバルは買収の申し出もしない）．対照的に，1株1票制の下ではライバルが勝ち，企業の価値も301となろう．

このケース4は,他のケースに比べてどのくらい重要であろうか.ある種の企業にとっては,私的利益が大きくケース4に意味があろう.例としては,新聞業(世論を左右する力が大きな(非貨幣的)私的利益となる),スポーツ・チームおよび娯楽業(勝利チームに関係している,ないしは,有名人が身近にいるということが高い(非貨幣的)私的利益を生む)などがある.しかし,他の多くの企業にとっては,私的利益はそれほど重要ではないだろう.理由の1つとしては,会社法の下では,コントロール権を握ったとしても,大きな(貨幣的)私的利益を実現するのは難しいだろうということがある.企業の取締役はすべての株主に対して受認忠実義務があり,コントロール権を握るものが公然と資産を私的に流用したりすると,この義務に反することになるからである[27].もちろん,法廷が常に信頼でき,少数株主が保護されているというわけではないし,どの程度保護されているかについても,国によって,法制度によって大きく異なるだろう.したがって,最初に証券・議決権構造を形成しようとするものは,b^R, b^I が大きくなる可能性を十分に考慮しておかなければならない.しかし,ほとんどすべての企業においては,両者が同時に大きくなる(そして,両方が貨幣の形をとる,すなわち議決権を買い取るために使うことができる)というのは考えにくい.そうであれば,ケース1からケース3までが,妥当性を持つだろう(この点については第4節を参照せよ)[28].

ここまでの分析により命題1が直接に導かれるので,証明なしで示しておく.

命題1 現職とライバルの私的利益が両者とも十分に大きくなる確率は,どちらか片方だけが十分な大きさを持つ確率に比べて,(無視できるほど)小さいと仮定する.このとき,1株1票制(より一般的には,$v_B > 1/2 \Rightarrow s_B = 1$ という構造)の下で,当該企業の期日0における証券の市場価値が最大化される[29].

---

[27] 受認忠実義務については,Clark [1986] および Macey [1992] を参照せよ.この義務に関する経済分析の例については,Barca and Felli [1992] を参照せよ.

3 モデルの拡張

本節では，モデルを2つの方向に拡張させる．

制約付買い付け (restricted offers)

1株1票制の最適性について述べている命題1は，制約付買い付けの場合にも一般化できる（制約付買い付けの場合には，企業買収を企てるものは，あるクラスの株式の一定割合を，何らかの価格で買い取ることを申し出る．予定より多くの株式について応募があった場合には，同率に比例案分する）．なぜこの場合でも成立するかを理解するのは容易である（以下では，概略の説明にとどめる．詳細は，Grossman and Hart [1988] および Harris and Raviv [1988] [1989] を参照せよ）．

配当請求権と議決権の配分に関して2つのクラスが存在すると仮定する．それぞれ配当請求権と議決権の割合は s_A, v_A, および s_B, v_B である．ここで，$v_B > 1/2$ かつ $s_A + s_B = v_A + v_B = 1$ とする．買い付けを行おうとするもののうち，どちらか一方だけが十分な私的利益を有していると仮定する．ここでは，ライバル経営陣が十分な大きさの私的利益を持つが，ライバルの下では現職に比べて公開価値が低いと仮定する．すなわち，$y^R < y^I$ である（現職が十分な私的利益を持ち，$y^I < y^R$ であると仮定しても，同様の議論が成り立つ)[30]．このとき，第2節において説明した論理により明らかに，ライ

[28) 本文で述べたように，少数株主がどの程度保護されているかは，すべての国で同一であるというわけではない．したがって，経験的にケース4が他のケースに比べて妥当性を持っていると思われる国もある．この事実によって，国によっては，1株1票制から離れることがそう珍しくはないことが説明されるかもしれない．Zingales [1994] を参照せよ．

29) 1株1票制の下で，**社会的**に最適な結果ももたらされる（すなわち，公開価値と私的価値の合計，$y + b$ が最大化される）．さらに，この性質は現職とライバルの私的利益が両方とも十分に大きくても保たれる．議決権を持つ単一クラスの株式に対して，経営陣が支払ってもよいと考える額は $(y + b)$ である．したがって，1株1票制の下では，（公開価値と私的価値とをあわせた）価値の合計額において，より高い値をもたらす経営陣がコントロール権をめぐる競争に勝つと考えられるからである．

バルがコントロール権，すなわち50％の議決権を獲得することになる．第2節で示した買収案では，ライバルが買い取る配当請求権の割合は**最小**になっている．なぜなら，ライバルは毎期の配当を受給するにあたって，$y^I - y^R$ だけのキャピタル・ロスを被るからである．2つのケースに分けて考える．第1に，もし $s_B/v_B \leq 1 \leq s_A/v_A$ であれば，クラス B の株式は配当請求権に比べて大きな議決権を持つことになる．したがって，最も安価にコントロール権を握るためには，クラス B の株式の λ だけの割合を買い取る申し出を行えばよい（このときの価格は，クラス B 全株式に対して $s_B y^I$ より少しだけ高い価額となるような水準とする）．ここで，$\lambda v_B = 1/2$ である．このとき，ライバルのキャピタル・ロスは，

$$L = \frac{s_B}{2v_B}(y^I - y^R) \leq \frac{1}{2}(y^I - y^R) \tag{8.1}$$

であり，等号が成立するための必要十分条件は $s_A/v_A = s_B/v_B = 1$ である．第2に，もし $s_B/v_B \geq 1 \geq s_A/v_A$ であれば，クラス A の株式が配当請求権に比べて大きい議決権を持つことになる．したがって，最も安価にライバルがコントロール権を握るためには，（クラス A の全株式に対して $s_A y^I$ より少しだけ高くなるような価額を設定して）クラス A の株式をすべて買い取り，（クラス B の全株式について $s_B y^I$ より少しだけ高くなるような価額を設定して）クラス B の株式の μ だけの割合を買い取ればよい．ここで，$v_A + \mu v_B = 1/2$ である．この場合，ライバルのキャピタル・ロスは，

$$L = \left[s_A + \left(\frac{\frac{1}{2} - v_A}{v_B}\right) s_B\right](y^I - y^R) \leq \frac{1}{2}(y^I - y^R) \tag{8.2}$$

となる．等号が成立するための必要十分条件は $s_A/v_A = s_B/v_B = 1$ である．

しかしながら，第2節で説明したように，当初の所有者は，証券・議決権の構成を考えるにあたって，ライバルのキャピタル・ロスである L の大きさを**最大化**しようとするだろう．不等式 (8.1)(8.2) により，$s_A/v_A = s_B/v_B = 1$

---

30) もし $y^R \geq y^I$ で（かつ $b^R \geq b^I$ で）あれば，制約付買い付けがない場合と同様に，証券・議決権構造は意味を持たない（第2節を参照せよ）．

という 1 株 1 票制が，これを実現する（唯一の）証券・議決権構造であることになる[31]．すなわち，ライバルが 1 株 1 票制の下で 50％の議決権を獲得するためには，50％の配当請求権を買い取らねばならない．他のどの構造の下でも，50％未満の配当請求権でコントロール権を得ることができる．

1 株 1 票制は制約付買い付けが認められる場合にもやはり最適となった．しかし，この場合には，1 株 1 票制の下で株主の財産権が完全に保護されるわけではない．とくに，経営能力において劣ったライバルがコントロール権を獲得できることがある（ないしは優れたライバルがコントロール権を獲得できないことがある）．

このことを確認するために，$y^I = 200$，$b^I \simeq 0$，$y^R = 180$，$b^R = 15$ と仮定してみる．このとき，ライバルは 100 より少しだけ高い価額で，株式の 50％（より少しだけ多く）に対して無条件買い付けを申し出ることによって，コントロール権を獲得することができる（もし 50％より多い応募があった場合には，同率に案分される）．現職から反対申し出がない場合には，少数株主にとってライバルの申し出に応じることが支配戦略 (dominant strategy) となる（なぜなら，ライバルは買い取りにあたってプレミアムを提示しており，もしライバルが勝ったとしたら株式価値は 90 になってしまうからである）．その結果，ライバルが勝ち，コントロール権を獲得する．株主はこの買収によって全体として損失を被ってしまうという事実があるにもかかわらず，この結果となってしまう．株主は，50％の株式について多少のプレミアムを獲得するが，残りの株式は 90 の価値しかなくなってしまうのである．ライバルは利益を得る．なぜなら，コントロール権を獲得することによって得られる私的利益は，買い取った株式についてのキャピタル・ロス $1/2(200) - 1/2(180) = 10$ を上回るからである．

現職はこの買収案を退けることはできなかったのだろうか．できなかったというのが答えである．現職は十分な大きさの私的利益を有しないと仮定し

---

31) ここで，注 17 を参照されたい．

ているので，株式にプレミアムを提示することはできない．そこで，すべての株式に対して200で買い取る申し出をすることになる．しかし，この現職の買い申し出とライバルの買い申し出を比較すると，ライバルが負けるということが，合理的期待形成の下での均衡とはなることはない．なぜなら，もしライバルが負けると予想されたとすると，ライバルの買い申し出は比例案分されることにはならないので，買い申し出に応じることによって株主は高い収益を得ることができるからである．このように，唯一の均衡はライバルの勝利である．すなわち，現職はライバルを阻止できない．

同様な例を構成して，制約付買い付けが認められる場合には，優秀なライバルがコントロール権を獲得できなくなってしまうことを示すことができる[32]．

より複雑な証券・議決権構造

ここまでは，配当に対する請求権はすべて比例的であると仮定して，すなわちそれぞれの証券は，利益の一定割合 s に対する請求権を持つということを仮定して，最適な証券・議決権構造を分析してきた．しかし，証券・議決権構造はより一般的な形をとってもよい．たとえば，証券 i は総利益 y のうちの非線形な割合 $f_i(y)$ について請求権を持つとも設定できる．Harris and Raviv [1989] では，もし，関数 $f_i(y)$ を非減少関数に限れば，(両者の私的利益が同時に大きくなることがないかぎり) 最適な証券・議決権構造は，(議決権を伴わない任意の額の) 無リスク負債と，議決権が賦与された1クラス

[32) 能力において劣るライバルが，制約付買い付けによってコントロール権を獲得することを困難にするためには，超多数 (super-majority) 決議則を導入する方法がある．すなわち，ライバルが現職経営陣に取って代わることができるためには，α の割合だけの投票が必要であるとし，$\alpha > 1/2$ と設定する．もし能力の劣ったライバルにコントロール権を獲得されないようにすることが唯一の目的であるなら，$\alpha = 1$ と設定するのが最適である．しかし，このルールの下では，私的利益を持つ現職が，優れたライバルに抗することを容易にしてしまう．最適な決議水準については，Grossman and Hart [1988] および Harris and Raviv [1988] [1989] の議論を参照せよ．

の株式によって構成されることが示されている．無負債の1株1票制はこの構造の特殊ケースであるので，（単調）非線形関数によって特徴付けられる証券を導入したとしても，とくに結論が変わるわけではない．

　無リスク負債を伴う結論は，直感的にはどう解釈できるだろうか．無リスク負債を所有する請求権者は，コントロール権の取引によって影響を受けることはない．そのため，コントロール権をめぐる競争で誰が勝つかということが，そのような請求権者に外部効果を及ぼすこともない（ライバルの下での公開価値は十分に大きいので，負債は無リスクのままであり，危険にさらされることはないと仮定されている）．したがって，無リスク負債の保有者以外の請求権者に，すべての議決権を賦与することによって，効率的な結果を得ることが可能である．実際，無リスク負債の保有者が議決権を得たとしても，**非効率**な結果を招くだけである．なぜなら，企業買収を企てるものは，買収の結果によって影響を受けるさまざまな請求権者から議決権を買い取らなくとも，無リスク負債保有者から議決権を買い取ることによって，コントロール権を得ることができるようになるからである（Harris and Raviv [1989] はこれを「議決権に安い買物なし (no cheap votes)」の原則と呼んだ）．

　無リスク負債の保有者は議決権を持つべきでないという結論は，現実とも矛盾することはない．しかし，なぜ，リスクのある負債保有者も通常やはり議決権を持たないのかという疑問に対して，理論的に納得いくような説明ができるかどうかは明らかでない．

議決権の売却

　ここまでずっと，企業買収を企てるものが，証券・議決権構造をアンバンドルし，議決権もしくは株主の委任状だけを求めて，議決権については買い取るが，配当請求権については買い取らないとする申し出を行うのは，違法であるか不可能であると仮定してきた．とくに，買収を企てるものが株主に対して，次の形の提案を行うのを許してはこなかった．すなわち，株式と交換に，株主は少額の現金と新規企業の株式を受け取れるようにするという申し

出である．新規企業の資産は，買い申し出に応募された元の企業の株式と議決権からなり，元の企業の配当はすべてそのまま譲り渡される．しかし，買収を企てるものが，新規企業が保有する議決権を支配する（すなわち，買収者は元の企業の株式の議決権を行使できる）．もし，このような提案が許されるとすると，議決権をめぐる競争の結果は明らかに，次のような2クラスの株式からなる証券・議決権構造を持った企業の帰結と同等となる．それは，すべての議決権が賦与されるが配当請求権は持たない株式と，すべての配当請求権を持つが議決権は賦与されない株式の，2クラスの株式によって構成される企業である．

このように，議決権が株式からアンバンドルできると，証券・議決権構造には意味がなくなってしまう．この条件の下では，1株1票制も他の構造に比べて優れも劣りもしなくなってしまう．実際には，株式から議決権をアンバンドルするのは難しい．たとえば，Easterbrook and Fischel [1983] では，株式から分離された議決権の公開市場は米国において違法であると論じられている[33]．これが事実であるかぎり，本節のこれまでの分析は有効であり，1株1票制が他のどの証券・議決権構造よりも優れていることになる．

---

[33] しかし，議決権信託 (voting trust)，現状維持契約 (standstill agreements)，株式ピラミッド (stock pyramids) 等を用いることによって，株式から議決権を分離する「非公式の (private)」方法が存在する．このことについては，DeAngelo and DeAngelo [1985] を参照せよ．

4　結論

　本章では，企業が買収されるかどうかは，企業の証券・議決権構造いかんによって大きく左右されることを説明した．企業買収をめぐる当事者たちが，皆大きな私的利益を持つことになると考えられないかぎり，1株1票制が最適な証券・議決権構造であることが示された．

　本章の題材と，ここまでの章で扱った題材には関連がある．第3章では，（議決権の形においての）残余コントロール権と（配当という形の）残余所得請求権とが，分離されるべきでない理由を説明した．しかし，この第3章では，残余コントロール権者と残余所得請求権者がコストをかけずに交渉できると仮定している．一方，本章の分析では，議決権と所得に対する権利との関連をさらに深く検討し，合理的に説明している．さらに，本章の分析では，多数の株主がいることによって交渉が不可能であり，さらにフリーライダー問題と集合行為問題が存在する場合を考えている．

　本章の結論によって，1株1票制から逸脱した場合の実証分析に対して，面白い解釈が可能となる．DeAngelo and DeAngelo［1985］p.39ではアメリカン証券取引所において公開され取引されている企業と店頭取引の企業の中から，異なる議決権を持つ複数クラスの証券を発行している78の企業を見いだした（何千という企業の中からの探索である）[34]．著者たちによると，1株1票制をとっていない企業においては，現職経営陣が十分な議決権を保有していたので，現職の同意なしにはコントロール権の移動は不可能となっていた．すなわち，1株1票制をとっていないということと，所有者が分散している証券に異なる議決権が有効に付与されているという現象とは対応していない．その代わり，1株1票制から離れるということは，現職の経営陣がコントロール権を維持するのに必要な有効票のすべてを握っているという現象

---

[34]　近年までニューヨーク証券取引所への上場条件として，1株1票制が要求されていた．このため，1株1票制から逸脱した例を見いだすために，著者たちは他の取引所で探す必要があったのである．

に対応しているのである．さらに，多くの場合に現職経営陣は何らかのファミリーを代表していた[35]．

このような実証結果を見ると，1株1票制をとっていないことの原因となっているのは，本章のモデルにおいてケース4として説明したような，現職もライバルも十分に大きな私的利益を有しているという状況ではなく，むしろ第5章のAghion-Boltonモデルで分析されたものの方が近いかもしれない．前述のとおり，本章では投資家の選好に比べて経営者の選好はそれほど「重要ではなく」，資本構成の選択にあたって重きをおかれないと仮定してきた．しかし，この仮定は適切でないかもしれず，家族経営の企業はそういった論理が適用できない典型的な例であるかもしれない．もしこの仮定が成り立たないとしたら，経営者が私的利益を享受できるようにコントロール権を配分するのが，もしくは関係特殊的投資を実行できるようにインセンティブを与えることが，効率的な選択であるのかもしれない[36]．あるいは，企業の当初所有者は，大規模投資家に議決支配権を売却するにあたって，あわせて私的利益をも「売却」し，取り上げられる危険なしに投資家が私的利益を消費できるように図っているのかもしれない．実際，私的利益が確実に十分な大きさであると分かっている場合に，こうしたことがまったく起きないとすれば，その方が驚くべきことである．すなわち，企業株主が分散している方が驚きである．ケース4では，大規模株主が存在しないが，大きな私的利益をめぐる買収者の競争が将来起きる可能性の高いケースを扱った．このケース4は，あまり主要なケースとはならないのかもしれない．

将来の課題としては，企業家のインセンティブと第5章の私的利益を，本章のモデルに導入することが望ましいであろう．最適な証券・議決権構造が，所有者が分散した株式1クラスと，役員に所有された保有持ち株に比べ高い議決権を伴う優先議決権株1クラスからなるのかどうかを確かめるのも，興

---

[35] Zingales [1994] では，イタリアの2クラスの株式制度をとる企業について，内部所有 (insider ownership) 構造がより集中化していることを見いだしている．
[36] 同様の考え方については，Laffont and Tirole [1988] を参照せよ．

味深い課題である．もし，それを是とする結果が得られたとすれば，実証的結果と矛盾しないものとなる．

最後に，本章の結果と，近年の米国における，企業が証券取引所に上場するにあたって1株1票制の採用を条件とすべきか否かという論争との関連を説明する．本章では，企業の当初の所有者は，価値を最大化するような証券・議決権構造を選択するインセンティブを持つとしている．当初所有者は，企業の証券価格への影響を通じて，自らが選択したものの結果をすべて引き受けなければならないと考えたからである．1株1票制は，多くの場合に最適であるが，常に最適であるわけでもないことも示した．このように考えると，新規企業の証券・議決権構造に何らかの制約を設定する理由はそれほどないように思える．そのような制約を設定すると，単に資本コストを上昇させるだけであろう．

ところが，1株1票制から離れる選択は，企業のライフサイクルにおいてずっと後の，株主が分散していく過程でしばしば発生する．そのような状況では，経営陣は，当初の所有者と異なり，企業価値の最大化を目指して証券・議決権構造を選択するという正しいインセンティブを持たなくなってしまう．なぜなら，選択の結果は経営陣自身ではなく，その時点の株主が引き受けなければならなくなっているからである．このように，事後的な証券・議決権構造の変更は，経営陣が保身のために実行するのではないかという疑いが生じる．こうして起きる構造変化は，企業価値を減じるものとなるだろう[37]．

もちろん，当初の定款が書かれたときには予想できなかったことが起きてしまうなど，証券・議決権構造の変更が正当化できるような場合がある．このような場合のために，何らかの変更メカニズムが設定されるべきであろう．しかし，変更の濫用を防ぐために，変更を実行しようとする際には，立証責

---

[37] 「強制的な」提案によって，現在株主が持っている保有持ち株に比べ高い議決権を伴う優先議決権株と，低い議決権しか伴わない株式が交換されることがある．実際，経営陣はこのような交換を受け入れるよう株主を説得し，株主の利益に反するような変更についてさえも，株主から同意を得ることができるのである（Ruback [1988] を参照せよ）．

任を設定するのには意味がある．とくに，取引に反対する株主の権利は保護されるべきである．1つの可能性としては，（相対的に少数の）株主に，取引に対する拒否権を与えることも考えられよう．他の可能性としては，意見を異にする株主に，株式買い取り請求権を認めることも考えられる．すなわち，証券・議決権構造の変更が認められそうであるとき，株主は，この変更がないことを仮定して資産を「査定」し，その価値で株式を買い取ってもらえるように請求できるとするのである．

訳者あとがき

　オリバー・ハート氏は不完備契約理論の先駆者であり，今日までのこの分野の理論的発展を担ってきた第一人者である．契約理論の発展によって，企業という存在への理解が深まったことは誰もが疑わないであろう．応用ミクロ理論，産業組織論，企業論，企業財務論等に与えた影響は計り知れない．本書は，自ら中心となって発展させてきた契約理論をサーベイし，経済学の初心者にも分かりやすく伝える教科書となっているとともに，企業の境界や金融構造，さらには破産処理等多様な問題への応用・発展にも視座を与えている．

　慶應義塾大学出版会の島﨑勁一氏より本書の翻訳のお誘いを受けたのはだいぶ前になる．私自身の専門は実証を中心とした産業組織論であるので，訳者として適切ではないと最初固辞申し上げた．結局はお引き受けしたのだが，それは産業組織論の分野においても不完備契約論の理解は不可欠であり，実証分析を進めるうえで今後さらに重要になってくるだろうと予感したこともある．訳出においては勉強させていただきながらという形になり，時間もかかってしまった．いまだ不十分なところも残っているかと思われるが，私の力不足によるところである．

　このような経緯もあり，この分野の第一人者であられる伊藤秀史氏に本書の解題をいただけたことは，私にとってのみならず読者にとってもまことに幸いであった．この解題により，本書への理解がさらに深まると思われる．

快くお引き受けいただいた伊藤氏に重ねて感謝申し上げたい．
　この機会を与えていただいた島﨑氏には改めて感謝申し上げたい．研究者の端くれとして，さまざまな面で学ばせていただいた．また同出版会の神山藍子氏にも大変お世話になった．まとまりのない私の文章を忍耐強く整理していただいた．慶應義塾大学大学院博士課程の蜂巣旭氏には，稿の仕上げの段階でお世話になった．あわせて感謝の意を表させていただきたい．

2010 年 3 月
訳者

参考文献

Adler, B. E. (1993). "Financial and Political Theories of American Corporate Bankruptcy," *Stanford Law Review*, 45:311.
—— (1994). "A World without Debt," *Washington University Law Quarterly*, 72:811-27.
Aggarwal, R. (1994). "Renegotiation, Reorganization, and Liquidation: Corporate Financial Distress and Bankruptcy with Multiple Creditors," Ph. D. dissertation, Harvard University.
Aghion, P., and Bolton, P. (1987). "Contracts as a Barrier to Entry," *American Economic Review*, 77:388-401.
————(1992). "An "Incomplete Contracts" Approach to Financial Contracting," *Review of Economic Studies*, 59:473-94.
—— and Tirole, J. (1994). "The Management of Innovation," *Quarterly Journal of Economics*, 109:1185-1209.
————(1995). "Formal and Real Authority in Organizations," Mimeo, Oxford University.
——Hart, O., and Moore, J. (1992). "The Economics of Bankruptcy Reform," *Journal of Law, Economics and Organization*, 8:523-46.
——————(1994a). "Improving Bankruptcy Procedure," *Washington University Law Quarterly*, 72:811-27.
——————(1995). "Insolvency Reform in the UK: A Revised Proposal," *Insolvency Law and Practice*, 11:4-11.
——Dewatripont, M., and Rey, P. (1994b). "Renegotiation Design with Unverifiable Information," *Econometrica*, 62:257-82.
Alchian, A., and Demsetz, H. (1972). "Production, Information Costs, and

Economic Organization," *American Economic Review*, 62:777-95.
Allen, F., and Gale, D. (1992). "Measurement Distortion and Missing Contingencies in Optimal Contracts," *Economic Theory*, 2:1-26.
―――(1994). *Financial Innovation and Risk Sharing*, Cambridge, Mass.: MIT Press.
Anderlini, L., and Felli, L. (1994). "Incomplete Written Contracts: Undescribable States of Nature," *Quarterly Journal of Economics*, 109:1085-1124.
Aoki, M. (1994). "Controlling the Insider Control: Issues of Corporate Governance in the Transition," Mimeo, Stanford University.
Arrow, K. J. (1975). "Vertical Integration and Communication," *Bell Journal of Economics*, 6:173-83.
Asquith, P., and Mullins, D., Jr. (1986). "Equity Issues and Offering Dilution," *Journal of Financial Economics*, 15:61-89.
――Gertner, R., and Scharfstein, D. (1994). "Anatomy of Financial Distress: An Examination of Junk-Bond Issuers," *Quarterly Journal of Economics*, 109:625-58.
Aumann, R. J. (1976). "Agreeing to Disagree," *Annals of Statistics*, 4:1236-9.
Ayres, I., and Gertner, R. (1989). "Filling Gaps in Incomplete Contracts: An Economic Theory of Default Rules," *Yale Law Journal*, 99:87-130.
Bagnoli, M., and Lipman, B. (1988). "Successful Takeovers without Exclusion," *Review of Financial Studies*, 1:89-110.
Baird, D. (1986). "The Uneasy Case for Corporate Reorganizations," *Journal of Legal Studies*, 15:127-47.
――(1992). *The Elements of Bankruptcy*, New York: Foundation.
――and Jackson, T. (1985). *Cases, Problems, and Materials on Bankruptcy*, Boston: Little, Brown.
Baldwin, C. Y. (1983). "Productivity and Labor Unions: An Application of the Theory of Self-Enforcing Contracts," *Journal of Business*, 56:155-85.
Barca, F., and Felli, L. (1992). "Fiduciary Duties, Ownership and Control," Mimeo, London School of Economics.
Barclay, M. J., and Holderness, C. G. (1989). "Private Benefits from Control of Public Corporations," *Journal of Financial Economics*, 25:371-95.
Barnard, C. I. (1938). *The Functions of the Executive*, Cambridge, Mass.: Harvard University Press. (山本安次郎・田杉競・飯野春樹訳『経営者の役割』(新訳版) ダイヤモンド社, 1968 年)

Baumol, W. (1959). *Business Behavior and Growth*, New York: Macmillan.
Bebchuk, A. L. (1988). "A New Approach to Corporate Reorganizations," *Harvard Law Review*, 101:775-804.
―― (1989). "Takeover Bids below the Expected Value of Minority Shares," *Journal of Financial and Quantitative Analysis*, 24:171-84.
―― (1994). "Efficient and Inefficient Sales of Corporate Control," *Quarterly Journal of Economics*, 109:957-93.
――and Zingales, L. (1995). "Corporate Ownership Structures: Private versus Social Optimality," Mimeo, University of Chicago Graduate School of Business.
Berglöf, E. (1994). "A Control Theory of Venture Capital Finance," *Journal of Law, Economics and Organization*, 10:247-67.
――and von Thadden, E. L. (1994). "Short-Term versus Long-Term Interests: Capital Structure with Multiple Investors," *Quarterly Journal of Economics*, 109:1055-84.
Berkovitch, E., Israel, R., and Zender, J. (1993). "The Design of Bankruptcy Law: A Case for Management Bias in Bankruptcy Reorganizations," Mimeo, University of Michigan.
Berle, A. A., and Means, G. C. (1932). *The Modern Corporation and Private Property*, New York: Macmillan. (北島忠男訳『近代株式会社と私有財産』文雅堂, 1958年)
Bernheim, D. and Whinston M. D. (1995). "Incomplete Contracts and Strategic Ambiguity," Mimeo, Harvard University.
Blair, D. H., Golbe, D. L., and Gerard, J. M. (1989). "Unbundling the Voting Rights and Profit Claims of Common Shares," *Journal of Political Economy*, 97:420-43.
Bolton, P., and Scharfstein, D. (1990). "A Theory of Predation Based on Agency Problems in Financial Contracting," *American Economic Review*, 80:94-106.
―――― (1994). "Optimal Debt Structure and the Number of Creditors," Mimeo, MIT.
――and Whinston, M. D. (1993). "Incomplete Contracts, Vertical Integration and Supply Assurance," *Review of Economic Studies*, 60:121-48.
Boycko, M., Shleifer, A., and Vishny, R. (1995). *Privatizing Russia*, Cambridge, Mass.: MIT Press.
Bradley, M., and Rosenzweig, M. (1992). "The Untenable Case for Chapter 11," *Yale law Review*, 101:1043-95.
――Desai, A., and Kim, E. H. (1988). "Synergistic Gains from Corporate

Acquisitions and their Division between the Stockholders of Target and Acquiring Firms," *Journal of Financial Economics*, 21:3-40.

Brander, J. A., and Lewis, T. R. (1986). "Oligopoly and Financial Structure: The Limited Liability Effect," *American Economic Review*, 76:956-70.

Brynjolfsson, E. (1994). "Information Assets, Technology and Organization," *Management Science*, 40:1645-62.

Bulow, J. I., Summers, L. H., and Summers, V. P. (1990). "Distinguishing Debt from Equity in the Junk Bond Era," In J. B. Shoven and J. Waldfogel (eds.), *Debt, Taxes, and Corporate Restructuring*, Washington: Brookings Institution, 135-56.

Burkart, M., Gromb, D., and Panunzi, F. (1994). "Large Shareholders, Monitoring and Fiduciary Duty," Mimeo, MIT.

Chandler, A. D. (1990). *Scale and Scope: The Dynamics of Industrial Capitalism*, Cambridge, Mass.: Harvard University Press.（安部悦生 [ほか] 訳『スケール・アンド・スコープ――経営力発展の国際比較』有斐閣，1993年）

Chung, T. Y. (1991). "Incomplete Contracts, Specific Investments, and Risk Sharing," *Review of Economic Studies*, 58:1031-42.

Clark, R. C. (1986). *Corporate Law*, Boston: Little, Brown.

Coase, R. H. (1937). "The Nature of the Firm," *Economica*, 4:386-405.（宮沢健一・後藤晃・藤垣芳文訳『企業・市場・法』東洋経済新報社，1992年に所収）

―― (1960). "The Problem of Social Cost," *Journal of Law and Economics*, 3:1-44.（宮沢健一・後藤晃・藤垣芳文訳『企業・市場・法』東洋経済新報社，1992年に所収）

―― (1988). "The Nature of the Firm: Influence," *Journal of Law, Economics and Organization*, 4:33-47.

Cremer, J. (1994). "A Theory of Vertical Integration Based on Monitoring Costs," Mimeo, IDEI.

Cutler, D., and Summers, L. (1988). "The Costs of Conflict Resolution and Financial Distress: Evidence from the Texaco-Pennzoil Litigation," *Rand Journal of Economics*, 19:157-72.

DeAngelo, H., and DeAngelo, L. (1985). "Managerial Ownership of Voting Rights," *Journal of Financial Economics*, 14:33-69.

Dennis, W., Dunkelberg, W., and Van Hulle, J. (1988). *Small Business and Banks: The United States*, Washington: National Federation of Independent Business Research and Education Foundation.

Dewatripont, M. (1989). "Renegotiation and Information Revelation over Time: The Case of Optimal Labor Contracts," *Quarterly Journal of Economics*, 104:589-619.

——and Maskin, E. (1990). "Credit and Efficiency in Centralized and Decentralized Economies," Mimeo, Harvard University.

——and Tirole, J. (1994). "A Theory of Debt and Equity: Diversity of Securities and Manager-Shareholder Congruence," *Quarterly Journal of Economics*, 109:1027-54.

Diamond, D. (1991). "Debt Maturity Structure and Liquidity Risk," *Quarterly Journal of Economics*, 106:709-37.

Dunkelberg, W., and Scott, J. (1985). *Credit Banks and Small Business: 1980-1984*, Washington: National Federation of Independent Business Research and Education Foundation.

Dybvig, P. H., and Zender, J. F. (1991). "Capital Structure and Dividend Irrelevance with Asymmetric Information," *Review of Financial Studies*, 4:201-19.

Easterbrook, F. H., and Fischel, D. R. (1983). "Voting in Corporate Law," *Journal of Law and Economics*, 26:395-427.

Fisher, T., and Martel, J. (1994). "Facts about Financial Reorganization in Canada," Mimeo, University of Montreal.

Franks, J. R., and Torous, W. N. (1989). "An Empirical Investigation of US Firms in Reorganization," *Journal of Finance*, 44:747-69.

Fudenberg, D., and Tirole, J. (1991). *Game Theory*, Cambridge, Mass.: MIT Press.

Gale, D., and Hellwig, M. (1985). "Incentive-Compatible Debt Contracts: The One-Period Problem," *Review of Economic Studies*, 52:647-63.

——(1989). "Reputation and Renegotiation: The Case of Sovereign Debt," *International Economic Review*, 30:3-31.

Garvey, G. (1991). "Encouraging Specific Investments in a One Shot and Repeated Partnership: Some Comparisons," Mimeo, Australian Graduate School of Management.

Gertner, R., and Scharfstein, D. (1991). "A Theory of Workouts and the Effects of Reorganization Law," *Journal of Finance*, 46:1189-1222.

Gilson, S. (1989). "Management Turnover and Financial Distress," *Journal of Financial Economics*, 25:241-62.

——(1990). "Bankruptcy, Boards, Banks, and Blockholders," *Journal of Financial Economics*, 27:355-87.

——(1991), Managing Default: Some Evidence on How Firms Choose between Workouts and Chapter 11," *Journal of Applied Corporate Finance*, 4:62-70.

——John, K., and Lang, L. (1990). "Troubled Debt Restructuring: An Empirical Study of Private Reorganization of Firms in Default," *Journal of Financial Economics*, 26:315-53.

Gromb, D. (1993). "Is One Share-One Vote Optimal?" Mimeo, Ecole Polytechnique.

Grossman, S., and Hart, O. (1980). "Takeover Bids, the Free-Rider Problem, and the Theory of the Corporation," *Bell Journal of Economics*, 11:42-64.

――― (1982). "Corporate Financial Structure and Managerial Incentives," In J. J. McCall (ed.), *The Economics of Information and Uncertainty*, Chicago: University of Chicago Press, 107-40.

――― (1986). "The Costs and Benefits of Ownership: A Theory of Vertical and Lateral Integration," *Journal of Political Economy*, 94:691-719.

――― (1988). "One Share-One Vote and the Market for Corporate Control," *Journal of Financial Economics*, 20:175-202.

Grout, P. A. (1984). "Investment and Wages in the Absence of Binding Contracts: A Nash Bargaining Approach," *Econometrica*, 52:449-60.

Halonen, M. (1994) "Reputation and Allocation of Ownership," Mimeo, Helsinki School of Economics.

Hansmann, H. (1996). *The Ownership of Enterprise*, Cambridge, Mass.: Harvard University Press.

Harris, M., and Raviv, A. (1988). "Corporate Governance: Voting Rights and Majority Rules," *Journal of Financial Economics*, 20:203-35.

――― (1989). "The Design of Securities," *Journal of Financial Economics*, 24:255-87.

――― (1991). "The Theory of Capital Structure," *Journal of Finance*, 46:297-355.

――― (1995). "The Role of Games in Security Design," *Review of Financial Studies*, 8:327-67.

Hart, O. (1988). "Incomplete Contracts and the Theory of the Firm," *Journal of Law, Economics and Organization*, 4:119-39.

――― (1989). "An Economist's Perspective on the Theory of the Firm," *Columbia Law Review*, 89:1757-74.（O・E・ウィリアムソン編／飯野春樹監訳『現代組織論とバーナード』文眞堂, 1997年に所収）

――― (1990). "Is "Bounded Rationality" an Important Element of a Theory of Institutions?" *Journal of Institutional and Theoretical Economics*, 146:696-702.

――― (1993). "Theories of Optimal Capital Structure: A Managerial Discretion Perspective," In Margaret Blair (ed.), *The Deal Decade: What*

Takeovers and Leveraged Buyouts Mean for Corporate Governance, Washington: Brookings Institution.

——and Holmstrom, B. (1987). "The Theory of Contracts," In T. F. Bewley (ed.), *Advances in Economic Theory*, Cambridge: Cambridge University Press, 71-155.

——and Moore, J. (1988). "Incomplete Contracts and Renegotiation," *Econometrica*, 56:755-86,

——————(1989). "Default and Renegotiation: A Dynamic Model of Debt," MIT Working Paper no. 520.

——————(1990). "Property Rights and the Nature of the Firm," *Journal of Political Economy*, 98:1119-58.

——————(1994a). "A Theory of Debt Based on the Inalienability of Human Capital," *Quarterly Journal of Economics*, 109:841-79.

——————(1994b). "The Governance of Exchanges: Members' Cooperatives Versus Outside Ownership," Mimeo, Harvard University.

——————(1995). "Debt and Seniority: An Analysis of the Role of Hard Claims in Constraining Management," *American Economic Review*, 85:567-85.

——and Tirole, J. (1990). "Vertical Integration and Market Foreclosure," *Brookings Papers on Economic Activity*, Microeconomics:205-76.

Hermalin, B. (1988). "Three Essays on the Theory of Contracts," Ph.D. dissertation, MIT.

——and Katz, M. (1991). "Moral Hazard and Verifiability," *Econometrica*, 59:1735-54.

Holmes, O. W. (1881). *The Common Law*, Boston: Little, Brown (1963 edn.).

Holmstrom, B., and Milgrom, P. (1990). "Regulating Trade Among Agents," *Journal of Institutional and Theoretical Economics*, 146:85-105.

——————(1991). "Multitask Principal-Agent Analyses: Incentive Contracts, Asset Ownership, and Job Design," *Journal of Law, Economics and Organization*, 7 (Special Issue):24-52.

——————(1994). "The Firm as an Incentive System," *American Economic Review*, 84:972-91.

——and Nalebuff, B. (1992). "To the Raider Goes the Surplus? A Reexamination of the Free-Rider Problem," *Journal of Economics and Management Strategy*, 1:37-62.

——and Tirole, J. (1989). "The Theory of the Firm," In R. Schmalensee and R. D. Willig (eds.), *Handbook of Industrial Organization*, vol. 1, *Handbooks in Economics*, no. 10, Amsterdam: North-Holland, 61-133.

——— (1991). "Transfer Pricing and Organizational Form," *Journal of Law, Economics and Organization*, 7:201-28.

Ikenberry, D., and Lakonishok, J. (1993). "Corporate Governance through the Proxy Contest: Evidence and Implications," *Journal of Business*, 66:405-35.

Innes, R. (1990). "Limited Liability and Incentive Contracting with Exante Action Choices," *Journal of Economic Theory*, 52:45-67.

Israel, R. (1991). "Capital Structure and the Market for Corporate Control," *Journal of Finance*, 46:1391-1409.

Itoh, H. (1991). "Incentives to Help in Multi Agent Situations," *Econometrica*, 59:611-36.

Jackson, T. (1986). *The Logic and Limits to Bankruptcy*, Boston: Little, Brown.

Jarrell, G. A., Brickley, J. A., and Netter, J. M. (1988). "The Market for Corporate Control: The Empirical Evidence Since 1980," *Journal of Economic Perspectives*, 2:49-68.

Jensen, M. (1986). "Agency Costs of Free Cash Flow, Corporate Finance and Takeovers," *American Economic Review*, 76:323-29.

——— (1989). "Active Investors, LBOs and the Privatization of Bankruptcy," *Journal of Applied Corporate Finance*, 2:35-44.

——— and Meckling, W. (1976). "Theory of the Firm: Managerial Behavior, Agency Costs and Ownership Structure," *Journal of Financial Economics*, 3:305-60.

John, K. (1993). "Managing Financial Distress and Valuing Distressed Securities: A Survey and Research Agenda," *Financial Management*, 22:60-78.

Joskow, P. A. (1985). "Vertical Integration and Long Term Contracts: The Case of Coal-Burning Electric Generating Plants," *Journal of Law, Economics and Organization*, 1:33-80.

Kester, W. C. (1986). "Capital and Ownership Structure: A Comparison of United States and Japanese Manufacturing Corporations," *Financial Management*, 15:5-16.

Kiyotaki, N., and Moore, J. (1995). "Credit Cycles," Mimeo, London School of Economics.

Klein, B. (1988). "Vertical Integration as Organizational Ownership: The Fisher Body-General Motors Relationship Revisited," *Journal of Law, Economics and Organization*, 4:199-213.

——— Crawford, R., and Alchian, A. (1978). "Vertical Integration, Appropriable Rents, and the Competitive Contracting Process," *Journal of Law and Economics*, 21:297-326.

Kornai, J. (1980). *Economics of Shortage*, Amsterdam: North-Holland.

Kovenock, D. (1984). "A Note on Takeover Bids," Mimeo, Krannert Graduate School of Management, Purdue University.

Kreps, D. (1990). "Corporate Culture and Economic Theory," In J. Alt and K. Shepsle (eds.), *Perspectives on Positive Political Economy*, Cambridge: Cambridge University Press. (土屋守章編『技術革新と経営戦略——ハイテク時代の企業行動を探る』日本経済新聞社，1986 年に所収)

Laffont, J.-J., and Tirole, J. (1988). "Repeated Auctions of Incentive Contracts, Investment, and Bidding Parity with an Application to Takeovers," *Rand Journal of Economics*, 19:516-37.

―――― (1993). *A Theory of Incentives in Procurement and Regulation*, Cambridge, Mass.: MIT Press.

Lazear, E. P. (1989). "Pay Equality and Industrial Politics," *Journal of Political Economy*, 97:561-80.

Lehn, K., and Poulsen, A. (1992). "Contractual Resolution of Bondholder-Shareholder Conflicts in Leveraged Buyouts," *Journal of Law and Economics*, 34:645-74.

Levy, H. (1982). "Economic Valuation of Voting Power of Common Stock," *Journal of Finance*, 38:79-93.

Li, S. (1993). "Essays on Corporate Governance and Finance," Ph.D. dissertation, MIT.

Long, M., and Malitz, I. (1985). "Investment Patterns and Financial Leverage," In B. M. Friedman (ed.), *Corporate Capital Structures in the United States*, Chicago: University of Chicago Press.

LoPucki, L. M., and Whitford, W. C. (1990). "Bargaining over Equity's Share in the Bankruptcy Reorganization of Large, Publicly Held Companies," *University of Pennsylvania Law Review*, 139:125-96.

―――― (1993). "Corporate Governance in the Bankruptcy Reorganization of Large, Publicly Held Companies," *University of Pennsylvania Law Review*, 141:669-800.

Mace, M. L. (1971). *Directors, Myth and Reality*, Boston: Harvard Business School Press. (道明義弘訳『アメリカの取締役——神話と現実』文眞堂，1991 年)

Macey, J. R. (1992). "An Economic Analysis of the Various Rationales for Making Shareholders the Exclusive Beneficiaries of Corporate Fiduciary Duties," *Stetson Law Review*, 21:23-44.

MacLeod, B. and Malcomson, J. (1993). "Investments, Holdup and the Form

of Market Contracts," *American Economic Review*, 83:811-37.
Mailath, G., and Postlewaite, A. (1990). "Asymmetric Information Bargaining Problems with Many Agents," *Review of Economic Studies*, 57:351-67.
Manne, H. G. (1964). "Some Theoretical Aspects of Share Voting," *Columbia Law Review*, 64:1427-45.
—— (1965). "Mergers and the Market for Corporate Control," *Journal of Political Economy*, 73:110-20.
Marris, R. (1964). *The Economic Theory of Managerial Capitalism*, Glencoe, HI.: Free Press of Glencoe.
Marx, K. (1867). *Capital*, vol. 1, New York: International Publishers (1967 edn.). (マルクス・エンゲルス全集刊行委員会訳『資本論』(第1巻) 大月書店, 1968年)
Mas-Colell, A., Whinston, M. D., and Green, J. (1995). *Microeconomic Theory*, Oxford: Oxford University Press.
Maskin, E. (1985). "The Theory of Implementation in Nash Equilibrium: A Survey," In L. Hurwicz, D. Schmeidler, and H. Sonnenschein (eds.), *Social Goals and Social Organization: Essays in Memory of Elisha Pazner*, Cambridge: Cambridge University Press.
—— and Tirole, J. (1995). "Dynamic Programming, Unforseen Contingencies, and Incomplete Contracts," Mimeo, Harvard University.
Masten, S. E. (1988). "A Legal Basis for the Firm," *Journal of Law, Economics and Organization*, 4:181-98.
Masulis, R. W. (1980). "The Effects of Capital Structure Change on Security Prices: A Study of Exchange Offers," *Journal of Financial Economics*, 8:139-77.
—— (1988). *The Debt/Equity Choice*, Cambridge, Mass.: Ballinger.
Milgrom, P. (1988). "Employment Contracts, Influence Activities, and Efficient Organization Design," *Journal of Political Economy*, 96:42-60.
—— and Roberts, J. (1992). *Economics, Organization and Management*, Englewood Cliffs, NJ: Prentice-Hall. (奥野正寛・伊藤秀史・今井晴雄・西村理・八木甫訳『組織の経済学』NTT出版, 1997年)
Miller, M. H. (1977). "Debt and Taxes," *Journal of Finance*, 32:261-75.
Mitchell, J. (1993). "Creditor Passivity and Bankruptcy: Implications for Economic Reform," In C. Mayer, and X. Vives (eds.), *Capital Markets and Financial Intermediation*, Cambridge: Cambridge University Press.
Modigliani, F. and Miller, M. H. (1958). "The Cost of Capital, Corporation Finance, and the Theory of Investment," *American Economic Review*, 48:261-97.

Mookherjee, D. and Png, I. (1989). "Optimal Auditing, Insurance, and Redistribution," *Quarterly Journal of Economics*, 104(2):399-415.

Moore, J. (1992). "Implementation in Environments with Complete Information," In J. J. Laffont (ed.), *Advances in Economic Theory*, Cambridge: Cambridge University Press, 182-282.

Myers, S. (1977). "Determinants of Corporate Borrowing," *Journal of Financial Economics*, 5:147-75.

—— (1990). "Still Searching for Optimal Capital Structure," In R. Kopcke and E. Rosengren (eds.), *Are the Distinctions Between Debt and Equity Disappearing?*, Boston: Federal Reserve Bank of Boston Conference Series no. 33.

—— and Majluf, N. (1984). "Corporate Financing and Investment Decisions when Firms Have Information that Investors Do Not Have," *Journal of Financial Economics*, 13:187-221.

Myerson, R. and Satterthwaite, M. (1983). "Efficient Mechanisms for Bilateral Trading," *Journal of Economic Theory*, 29:265-81.

Neher, D. V. (1994). "Stage Financing: An Agency Perspective," Mimeo, School of Management, Boston University.

Noldeke, G., and Schmidt, K. (1994). "Debt as an Option to Own in the Theory of Ownership Rights," Mimeo, University of Bonn.

———— (1995). "Option Contracts and Renegotiation: A Solution to the Hold-up Problem," *Rand Journal of Economics*, 26:163-79.

Novaes, W., and Zingales, L. (1994). "Financial Distress as a Collapse of Incentives," Mimeo, University of Chicago Graduate School of Business.

Osborne, M. J., and Rubinstein, A. (1990). *Bargaining and Markets*, San Diego: Academic Press.

Perotti, E. C., and Spier, K. E. (1993). "Capital Structure as a Bargaining Tool: The Role of Leverage in Contract Renegotiation," *American Economic Review*, 83:1131-41.

Pound, J. (1988). "Proxy Contests and the Efficiency of Shareholder Oversight," *Journal of Financial Economics*, 20:237-65.

Radner, R. (1992). "Hierarchy: The Economics of Managing," *Journal of Economic Literature*, 30:1382-1415.

Ragulin, V. (1994). "Why Firms Use Payment-in-kind Debt: A Study of Bridge Financing with Contingent Debt Instruments," Senior thesis, Harvard University.

Rajan, R. G., and Zingales, L. (1994). "What Do We Know about Capital Structure? Some Evidence from International Data," Mimeo, University

of Chicago Graduate School of Business.
Riordan, M. H. (1990). "What is Vertical Integration?" In M. Aoki, B. Gustafsson, and O. E. Williamson (eds.), *The Firm as a Nexus of Treaties*, London: Sage, 94-111.
Ritter, J. (1987). "The Costs of Going Public," *Journal of Financial Economics*, 19:269-81.
Rob, R. (1989). "Pollution Claim Settlements under Private Information," *Journal of Economic Theory*, 47:307-33.
Rock, K. (1986), "Why New Issues are Underpriced," *Journal of Financial Economics*, 15:187-212.
Roe, M. (1983). "Bankruptcy and Debt: A New Model for Corporate Reorganizations," *Columbia Law Review*, 83:527-602.
Ruback, R. S. (1988). "Coercive Dual-Class Exchange Offers," *Journal of Financial Economics*, 20:153-73.
Rydqvist, K. (1992). "Takeover Bids and the Relative Prices of Shares That Differ in Their Voting Rights," Working Paper 35, Northwestern University.
Sappington, D. E. M. (1991). "Incentives in Principal-Agent Relationships," *Journal of Economic Perspectives*, 5:45-66.
Scharfstein, D. (1988). "The Disciplinary Role of Takeovers," *Review of Economic Studies*, 55:185-99.
Schmidt, K. (1990). "The Costs and Benefits of Privatization," Mimeo, University of Bonn Discussion Paper A-287.
Segal, I. (1995). "Complexity and Renegotiation: A Foundation for Incomplete Contracts," Mimeo, Harvard University.
Shapiro, C., and Willig, R. D. (1990). "Economic Rationales for the Scope of Privatization," In E. N. Suleiman and J. Waterbury (eds.), *The Political Economy of Public Sector Reform and Privatization*, London: Westview Press, 55-87.
Shleifer, A., and Vishny, R. (1986a). "Large Shareholders and Corporate Control," *Journal of Political Economy*, 94:461-88.
———(1986b). "Greenmail, White Knights, and Shareholders' Interest," *Rand Journal of Economics*, 17:293-309.
———(1992). "Liquidation Values and Debt Capacity: A Market Equilibrium Approach," *Journal of Finance*, 47:1343-66.
———(1994). Politicians and Firms," *Quarterly Journal of Economics*, 109:995-1025.
Simon, H. (1951). "A Formal Theory of the Employment Relationship,"

Econometrica, 19:293-305.
Smith, C. W., Jr, and Warner, J. B. (1979). "On Financial Contracting: An Analysis of Bond Covenants," *Journal of Financial Economics*, 7:117-61.
Smollen, L., Rollinson, M., and Rubel, S. (1977). *Sourceguide for Borrowing Capital*, Chicago: Capital.
Spier, K. (1992). "Incomplete Contracts and Signalling," *Rand Journal of Economics*, 23:432-43.
Stein, J. C. (1988). Takeover Threats and Managerial Myopia," *Journal of Political Economy*, 96:61-80.
Stigler, G. J. (1951). "The Division of Labor is Limited by the Extent of the Market," *Journal of Political Economy*, 59:185-93.
Stiglitz, J. (1974). "On the Irrelevance of Corporate Financial Policy," *American Economic Review*, 64:851-66.
Stuckey, J. (1983). *Vertical Integration and Joint Ventures in the Aluminum Industry*, Cambridge, Mass.: Harvard University Press.
Stulz, R. (1990). "Managerial Discretion and Optimal Financing Policies," *Journal of Financial Economics*, 26:3-27.
Tao, Z., and Wu, C. (1994). "On the Organization of Cooperative R&D: Theory and Evidence," Mimeo, Hong Kong University.
Thomas, J., and Worrall, T. (1994). "Foreign Direct Investment and the Risk of Expropriation," *Review of Economic Studies*, 61:81-108.
Tirole, J. (1986a). "Procurement and Renegotiation," *Journal of Political Economy*, 94:235-59.
―― (1986b). "Hierarchies and Bureaucracies," *Journal of Law, Economics and Organization*, 2:235-59.
―― (1988). *The Theory of Industrial Organization*, Cambridge, Mass.: MIT Press.
―― (1992). "Collusion and the Theory of Organizations," In J. J. Laffont (ed.), *Advances in Economic Theory*, Cambridge: Cambridge University Press, 71-155.
―― (1994). "Incomplete Contracts: Where do we Stand?," Mimeo, IDEI.
Titman, S., and Wessels, R. (1988). "The Determinants of Capital Structure Choice," *Journal of Finance*, 43:1-19.
Townsend, R. (1978). "Optimal Contracts and Competitive Markets with Costly State Verification," *Journal of Economic Theory*, 21:265-93.
Tufano, P. (1993). "Financing Acquisitions in the Late 1980s: Sources and Forms of Capital," In Margaret Blair (ed.), *The Deal Decade: What*

Takeovers and Leveraged Buyouts Mean for Corporate Governance, Washington: Brookings Institution.

Vancil, R. F. (1987). *Passing the Baton*, Cambridge, Mass.: Harvard University Press.（諸野幸雄・高梨直子訳『後継経営者の条件──決定プロセスとその法則性』中央経済社，1996 年）

Warner, J. B. (1977). "Bankruptcy Costs: Some Evidence," *Journal of Finance*, 32:337-47.

Weber, M. (1968). *Economy and Society*, New York: Bedminster Press.

Weisbach, M. S. (1988). "Outside Directors and CEO Turnover," *Journal of Financial Economics*, 20:431-60.

Weiss, L. (1990). "Bankruptcy Resolution: Direct Costs and Violation of Priority of Claims," *Journal of Financial Economics*, 27:285-314.

——(1991). "Restructuring Complications in Bankruptcy: The Eastern Airlines Bankruptcy Case," Mimeo, Tulane University.

Wernerfelt, B. (1993). "The Employment Relationship and Economies of Scale," Mimeo, Sloan School of Management, MIT.

White, M. (1989). "The Corporate Bankruptcy Decision," *Journal of Economic Perspectives*, 3:129-52.

Williamson, O. (1964). *The Economics of Discretionary Behavior: Managerial Objectives in a Theory of the Firm*, Englewood Cliffs, N.J.: Prentice-Hall.（井上薫訳『裁量的行動の経済学──企業理論における経営者目標』千倉書房，1982 年）

——(1975). *Markets and Hierarchies: Analysis and Antitrust Implications*, New York: Free Press.（浅沼萬里・岩崎晃訳『市場と企業組織』日本評論社，1980 年）

——(1985). *The Economic Institutions of Capitalism*, New York: Free Press.

Zingales, L. (1995). "Insider Ownership and the Decision to Go Public," *Review of Economic Studies*, 62:425-48.

——(1994). "The Value of the Voting Right: A Study of the Milan Stock Exchange Experience," *Review of Financial Studies*, 7:125-48.

Zwiebel, J. (1995). "Block Investment and Partial Benefits of Corporate Control," *Review of Economic Studies*, 62(2):161-86.

——(1994). "Dynamic Capital Structure under Managerial Entrenchment," Mimeo, Stanford University Graduate School of Business.

索　引

欧　文

Adler, B. E.　241
Aggarwal, R.　155
Aghion, P.　66, 84, 96, 100, 111, 126, 132, 158
Aghion-Boltonモデル　159
　　負債契約の——　126–134, 136, 137, 140
Aghion-Hart-Moore(AHM)手続き
　　破産の——　212–213, 229–248
Alchian, A.　77
Allen, F.　98, 201
Anderlini, L.　98
Aoki, M.　239
Arrow, K. J.　95
Asquith, P.　156, 190
Aumann, R. J.　118
Ayres, I.　215

Bagnoli, M.　260
Baird, D.　213, 219, 226, 236
Baldwin, C. Y.　203
Barca, F.　270
Barclay, M. J.　257

Barnard, C. I.　84
Baumol, W.　170
Bebchuk, A. L.　212, 225, 229, 232, 233, 252, 257, 260
Berglöf, E.　132, 157–159
Berkovitch, E.　218
Berle, A. A.　170
Bernheim, D.　98
Blair, D. H.　253
Bolton, P.　74, 126, 132, 154, 157, 158 → Aghion-Boltonモデル
Boycko, M.　16, 86
Bradley, M.　171, 241
Brander, J. A.　203
Brynjolfsson, E.　73
Bulow, J. I.　200
Burkart, M.　84

Chandler, A. D.　21
Chung, T. Y.　100, 111
Clark, R. C.　270
Coase, R. H.　10, 22, 26, 28, 31, 44, 77

Cremer, J. 95
CSV（状況立証費用）モデル 126, 157, 161–167
Cutler, D. 224

DeAngelo, H. 276
DeAngelo, L. 276
Demsetz, H. 77
Dennis, W. 148
Dewatripont, M. 30, 154, 157, 158
Diamond, D. 157
Dunkelberg, W. 148
Dybvig, P. H. 201

Easterbrook, F. H. 252

Felli, L. 98, 270
Fischel, D. R. 252
Fisher, T. 243
Franks, J. R. 227
Fudenberg, D. 34, 89, 161, 229

Gale, D. 98, 126, 163, 165, 201
Garvey, G. 90
Gertner, R. 155, 215
Gilson, S. 156, 224
GM 9–10, 40–45
Gromb, D. 253
Grossman, S. 39, 56, 171, 173, 252, 261, 271, 274
Grout, P. A. 36, 97

Halonen, M. 90
Hansmann, H. 72
Harris, M. 152, 173, 190, 213, 252, 253, 261, 271, 274
Hart, O. 24–26, 39, 56, 58, 72, 74, 79, 82, 85, 100, 103, 107, 108, 111, 126, 135, 140, 142, 143, 145–147, 149, 157, 159, 171, 173, 183, 184, 186, 188, 192, 198, 201, 215, 252, 261, 271, 274
Hellwig, M. 126, 163, 165
Hermalin, B. 111, 158
Holderness, C. G. 257
Holmes, O. W. 41
Holmstrom, B. 19, 24–26, 84, 87, 96, 155, 260

Ikenberry, D. 249
Innes, R. 127
Israel, R. 195
Itoh, H. 96

Jackson, T. 213, 214, 217, 226
Jarrell, G. A. 171
Jensen, M. 156, 170, 173, 176, 189
Jereski, L. 225, 227
John, K. 156
Joskow, P. A. 35, 69

Katz, M. 111
Kester, W. C. 190
Kiyotaki, N. 160
Klein, B. 9, 28, 31, 35, 36, 69, 72
Kovenock, D. 260
Kreps, D. 78

Laffont, J.-J. 23, 96, 278
Lakonishok, J. 249
Lazear, E. P. 96
Lehn, K. 200
Levy, H. 258
Lewis, T. R. 203
Li, S. 184
Lipman, B. 260

Long, M. 148, 190
LoPucki, L. M. 224, 243

Mace, M. L. 171
Macey, J. R. 270
MacLeod, B. 111
Macy's 225, 227
Mailath, G. 155
Majluf, N. 201
Malcomson, J. 111
Malitz, I. 148, 190
Manne, H. G. 250, 252
Marris, R. 170
Martel, J. 243
Marx, K. 6
Mas-Colell, A. 21
Maskin, E. 105, 119, 154
Masten, S. E. 78
Masulis, R. W. 190
MCA 79
Means, G. C. 170
Meckling, W. 173
Milgrom, P. 19, 87, 96
Miller, M. H. 197, 199
Mitchell, J. 218
Modigliani, F. 197
Mookherjee, D. 165
Moore, J. 39, 58, 72, 79, 82, 100, 103, 107, 108, 111, 119, 126, 135, 140, 142, 143, 145–147, 149, 157, 159, 160, 173, 182–184, 186, 188, 192 → Aghion-Hart-Moore(AHM)手続き
Mullins, D., Jr. 190
Myers, S. 175, 186, 190, 201
Myerson, R. 34

Nalebuff, B. 155, 260

Neher, D. V. 157
Noldeke, G. 100, 111, 116
Novaes, W. 195

Osborne, M. J. 58

Perotti, E. C. 203
PIK 債券 199, 200
Png, I. 165
Postlewaite, A. 155
Poulsen, A. 200
Pound, J. 249

QVC 247

Radner, R. 19
Ragulin, V. 188
Rajan, R. G. 203
Raviv, A. 152, 173, 190, 213, 252, 253, 261, 271, 274
Reilly, P. M. 225, 227
Riordan, M. H. 95
Ritter, J. 221
Rob, R. 155
Roberts, J. 19
Rock, K. 221
Roe, M. 225
Rosenzweig, M. 241
Ruback, R. S. 279
Rubinstein, A. 58
Rydqvist, K. 258

Saatchi, M. 79
Sappington, D. E. M. 26
Satterthwaite, M. 34
Scharfstein, D. 126, 154, 155, 252, 258
Schmidt, K. 16, 95, 100, 111, 116
Scott, J. 148

Segal, I.　97, 104
Shapiro, C.　16
Shleifer, A.　16, 160, 197, 220, 252
Simon, H.　77
Smith, A. O.　10
Smith, C. W., Jr.　200
Smollen, L.　148
Spielberg, S.　79
Spier, K. E.　74, 98, 203
Stein, J. C.　252, 258
Stigler, G. J.　71
Stiglitz, J.　201
Stuckey, J.　69
Stulz, R.　173
Summers, L. H.　224

Tao, Z.　66
Thadden, E. L.　157, 158
Thomas, J.　90
Tirole, J.　19, 21, 23, 34, 36, 66, 74, 84, 89, 96, 97, 105, 107, 110, 157, 158, 161, 229, 278
Titman, S.　148, 190
Torous, W. N.　227
Townsend, R.　126, 157
Tufano, P.　200

Vancil, R. F.　171
Vishny, R.　16, 160, 197, 220, 252
von Thadden, E. L.　157, 158

Warner, J. B.　166, 200
Weber, M.　84
Weisbach, M. S.　171
Weiss, L.　224
Wernerfelt, B.　78
Wessels, R.　148, 190

Whinston, M. D.　98
White, M.　217
Whitford, W. C.　224, 243
Williamson, O.　28, 31, 35, 36, 88, 96, 170
Willig, R. D.　16
Worrall, T.　90
Wu, C.　66

Zender, J. F.　201
Zingales, L.　195, 203, 252, 257, 258, 271, 278
Zwiebel, J.　179, 252

ア　行
1株1票制　14, 250–253, 255–256, 259, 262, 265, 267–271, 273, 275–279
一般均衡理論　5
委任状争奪戦　249
イベント・スタディ　193
インセンティブ・スキーム　88, 172
　――と経営者のコントロール　172, 181–182
　　最適な――　25–26
　　従業員に対する――　79–82, 86–88, 95–96
　　利益を基準とした――　86
インセンティブ問題　21, 23

受認忠実義務　259, 270
エージェンシー・アプローチ
　　資本構成理論の――　173, 190, 197–203
エージェント理論　5, 6, 23–30, 37

カ　行
下位債権者
　――と破産　242–244

価格
        投入財や産出財の―― 21
価格交渉
        執拗な―― 33–35, 37
確率的契約 164–165
過小投資 56
合併 8–11, 37, 39–74
        ――とコストないしは利益のシェアリング 27
        ――と残余コントロール権 83
        ――と従業員の協力 94–96
        ――と情報の伝達 95–96
        ――の費用と便益 46–67
        締め出し―― 257
        友好的―― 259
株価
        ――と株式の債務化 193–197
株式 12, 124, 148, 158–160, 166
        ――と株価 193–197
        ――と資本再構成 193–197
        ――の債務化 190
株主
        ――と企業のコントロール 170
        ――と公開企業の議決権 249–280
観察可能性 51
監視
        経営の―― 170
管理能力 21, 22
機会主義的行動 89, 90, 125
企業
        ――規模 21–22
        ――の境界 8–11, 23, 26
        ――の内部組織 26
        ――理論 19–37
企業買収 13, 123, 171, 220–221, 249–280

議決権 12–14
        ――行使と破産手続き 245–246
        ――に安い買物なしの原則 275
        ――の売却 275–276
        公開企業の―― 249–280
技術
        ――と非統合への動向 72–73
        ――の役割 21
技術革新 44–45
規模
        工場―― 22
        事業部―― 22
規模の経済 21, 69
キャッシュ・フロー
        負債と――の安定性 193, 209
        フリー・―― 176, 189
協同組合 72
共謀 107
銀行貸出 11–12
銀行融資 11–12
金融構造 123–280

クラムダウン 223

契約
        ――と公的所有 15–16
        ――の再交渉 29–30, 33–34, 103–105, 153–157
        確率的―― 164–165
        完備―― 28, 29, 40, 47, 127, 157, 166
        金融―― 125–167
        所有権オプション―― 115, 116, 120
契約の不完備性 3–7, 28–32, 97–122
        ――と金融意思決定 123–124

——と公的所有対私的所有　15–16
　　　——と所有権が持つパワー　39–41
　　　——と法廷　215
　　　——によって発生する費用　33–37, 42–45
ゲーム理論　5, 89
現金競売　219–222 → 清算
権限
　　　——委譲　83–84
　　　——の概念　77, 82, 83
　　　暗黙の契約としての——　78
　　　実質的——と形式的（法的）権威　84
顕示原理　161
限定合理性　31, 108–110
公開企業
　　　——の議決権　249–280
　　　——の資本構成　169–209
公企業　15–16
コントロール権の取引　126, 129–134
　　　——に対する証券・議決権構造の影響　249–252, 256–276

サ　行
債権者
　　　下位——　242–244
再交渉
　　　契約の——　29–30, 33–34, 103–105, 153–157
債務
　　　——の株式化　190
債務減免　154–155
残余コントロール権　7–8, 40–43, 83, 114–117, 277
　　　——と残余所得　85–89

資産 → 人的資産 → 非人的（物的）資産
　　　——所有権　7–8, 39–96, 114–122
　　　——の共同所有　66, 90–93
　　　——の共同利用　66
　　　——の形成　93
　　　——の使用権　40
　　　——の有形性と負債　192, 209
　　　独立な——　10, 70–71
　　　補完的—— → 補完的資産
市場支配力　6
市場取引成立と負債　173
私的整理　221, 228, 246
シナジー → 補完的資産
資本家
　　　——と労働者の関係　6
資本構成
　　　公開企業の——　169–209
資本再構成
　　　——と株式価値　193–197
収益　48–52
　　　取引不成立時の——　58, 117
従業員
　　　——雇用者関係　77–79
　　　——に対するインセンティブ・スキーム　79–82, 86–88, 95–96
　　　——の協力　94–96
収奪問題　44, 45
シェアリング
　　　費用——　27, 106
　　　収入——　106
　　　利益——　27, 45, 85–89
純粋フリー・キャッシュ・フロー・モデル　176
ジョイント・ベンチャー　93
上位債　191, 200, 203

索引　303

証券　11-12, 188
証券・議決権構造　250-253, 256-276
情報
　　——の伝達　95-96
　　——の非対称性　→　非対称性情報
所得
　　残余——　85-89, 277
所有権　7, 39-96, 114-116　→　資産所有権
　　——オプション契約　115, 116, 120
　　——と従業員のインセンティブ　79-82
　　——の持つ意味　7-8
　　公的——　15-16
　　中間的——　83-84
　　物的資産あるいは非人的資産の——　40-41, 75-79
所有構造　67, 93, 114-116, 119-122
　　——の選択　59-67
　　確率的——　67, 93, 115-116, 119-120
新規株式公開 (IPOs)　221
新古典派理論　19-23
人的資産 (人的資本)　48-52, 61-65, 76-78, 80

ストラクチャード・バーゲニング　219, 222-229, 240-241

請求権紛争
　　破産手続きにおける——　244-245
清算　174-182, 219　→　現金競売
　　部分的　135
清算価値　160

　　——と資産の有形性　192
政府
　　——と公的所有　15-16
制約付き買付　271-274
組織理論　8

タ　行
対称情報　110
担保　11-12, 126, 160
デット・オーバーハング問題　199, 200
デフォルト
　　戦略的——　153-156
統合　→　合併
倒産管財制　227
投資
　　——費用シェアリング　107-108
　　過小——　56
　　関係特殊的——　35, 42-52
　　経営者による——決定　183-189
　　セカンド・ベストの——決定　54-58
　　ファースト・ベストの——決定　53-54
　　物的資本への——　35, 52, 91-93
取引による利益　49
取引費用
　　——の源泉　30-32
　　——理論　5-6, 28-37, 73
　　現金入札と——　219-221
努力水準　23-24, 28

ハ　行
ハード・バジェット制約

——と複数投資家の存在　153–158
パートナーシップ　72
バイアウト取引
　　　レバレッジド・——　156
バイアコム　247
配当　160, 203, 277
破産　13, 14, 124, 134, 166, 167, 173, 174, 177, 198, 202, 206–209
　　　——手続き　14, 124, 166, 177, 191, 202, 211–248
　　　資本市場と——手続き　248
　　　——手続きにおける新規資金　245
パラマウント　247
パワー　→　コントロール権の取引
　　　——と契約の不完備性　39–41
　　　——の配分　5–6, 9–11, 12
　　　——の分散　13–14
非効率
　　　事前的および事後的——　140–141
非人的（物的）資産，非人的（物的）資本　40, 75–79
　　　——への投資　52, 91–93
非対称情報　27, 33, 34
　　　——と負債　201
　　　——とホールドアップ問題　110–111, 117
非統合
　　　逆の——　66
費用
　　　——曲線　20–21
　　　——シェアリング　27, 106
　　　非効率による——　34, 35
評判

　　　——の組織形態に与える効果　89–91
フィッシャー・ボディ　9–10, 40–45
負債　11–14
　　　——契約　124–167
　　　——契約の多期間モデル　141–149
　　　——デフォルト　153–157
　　　——とキャッシュ・フローの安定性　190, 209
　　　——と資産の有形性　190, 209
　　　——と非対称情報　201
　　　——による税務上利益　173, 199–200
　　　——のエージェンシー・アプローチ　173, 190
　　　——の経営者行動抑制メカニズム　14, 171–197
　　　——の経営者束縛効果　179
　　　——の再交渉　153–157
　　　——の市場取引成立利益　173
　　　——の私的流用モデル　135–141
　　　——の満期構造　126, 147, 149, 157
　　　繰り延べ可能な——　199–200
　　　収益性と——　191–192
　　　税制と——　173, 199–200
　　　短期——　148, 158, 159, 177, 189, 204–209
　　　長期——　141, 147, 158, 159
　　　不確実性と——契約　149–153
　　　無リスク——　274
　　　優先権のある——　191, 200
物的資産　→　非人的資産
フリー・キャッシュ・フロー・モデル　176, 189

プリンシパル・エージェント理論　6, 23–30, 37
プロジェクト・ファイナンス　183–189
ボーナス制度
　　利益を基準とした――　86
ホールドアップ問題　45, 71–74, 98–114, 117–118
　　第三者と――　106–107
　　対称情報と――　110–111
補完的資産　10, 61–62, 65–66, 69, 71, 73, 81, 82, 116
　　――の個別所有　92

マ　行
満期構造
　　負債の――　126, 147, 149, 157

メインバンク　239
　　破産手続きにおける――の役割　239
メカニズム・デザイン　5
メッセージ・スキーム　107, 116, 119–122

ヤ　行
予算制約
　　複数投資家と――　153–157

ラ　行
利益
　　――シェアリング　27, 45, 85–89
　　――の事後的分配　52–53
　　――の事前的分配　58–59
立証可能変数　51

レシーバー　227
レバレッジド・バイアウト取引　156

●著訳者紹介

[著者] オリバー・ハート Oliver Hart
ハーバード大学経済学部教授．1974年にプリンストン大学で博士号を取得．その後，ロンドン・スクール・オブ・エコノミクス教授，マサチューセッツ工科大学教授などを経て，1993年より現職．2000年から2003年まで，同経済学部長も務めた．専門は，契約理論，企業理論，コーポレート・ファイナンス，「法と経済学」など．

[訳者] 鳥居昭夫（とりい・あきお）
横浜国立大学経営学部教授．1976年東京大学理学部地球物理学科卒業．1983年東京大学大学院経済学研究科博士課程単位取得退学．横浜国立大学経営学部助教授等を経て1996年より現職．主要業績に，『日本産業の経営効率』（NTT出版，2001年），『公益事業の規制改革と競争政策（法政大学現代法研究所叢書）』（共編著，法政大学出版局，2005年）など．

企業 契約 金融構造

2010年4月30日　初版第1刷発行
2016年11月10日　初版第3刷発行

著　者―――オリバー・ハート
訳　者―――鳥居昭夫
発行者―――坂上　弘
発行所―――慶應義塾大学出版会株式会社
　　　　　　〒108-8346　東京都港区三田2-19-30
　　　　　　TEL〔編集部〕03-3451-0931
　　　　　　　　〔営業部〕03-3451-3584〈ご注文〉
　　　　　　　　〔　〃　〕03-3451-6926
　　　　　　FAX〔営業部〕03-3451-3122
　　　　　　振替 00190-8-155497
　　　　　　http://www.keio-up.co.jp/
装　丁―――間村俊一
印刷・製本――株式会社啓文堂
カバー印刷――株式会社太平印刷社

ⓒ 2010 Akio Torii
Printed in Japan　ISBN978-4-7664-1717-3

慶應義塾大学出版会

セイヴィング キャピタリズム

ラグラム・ラジャン、ルイジ・ジンガレス著
堀内昭義、アブレウ聖子、有岡律子、関村正悟訳
自由な金融市場の重要性を強調しつつ、国際比較や歴史的視点を踏まえ、資本主義市場がしばしば政治的に歪められてしまう原因を明らかにした、米国のベストセラーの翻訳。

●3500 円

経済変動の進化理論

リチャード R. ネルソン、シドニー G. ウィンター著
後藤晃、角南篤、田中辰雄訳
20世紀後半を代表する経済学〈現代の古典〉の翻訳。「進化理論」を基に経済・社会のダイナミックな変動の解明のための理論を構築し、社会科学の新しいプラットフォームを提示する。

●5600 円

表示価格は刊行時の本体価格(税別)です。